예수 그리스도가 머리되시는 교회 공동체의 **신앙 원리**

주께서 피로 사신 교회여!

무명의 핍박받는 그리스도인들

도서출판 예수로

"Principles"

for the Gathering of Believers

under the Headship of Jesus Christ

성경의 원리를 따른

순수한 지하교회의 원리를

배우고자 하는

———————————————— 님께

드립니다.

"또 내가 네게 이르노니 너는 베드로라 내가 이 반석 위에 내 교회를 세우리니 음부의 권세가 이기지 못하리라"[1]

"이 천국 복음이 모든 민족에게 증언되기 위하여 온 세상에 전파되리니 그제야 끝이 오리라"[2]

"그 때에 천국은 마치 등을 들고 신랑을 맞으러 나간 열 처녀와 같다 하리니 그 중의 다섯은 미련하고 다섯은 슬기 있는 자라 미련한 자들은 등을 가지되 기름을 가지지 아니하고 슬기 있는 자들은 그릇에 기름을 담아 등과 함께 가져갔더니 신랑이 더디 오므로 다 졸며 잘새 밤중에 소리가 나되 보라 신랑이로다 맞으러 나오라 하매 그런즉 깨어 있으라 너희는 그날과 그때를 알지 못하느니라"[3]

[이것들을 증언하신 이가 이르시되 내가 진실로 속히 오리라 하시거늘 아멘 주 예수여 오시옵소서!] [4]

---

1) 마 16:18
2) 마 24:14
3) 마 25:1-6, 마 25:13
4) 계 22:20

목차

사도행전에서 찾은 원리들

이란의 가정교회에서 찾은 원리들

들어가는 글

이 세상에는 다가오는 폭풍 속에서도 견고하게 서 있을 수 있는 오직 하나의 교회가 있으며,[5] 마지막 때의 미혹의 홍수에 휩쓸려 떠내려가지 않을 단 한 부류의 사람들이 있습니다.[6]

이 땅에는 하나님께서 당신의 형언할 수 없는 영광으로 채우실 단 하나의 성전이 있으며, 하나님의 구원의 은혜를 순전하게 증언하는 빛을 영원히 비추는 오직 하나의 등대가 있습니다. 이 세상에는 결코 무너지지 않는 단 하나의 왕국이 있으며, 하나님의 의로우신 심판이 갑자기 닥친다 해도 안전하게 보호받을 수 있는 오직 하나의 방주가 있습니다. 이 세상에는 신랑이신 그분을 위해 준비된 단 하나뿐인 신부, 어린 양의 혼인잔치에 부르심을 받은 오직 하나뿐인 신부가 있습니다.[7]

이 하나뿐인 신부가 바로 주 예수 그리스도의 사랑을 받는 교회입니다. 교회야말로 그분의 눈동자와 같습니다. 교회는 그분의 몸이며 신부이며 그리스도께서 세우시기로 약속하신 그분의 성전입니다. "또 내가 네게 이르노니 너는 베드로라 내가 이 반석 위에 내 교회를 세우리니 음부의 권세가 이기지 못하리라"[8]

당신이 지금 읽고 있는 이 책은, 주님 되시는 예수 그리스도께로 돌

---

5) 마 7:24-25
6) 살후 2:9-12
7) 계 19:9
8) 마 16:18

이켜서 주님께서 약속하신 성령을 보내셨던 오순절 날로부터 세우시기 시작한 그분의 교회 가운데 계시는 주님께 나오라고 부르시는 하나님의 절박한 부르심의 기록입니다.[9]

이제 곧 전 세계에 걸쳐 일어날 억압과 박해를 앞두고 그리스도의 참된 몸인 교회의 하나 됨이 절실히 요구되고 있습니다.[10]

우리 주님께서는 이것에 대해 마태복음에서 명확히 말씀하셨습니다. "그 때에 사람들이 너희를 환란에 넘겨주겠으며 너희를 죽이리니 너희가 내 이름 때문에 모든 민족에게 미움을 받으리라"[11] 성경은 믿는 자들에게 핍박이 있을 것이라는 사실을 여러 곳에서 반복해서 말씀하고 있습니다.[12]

디모데는 그의 두 번째 편지에서 이렇게 기록했습니다. "무릇 그리스도 예수 안에서 경건하게 살고자 하는 자는 박해를 받으리라"[13] 서구의 기독교를 예로 들자면, 그들 중 많은 사람들이 세상으로부터 박해를 받을 필요가 전혀 없을 만큼 그들 주변의 타락한 세상과 흡사한 삶의 방식으로 살아가고 있음을 볼 수 있습니다.[14]

북아메리카 지역에서는 오직 3-5%의 성도들만이 그리스도를 증거하는 삶을 사는 것으로 추산되고 있습니다. 소금이 그 맛을 잃어버린 것입니다.[15]

---

9) 행 1:8, 행 2:1-4
10) 계 14:12-14
11) 마 24:9
12) 딤후 3:12, 요 15:18, 눅 6:22, 계 6:9-11
13) 딤후 3:12
14) 빌 3:18-20
15) 눅 14:34

이 책을 위해 기고해준 수많은 무명의 성도들은 이제까지는 박해가 전혀 없었거나 아니면 미약한 박해만 경험했던 많은 나라들에 있는 그리스도인들에게도 핍박이 곧 닥칠 것이라고 믿고 있습니다. 이 책의 편집인 중 한 사람은 2004년에 인도네시아를 덮쳤던 쓰나미에 관한 비디오를 시청하고 있는 동안에 북아메리카 지역에 금방이라도 핍박이 닥칠 것만 같은 절박함을 경험했습니다. "그 비디오에서 쓰나미가 인구가 밀집한 해안들을 강타하면서 여러 다른 지역으로 퍼져나가는 것을 보았습니다. 나를 정말 놀라게 한 것은, 그들이 자기들에게 닥쳐올 위험을 전혀 인지하지 못한 채 심지어는 그 광경을 즐기기까지 하고 있었다는 것입니다. 어떤 해안가에서 사람들은 멀리 수평선 위에 있던 하얀 초승달 형태와 같은 것이 그 넓은 만 전체를 뒤덮는 광경을 목격하고는 그 하얀 초승달 형태가 점점 해안으로 다가오는 것을 지켜보면서 즐거워했습니다. 거대한 파도가 만 위에 떠 있던 두 척의 배를 삼켜버리는 것을 본 소수의 사람들이 자기들이 직면한 사태의 긴박함을 비로소 깨달았지만 대다수의 사람들에게는 너무 늦어버렸습니다. 또 다른 해안에서는 수많은 사람들이 만을 채우고 있던 바닷물이 다 빠져버려서 배들이 모래 위에 얹혀 있는 광경을 지켜보면서 재미있다는 듯이 웃고 있었습니다. 그들이 이 광경이 마치 대단히 놀라운 구경거리나 되는 듯이 즐겁게 사진을 찍으며 즐기고 있을 때에 빠졌던 바닷물이 다시 밀려오자 모두가 그 모습을 흥미롭게 바라보고 있었습니다. 그러나 파도가 해안을 강타했을 때까지도 많은 사람들이 무슨 일이 일어나고 있는지 깨닫지 못했습니다. 뒤늦게서야 사람들이 파도를 피해서 달아나려고 했지만 소용없는 일이었습니다. 수많은 사람들이 파도에 휩쓸려 바다 속으로 끌려 들어가며 비명을 질렀지만 그들은 다시는 돌아오지 못했습니다. 내가 이 비디오를 시청하는 동안 큰 경각심이 내게 엄습했습니다. 그것은 단지 수많은 사람들의 죽음을 보았기 때문만이 아니라 우리가 살고 있는 이 시대에 대한 인식조차 없는 이 땅의 그리스도인들에게 곧 닥칠 일들 때문이었습니다. 우리들 중 많은 사람들이 자신들이 마지막 때를 살고 있다고 믿지 않습니다. 쓰나미가 예고 없이 밀어닥치듯이 마지막 때의 핍박도 많은 그리스도인들이 알아채지 못하고 있을 때에 갑자기 덮쳐 올 것입니다."

이 책의 편집인 중 다른 한 사람 역시 임박한 핍박에 대한 자신의 확신에 대해 이렇게 말했습니다. "주 예수께 대한 견고한 믿음을 가진 많은 그리스도인들이 자신들의 증언 때문에 목 베임을 당할 것입니다.[16]

과거의 핍박의 때에 그랬듯이, 지금도 여전히 중동 지역의 여러 나라들에서 목 베임을 당하는 사람들이 있습니다. 오늘날 어디에서 그런 일들이 일어나고 있는지 찾아보면 그 나라들이 이슬람 국가들인 것을 알 수 있습니다. 성경이 원수를 사랑하라고 하셨기에 우리는 무슬림(이슬람을 믿는 사람)들을 사랑해야 하지만 그들의 신앙까지 받아들여서는 안 됩니다. 하나님께서 죄인을 사랑하라고 말씀하셨다 해서 그들의 죄까지 사랑해야 하는 것은 아닙니다. 이슬람의 신앙은 예수 그리스도를 하나님의 아들과 구세주로 인정하지 않는 '알라'와 그의 선지자 '무하마드'에 의해서 시작되었습니다. 하나님께서는 하늘을 여시고 우리가 믿어야 하는 하나님의 아들이 어떤 분인지 알려주시기 위해서 음성으로 우리에게 말씀하시는 이적을 베푸셨습니다. 마태복음의 기록에, '예수께서 침례를 받으시고 곧 물에서 올라오실 새 하늘이 열리고 하나님의 성령이 비둘기 같이 내려 자기 위에 임하심을 보시더니 하늘로부

---

16) 계 20:4

터 소리가 있어 말씀하시되 이는 내 사랑하는 아들이요 내 기뻐하는 자라 하시니라'[17] 고 했습니다."

하나님의 방법은 사람의 방법과 다릅니다. 지금 하나님께서는 전 세계에 걸쳐서 새 일을 행하고 계십니다. 전통적 형태의 교회는 지금 하나님의 성령께서 일으키고 계시는 사역 가운데 쏟아부어 주시는 새 술을 담으면 결국 터져 버리고 말 낡은 가죽부대입니다. 오늘날, 가정교회 개척 운동이 전 세계에 걸쳐 일어나고 있고 그 결과로 지난 삼사십 년 동안에 수백만 개가 넘을 것으로 추정되는 가정교회들이 세워졌습니다. 기독교가 금지된 중국과 같은 나라들에서도 근래에 성도의 수가 1억이 넘을 것으로 추산되는 엄청난 부흥을 경험하고 있습니다. 할렐루야!

성경은 이렇게 선포합니다. "이 천국 복음이 모든 민족에게 증언되기 위하여 온 세상에 전파되리니 그제야 끝이 오리라"[18]

이 천국 복음전파의 사명은 사람의 지혜와 방법으로서가 아니라[19] 하나님의 성령의 역사하심으로 말미암아 완수될 것입니다.[20] 하나님께서는 지금 이 마지막 때에 당신의 교회를 돌보고 인도할 수많은 종들을 일으키고 계십니다. 그들 중 대부분은 유명하거나 지위가 높은 사람이 아닙니다. 하나님께서는 이 시대에 그리스도의 몸된 지체들을 불러 모을 참된 목자의 영성을 가진, 무명하지만 경건한 종들을 세우고 계십니다.

하나님의 뜻은 언제나 그 분의 사랑과 소망으로 가득하지만 이 세상

---

17) 마 3:16-17
18) 마 24:14
19) 고전 1:25
20) 고전 2:4-5

은 두려움과 염려, 불안으로 가득합니다. 그러나 마지막 때를 살아가는 그리스도의 몸된 지체들에게는 세상이 알 수 없는 평강이 함께 함이 그 징표가 될 것입니다.[21)]

원수가 행하는 그 어떤 일도 하나님께서 수많은 사람들을 입양하여 그분의 빛의 나라로 이끄시는 그 사역을 멈추시게 할 수 없습니다.[22)]

그러나 우리가 마지막 때를 위한 하나님의 계획에 복종할 때가 되면 아직도 예수 그리스도의 이름을 듣지 못한 수십 억의 사람들에게 복음이 전해질 것입니다. 지금 이 순간에도 수십억의 사람들이 참된 평안과 영생을 줄 수 없는 이 세상의 거짓된 종교들에 속아 기만당하고 있습니다. 일하고 싶어도 더 이상 일할 수 없는 그날이 곧 닥칠 것입니다.[23)]

아직 기회가 남아 있을 때에 하나님께서 하고 계시는 구원의 사역에 동참하지 않겠습니까?

전 세계에 걸쳐서 30,000개가 넘는 등록된 교단들이 있다. 그리스도의 참된 지체들이 많은 경우에 비본질적인 교리나 신조 때문에 서로 다른 그룹으로 나뉘어 흩어져 있습니다. 이제 우리는 그리스도의 주되심 아래에서 모인 형제와 자매들의 공동체인 교회로서 연합을 이루어야만 합니다.[24)]

그리스도 안에서 형제자매가 된 우리들은 또한 그리스도의 제자로서 '땅 끝까지 복음을 전하라'는 명령을 수행하기 위해서 먼저 머리되시는 그리스도 아래에서 하나로 연합될 필요가 있습니다.[25)]

이 일을 위해서 주께서 우리에게 주신 용어가 '복음공동체(Gospel

---

21) 빌 4:7
22) 골 1:13
23) 요 9:4
24) 고전 1:10
25) 마 28:18-20, 막 16:15, 눅 24:47

Fellowship)'라는 용어입니다.

이 책에 대한 반응으로서 여러분들이 살고 있는 지역에서 하나님께서 행하시는 사역들을 연합하여 행하고자 할 때에 이 '복음공동체'라는 용어를 자유롭게 사용하길 바랍니다. 우리는 이 책의 부록으로 중국에서 가장 큰 가정교회들 중 몇 교회들로부터 가져온 '신앙 선언문'을 첨부해 놓았습니다. 우리는 이 신앙의 선언문이 전 세계에 있는 그리스도의 지체들의 위대한 연합을 이끌어내는 매개체가 될 것을 확신합니다.

예수 그리스도께서는 하나로 연합된 교회를 위해 다시 오실 것입니다.[26]

거룩한 교회,[27] 세상과 타협하지 않으며 서로를 향한 사랑과 잃어버린 영혼들을 향한 사랑으로 충만한 교회! 이러한 교회야말로 죽임 당하신 어린 양을 위한 교회라고 말할 수 있을 것입니다. 그리스도께서는 당신께서 당하신 고난에 대한 보상을 받으시기에 합당하십니다.[28]

하나님께서는 이 마지막 시대에 당신의 사람들을 격려하고 강건하게 하시기 위해서 친히 성령으로 그들을 하나 되게 하실 것입니다. 하나님께서는 자신들의 생명보다 예수 그리스도를 더욱 사랑하는 그분의 제자들의 불타는 심령을 더욱 불붙게 하실 것입니다.[29]

주께서는 그들을 하나가 되게 하셔서 그들 안에 있는 불꽃이 더 크게 타오르고 더 밝게 빛나게 하실 것입니다.[30]

온 세상이 물이 바다를 덮음같이 주님의 영광을 아는 지식으로 가득

---

26) 엡 4:13, 요 17:21-23
27) 엡 5:27
28) 계 5:12
29) 계 12:11, 마 16:24
30) 마 5:14

차게 될 것입니다.[31]

주께서 그분의 신부를 위해서 홀연히 재림하실 때에 우리가 준비된 자로 발견되어지기를 간절히 기도합니다![32]

아버지, 우리는 당신의 아들이 영광을 받으시고 우리 중에서 높임을 받으시길 열망합니다. 우리는 당신의 몸인 교회의 지체가 되기 위해, 그리고 당신의 자녀가 되기 위해 날마다 낮아집니다. 우리는 당신의 이름을 빙자하여 사람들이 행하는 일들을 보는 것에 지쳐 있으며 우리의 마음은 아버지께서 더욱 많은 사람들이 예수 그리스도의 제자가 되게 하시는 성령의 새로운 역사를 행하시는 것을 보기 원합니다. 주여! 당신의 종들 안에 생기를 불어 넣으시고, 생명으로 인도하는 좁은 길을[33]

십자가를 지고,[34] 당신을 따를 수 있도록[35] 새롭게 위임하여 주옵소서! 다른 사람들을 사랑할 수 있도록 우리 안에 성령으로 말미암아 당신의 사랑으로 충만하게 하시고,[36] 온 땅위에 당신의 나라가 확장된 것을 보게 될 놀라운 그 날을 기대하게 하옵소서! 우리는 아버지께서 당신의 아들 예수 그리스도의 영광을 위하여 이 모든 일들을 충만하게 이루실 것을 간구합니다. 아멘!

---

31) 사 11:9, 합 2:14
32) 마 25:10, 살전 5:4-6
33) 눅 13:24
34) 눅 14:27
35) 마 4:19
36) 고전 13:5

역자 서문

약 8년 전쯤 어느 날, 인터넷 서핑을 하다가 우연히 책 제목 하나가 눈에 들어왔습니다. 제목이 'Principles for the Gathering of Believers under the Headship of Jesus Christ'라는 책이었는데 무료로 배포되는 전자책이었습니다. 그저 제목만 보았을 뿐이었지만 왠지 이 책이 분명히 아주 귀한 내용을 담고 있을 것 같다는 생각이 들어서 일단 다운로드를 해 놓았습니다.

꼭 필요한 경우 외에는 평소에 영어책을 별로 읽지도 않고 또 영어책을 술술 읽을 만큼의 실력도 없는 내가 왜 그랬는지는 지금도 의문인데 여하간 그렇게 책을 내려받기 해놓고는 그 후로 읽기는커녕 그런 사실조차 새까맣게 잊어버렸습니다. 그리고는 3, 4년 정도가 지난 2019년 초에 문득 그 책이 생각나서 인터넷에서 찾다가 못 찾고 남편에게 부탁했더니 종이책을 주문해 주었습니다. 받아 보니 벌써 세 번째 에디션으로 초판은 2013년에 출간된 책이었다.

남편이 그 책을 내 손에 건네주면서 번역을 해보면 어떻겠냐고 하는 말을 들으면서 '내가 어떻게 번역을 해?' 하는 생각과 더불어 한편으로는 '한 번 해볼까?' 하는 마음이 동시에 들었습니다. 하지만 그 후에도 몇 달 간이나 책을 펼쳐 보지도 않고 있다가 '언제 시작할 거냐'는 남편의 재촉에 마지못해 컴퓨터 앞에 앉아 '번역이라는 것'을 시작하게 되었습니다. 내가 이 책을 번역하기 시작한 것은 순전히 강권적인 주님의 인도하심었다고 생각합니다.

자주 사전을 찾고 인터넷을 뒤지기도 하면서 아기가 걸음마를 하듯 천천히 진도를 나가다가 나중에는 속도가 많이 빨라졌는데 평소에 문장을 쓰는데 신중한 편이라 시간이 많이 절약되지는 않았습니다. 아무리 머리를 써봐도 모르겠는 부분은 메신저로 아들에게 물어서 도움을 받기도 했습니다. 아들이 막히는 부분이 있으면 구글 번역기를 사용해 보라고 권해서 몇 번 시도해 보기도 했지만 이 귀한 책을 번역하는 일에 영혼도 없는 기계를 의존한다는 것이 마음에 내키지 않았던 것도 있습니다. 번역을 하는 중에 때때로 고민하던 부분에 대해 순간적인 깨달음이 오거나 우연하게도(사실 우연은 없다) 중요한 내용을 빠뜨리거나 잘못 이해한 부분들을 발견하게 되어 수정한 적이 여러 번 있었는데 하나님께서 도와주신 것임을 믿어 의심치 않습니다.

중간에 북한의 성도들에 대한 부분에서는 도저히 계속할 수가 없어서 한동안 책을 덮어야만 했습니다. 성도들이 당하는 핍박이 너무나 끔찍해서 읽어나가기가 힘들기도 했지만 그분들의 신앙과 편안하고 안일한 나의 신앙생활의 비교할 수조차 없는 간극이 내 마음을 너무나 불편하게 했기 때문입니다. 아마 독자들 중에서도 이 책을 읽는 중에 자신의 생각과 부딪치거나 불편함을 느끼는 분들이 있을 것이며, 목회자의 권위를 중요하게 생각하는 기성교회의 사역자들은 좀 더 불편할 수 있는 내용들도 있습니다. 하지만 그렇다고 해서 중간에 책을 덮지는 말기를 부탁하고 싶습니다. 그리 중요하지 않은 부분에 대한 의견이 다르다고 해서 하나님께서 이 책을 통해서 마지막 때를 살고 있는 이 시대의 성도들에게 말씀하고자 하시는 바를 듣지 못함은 얼마나 큰 손실일지 짐작할 수조차 없기 때문입니다.

영어 실력을 넘어 평소에 성실함과 꾸준함이 절대적으로 부족한 내가 이 귀한 책의 번역을 끝낸 것은 전적으로 하나님의 은혜입니다. 언감생심, 나같이 부족하고 자격없는 사람이 진정한 그리스도의 교회의 모습과 그 귀한 하나님의 사람들의 믿음의 행적, 그 피흘린 발자취를 기록한 책을 우리 말로 번역을 하다니 지금 이 글을 쓰면서도 왠지 내가 한 일이 아닌 것 같아서 마음 한 구석이 불편하기도 하고 혹시 중요한 실수는 없을지 걱정도 됩니다.

처음부터 책으로 낼 것을 생각한 것은 당연히 아니었지만 이 책을 읽고 번역하는 동안에 이 귀한 책을 나만 읽는 게 너무 아까워서 다른 그리스도인들과 공유하고 싶다는 간절한 마음이 있었습니다. 사도행전에 기록된 초대교회의 모본을 따라가기를 원하는 성도들, 그리고 참된 교회의 원형에서 멀리 떨어져 나왔으면서도 그 사실을 깨닫지조차 못하는 사람들이 이 책을 통해 눈이 떠지고 '옛적 선한 그 길'로 돌아가 하나님께서 원하시는 참 교회의 모습으로 회복되는 길에 들어서기를 간절히 바랍니다.

이 책은 미국의 가스펠 펠로우십(Gospel Fellowships) 가정교회 공동체가 중국, 북한, 이란의 수없이 많은 무명의 사역자들과 성도들의 사역과 증언, 보고서, 인터뷰 등을 통해 작성된 글들을 모아 책으로 엮은 것입니다. 하나님 나라의 확장을 위해 판권도 주장하지 않고 번역본을 출판할 수 있도록 허용한 그분들의 순전한 헌신과 수고에 감사드린다. 무엇보다도, 실력 있고 영성 깊은 사람들이 많은데도 나같이 가장 작고 부족한 사람을 통해서 이 귀한 책이 번역되어 나오게 하신 하나님의 그 이해불가한 은혜에 감사드리며 이 책을 통해 오직 하나님께만 영광이 돌려지기를 기도하고 또 기도합니다.

캘리포니아를 넘어 문경에서
나에스더

'주께서 피로 사신 교회여!' 이 책을 읽으면서 바로 떠오른 말씀이 히 11:3에 괄호 안에 있는 구절입니다. (이런 사람은 세상이 감당하지 못하느니라) 이 책에 기록된 성도들의 이야기는 사도행전부터 지금까지 고난을 이기고 지켜온 교회로서 지금도 북한과 이란처럼 순교로 세워지고 있는 사도행전에서부터 기록된 초대교회 이야기이고 시베리아의 불꽃처럼 중국의 예수 가정과 당연히 동일합니다.

이 책의 간증들은 그렇게 세상이 감당하지 못할 뿐 아니라 현대 교회가 감당하지 못하는 교회이기도 합니다. 물론 성경적으로는 맞는 줄 알고 있지만 그러나 실제적으로 우리는 주일예배 중심으로 구약의 성전 같은 교회에 익숙합니다. 사도 베드로가 설교하며 3000명이 세례를 받고 주께로 돌아왔을 때 베드로를 중심으로 3000명이 한꺼번에 모이는 대형 교회를 세우지 않았습니다.

그러나 우리는 삶의 교제(fellowship)도 없고 예배(worship)만 있는 그런 현대 교회가 편하고 친숙합니다. 삶의 헌신과 희생없이 기쁨과 이득만 추구하는 이 시대의 교회로 그 고난에는 감동받겠지만 삶을 적용하기엔 낯설고 이 책이 어색할 수 있겠습니다. 게다가 인스탄트 가공음식같은 설교에 적응된 현대 교회에겐 존 번연의 책 천로역정이 구원에 매우 유익한 것처럼 이 책의 교훈과 원리는 주의 교회의 회복을 위해 절대적으로 필요합니다.

이 책을 읽으며 엠마오로 가던 제자처럼 마음이 뜨거웠고, 빌립보 간수가 바울의 신앙 앞에 무서워 엎드려 떨었던 것처럼 나는 심장이 떨렸습니다. 그리고 나는 이 책에 나오는 세상이 감당할 수없는 무명의 진짜 그리스도인들로 인해 이렇게 주께 묻게 되었습니다. "이 책을 읽었습니다. 이제 제가 어떻게 해야 합니까?"

성현경 목사(뉴저지 가스펠 휄로쉽교회)

추천사 2

언제부터인가 변형되었거나 정체를 모를 교회 조직의 모습이 '가정교회'라는 이름으로 제도권 교회 안으로 슬그머니 들어왔습니다. 그리고 큰 자리를 차지했습니다. 사도행전에서 시작된 신약교회의 '교회의 원리'를 사모하며 그 원리를 찾던 사람들이 서점에서 어리둥절한 상태에서 '가정교회'와 관련한 책을 집어들었고, 급기야는 사도행전이 아닌 다른 곳에서 나온 원리들을 도입하여 원래의 가정교회의 아류들로 이끌려 들어갔습니다.

나는 그래서 이 책으로부터 호칭을 '가정교회' 대신 '지하교회'라는 이름을 불러 이 교회를 새로 정의하기로 했습니다. 교회 자체가 세상 속에서 빛이 되라 했지만 오늘날 교회의 모습에서 그 빛을 찾기가 어렵다는 것을 생각하면 그저 교회의 머리 되신 주님께 죄송할 따름입니다.

이 책은 더 많은 나라의 사람들이 성경 사도행전과 중국, 이란, 북한의 지하교회 성도들의 신앙의 원리들을 알게 하고자 신약교회 원리를 따르는 성도들이 자신의 권리를 포기하면서 내놓은 책이다. 이런 책이 시중에 나온다는 것 자체가 내게는 충격이었다.

그 유명한 출판사가 아닌, 그들 틈새에서 새로 시작된 출판사에서 이 책이 나오는 것도 중요한 의미가 있습니다. 한 사람이라도 더 많이 읽는 것이 목적이 아니라, 이 책에서 말해주는, 철저히 예수 그리스도가 머리가 되시고, 철저히 주님이 피로 값주고 사신 그 교회의 의미를 아는 사람의 입과 손을 통해 이 책이 퍼져나가기를 소원합니다.

약 20년 전부터 나는 신약교회의 원리를 따르는 가정교회 공동체에 매료 되었습니다. 제도권 교회에 속해 있으면서 이런 순수한 교회 원리에 빨려들어가서 그 원리를 사모하며 그 공동체를 꿈꾼 것 자체가 사치였고 그저 꿈이었습니다. 그렇지만 나는 여전히 꿈을 꾸듯이 그 원리를 마음에 새기면서 주님의 뜻을 이루는 생명력 있는 교회의 모습을 꿈꿉니다.
꼭 이 책을 정독하고 두 사람 이상에게 이 책을 선물하며 이 책에서 말한 머리 되신 예수 그리스도의 교회로서의 생명력을 함께 살려줄 것을 당부하면서 강력히 추천합니다.

나순규 (마을입양선교 사역자)

원리 1

오로지 예수 그리스도에 대하여 깊이 상고함

우리에게는 사도행전에 기록되어 있는 초대교회 안에서 보여 지고 있는 것과 같은 겸손함이 필요합니다. 오늘날 우리는 이러한 겸손을 전세계에 걸쳐 존재하는 핍박 받는 지하교회들에게서 찾아볼 수 있는데 그 이유는 그들이 인간의 교만과 고집스런 성향을 단번에 날려버릴 수 있는 '죽음'이라는 상대와 맞닥뜨리고 있기 때문입니다.[37]

이 핍박받는 성도들은 교회들의 머리로서 자신들의 모임을 인도하시는 예수 그리스도만을 오로지 의지하고 있습니다.[38]

한 형제는 이 사실을 이렇게 표현했습니다. "그리스도께서는 자신의 백성들의 모임의 중심에 계셔야만 합니다. 우리는 사람으로부터 비롯된 것이 아닌 오직 그분의 임재 가운데로 깊이 잠겨야 합니다. 성도들이 이 사실을 깨닫고 또 실제로 그렇게 되어 진다면 지역 교회들은 그들 중 누군가가 떨어져 나간다고 해도 그것 때문에 흔들리지 않게 됩니다. 그리스도를 중심으로 하는 성도들이 모여 있는 모임은 강하고 안정되어 있으며 단단히 결속되어 있습니다."[39]

우리가 어떤 유명한 강사의[40] 말을 듣기 위해 모이거나 어떤 특정한 가르침을[41] 추앙할 때에 많은 경우에 그것이 그리스도께 영광을 돌리

---

37) 행 2:44
38) 골 1:18
39) 윌리암 맥도날드(1917-2007)
40) 고전 3:4-5, 요삼 9
41) 딤전 1:3-4, 딤후 2:14

지 못하거나 예수 그리스도께서 그 모임의 머리되심을 나타내지 못할 수 있습니다. 성도들이 함께 하는 모든 모임에서는 반드시 말이나 노래로 예수 그리스도께 존귀와 영광을 돌리고 그분께서 교회의 머리되심이 선포되어져야만 합니다. 그리스도의 성품과 위격에 대해서 계속해서 언급하는 것은 성도들의 모든 모임에서 가장 먼저 행해져야만 합니다.[42]

"신약교회의 특징은 그리스도의 이름으로 모이는 모든 모임 속에서 사람들이 예수님을 만났다는 것입니다."[43]

우리들은 교제를 위해서 모일 때 종종 그 모임의 운영에 대해 여러 가지로 미리 생각한 의견들을 제시하곤 합니다. 우리는 예배 중 찬양이 어떻게 우리의 마음을 감동시켰는가, 아니면 어떤 설교에 의해서 얼마나 영향을 받았는가 하는 것들, 즉 전혀 우리 자신에 관한 것이 아니기에 금방 잊혀버릴 것을 토대로 하여 우리의 경험들을 평가하는 경향이 있습니다. 예배는 우리들이 아니라 하나님께 대한 것입니다. 만약 성도들이 사람들에게서 무언가를 기대하는 것이 아니라 살아계신 하나님을 만나고 그 분을 경험하기 위해서 모인다면 우리의 믿음은 더욱 고양되고 하나님을 더욱 더 영화롭게 함이 그 결과로 나타나게 될 것입니다. '던디의 선지자'로[44] 알려진 스코틀랜드의 유명한 목사는 이렇게 말했습니다. "당신이 사람에게로 시선을 돌리게 될 때마다 그리스도를 열 배나 더 바라보십시오" 이렇게 지속적으로 그리스도를 바라보는 것

---

42) 골 1:28
43) Zac Poonen
44) Robert Murray M'Cheyne (1813-1843)

이야말로 우리가 다른 사람들을 함부로 판단하지 않게 할 뿐 아니라[45] 다른 지체들의 문제를 알게 되었을 때에도 그것으로 인하여 낙담하지 않을 수 있습니다.[46]

마가복음 10장에서 우리는 예수께서 친히 초대교회의 지도자가 될 제자들에게 어떻게 성도들을 이끌어가야 할지를 친히 가르치시는 것을 볼 수 있습니다. "예수께서 불러다가 이르시되 이방인의 집권자들이 그들을 임의로 주관하고 그 고관들이 그들에게 권세를 부리는 줄을 너희가 알거니와 너희 중에는 그렇지 않을지니 너희 중에 누구든지 크고자 하는 자는 너희를 섬기는 자가 되고 너희 중에 누구든지 으뜸이 되고자 하는 자는 모든 사람의 종이 되어야 하리라."[47]

그러나 슬프게도 오늘날의 목사들이나 교회의 지도자들 중 어떤 이들은 자신들의 회중 위에 군림하는 이들이 있습니다.[48] 그들은 인간적인 능력과 조종, 우월감을 가지고 사역을 합니다.[49] 주님께서는 주님 당시의 제자들에게 가르치셨을 뿐만 아니라 오늘날의 교회들에게도 거듭 말씀하시기를, 성도들의 모임인 가정교회를 인도하는 이들이 겸손함으로 종처럼, 심지어는 노예처럼 섬기는 자가 되어야 한다고 가르치셨으며 또 다른 곳에서는 이렇게 말씀하셨습니다. "너희는 그렇지 않을지니 너희 중에 큰 자는 젊은 자와 같고 다스리는 자는 섬기는 자와 같을지니라."[50] 연장자가 언제나 가장 좋은 자리에 앉을 권리가 있고 젊은 사람들은 연장자가 말하는 것을 들어야만 했던 유대 사회에서

---

45) 약 4:11-12, 롬 16:17-18
46) 고전 8:11-13
47) 막 10:42-44
48) 벧전 5:3, 마 24:48-50
49) 딤전 3:6, 약 5:6
50) 눅 22:26

이 말씀은 대단히 급진적인 가르침이었습니다. 주 예수께서는 장차 그리스도의 몸인 교회의 지도자가 될 제자들에게 오히려 겸손하게 행하고, 경청하는 자가 되며, 다른 사람을 섬기는 자가 되라고 말씀하신 것입니다.[51]

오늘날 우리에게는 자기 자신들이 아니라 주 예수 그리스도를 앞세우기를 갈망하는 목자들이 필요합니다.[52] 주님께서는 지금 우리에게 도전적으로 물으십니다. "얼마나 더 그렇게 두 견해 사이에서 머뭇거리고 있으려 하느냐?"[53] 우리는 이제 사람들에게 인기가 있는 현대의 교회들이 아니라 신약교회의 모본을 따라서 성도들의 모임을 이끌어나갈 것을 추구하고 결단해야만 합니다.

예수 그리스도께서는 알파, 곧 모든 것들 중에서 처음이 되십니다.[54] 그러므로 그분께서 우리의 모든 모임과 교제 가운데에서 '최고'와 '최우선'이 되셔야만 합니다. 무엇보다도 먼저 그분의 이름이 높임을 받으시고 그분의 죽으심과 부활하셨음이 선포되어져야 하며,[55] 성자되시는 그분의 위격이 높임을 받아야만 합니다.[56] 이것이 우리가 선포하는 복음이며 교회이고 그분의 영광이며 말씀이시고 그분의 왕국입니다.[57] 그분께서 말씀으로 세상을 지으셨고 하나님의 창조세계를 다스리십니다.[58] 그분께서 우리에게 당신의 성령을 주셨으며[59] 그분이야말로 바로

---

51) 빌 2:7
52) 빌 2:20-21
53) 왕상 18:21
54) 계 1:17
55) 빌 1:14
56) 엡 1:3
57) 골 1:16
58) 계 3:14
59) 요 14:26

하나님의 유일하신 아들이십니다.[60] "이는 만물이 주에게서 나오고 주로 말미암고 주에게로 돌아감이라 그에게 영광이 세세에 있을지어다 아멘"[61]

---

60) 계 2:18
61) 롬 11:36

원리 2

두 세 사람의 성도들의 모임이 곧 교회이다

　교회의 기원에 대해서는 우리 주님께서 이렇게 간단명료하게 말씀해 주셨습니다: "두 세 사람이 내 이름으로 모인 곳에는 나도 그들 중에 있느니라"[62]

　단 둘이나 세 사람의 성도만 있다 해도 주 예수께서 함께 거하시는 믿는 사람들의 공동체가 곧 교회입니다. 만약 성도들이 소규모로 모일 수만 있다면 초대교회가 그랬듯이 지금보다 좀 더 자주 주 중에 모이거나 심지어 매일이라도 모이는 것이 가능할 것입니다.[63] 이렇게 하는 것은 성도들이 다른 헌신된 예수 그리스도의 제자들을 만나 교제하며 그들 가운데 거하시는 주 예수님을 경험하고 주님의 인도하심을 받으며, 성도 간에 서로 격려하고[64] 함께 기도할 수 있는[65] 유익함을 얻게 합니다.

　교회의 모임에서는 고린도전서에서 말씀하고 있는 주님으로부터의 인도하심과 숙고함이 요구됩니다. "모든 것을 품위 있게 하고 질서 있게 하라"는[66] 바울의 말씀처럼 성령에 의해서 교회의 장로들을 세우는 일들[67]을 포함하여 초대교회에서 행해졌던 전통을 따르는 것[68]과 같은 문제들이 성도의 모임에서 숙고되어야 합니다. 하나님의 말씀 가운데

---

62) 마 18:20
63) 행 2:46, 행 20:7
64) 고전 5:4
65) 행 1:14, 행 2:42, 행 20:36
66) 고전 14:40
67) 딛 1:5, 마 10:1
68) 행 2:42

서 찾아볼 수 있는 두 가지의 중요한 관습은 침례[69]와 주의 만찬[70]입니다. 우리가 우리의 마음[71]과 의지[72]를 하나님의 말씀에 복종시킬 때 하나님께서는 당신께서 바라시는 그 교회를 우리들을 통해서 세워 나가십니다.

주께서 당신 자신을 나타내시는 임재 가운데 예수님의 머리되심 아래 하나 된 그리스도의 몸 된 교회의 모습을 보는 것은 얼마나 순수한 아름다움인지요![73] 그리스도인들은 처음 만난 형제나 자매라 할지라도 잠시만 함께 대화하며 시간을 보내다 보면 주님의 성령 안에서 친밀함과 동질감이 느껴지는 특별한 교제를 경험하게 됩니다. 예수 그리스도께서 인정하시는 교회의 모임은 단순히 주님에 대한 어떤 것들에 대해서 대화하거나 의견을 주고받는 것 그 이상입니다.[74] 이 모임의 시간은 하나님의 거룩하신 이름을 경외함 가운데 부르며 그분의 선하심과 약속들과 성품들을 선포하기 위해 주어진 시간이며, 하나님의 거룩하신 임재 가운데서 그분의 아들이신 예수 그리스도를 높이고 진정어린 감사로 하나님을 경배하기 위한 시간입니다.

구약성경 안에서는 하나님의 임재 앞에서 경박하고 무례했기에 정죄되었거나 죽임을 당했던 많은 사람들을 찾아볼 수 있습니다.[75] 그러나 새 언약 안에서 그리스도를 믿는 우리들은 그리스도의 피를 통하여 자유롭게 하나님 앞에 나갈 수 있습니다.[76]

---

69) 행 2:38
70) 고전 11:28
71) 롬 12:2, 고후 10:5
72) 시 119:167, 약 4:7
73) 고전 5:4
74) 말 3:16
75) 삼하 6:6-7, 삼상 6:19-20
76) 히 4:16

하나님의 백성으로서 우리가 함께 모일 때에 우리 안에 주를 두려워함[77]과 경외함[78]을 품어야 함이 마땅하지만, 그렇다고 해서 이것이 성도들의 모임 가운데에 자유함이나 행복함이 있을 수 없다는 뜻은 결코 아닙니다. 오히려 거기에는 행복을 넘어선 거룩한 기쁨[79]과 거룩한 환희,[80] 그리고 거룩한 감사[81]가 있습니다.

재침례교도들은 서로 다른 배경으로부터 모인 경건한 형제들로서 마틴 루터의 종교개혁이 있던 시대에 여러 개의 소그룹으로 모였습니다. 초기의 재침례교도 문헌[82]을 보면 그들이 일주일에 서너 번씩 소그룹으로 모이도록 가르침 받았던 것을 볼 수 있습니다. 그들은 또한 자신들이 함께 나누는 모든 교제는 그들 개개인이 그리스도와 함께 나누는 교제로부터 직접적인 영향을 받는다는 사실을 알고 있었습니다. 따라서 그들에게 있어 개인적으로 그리스도와 역동적이고 친밀한 관계를 유지하는 것이야 말로 성도들의 모든 모임과 집회에 반드시 있어야 하는 필수불가결한 요소였습니다.

그리스도의 몸으로서 모이는 사람들은 반드시 주님 되신 그분에 의해서 모여야만 합니다. 많은 모임에서 자신들에게 말씀하시는 하나님의 음성을 들으려고 너무 성급하게 서두르는 일들이 종종 있습니다.[83] 그러나 성도들의 모임은 주님의 뜻 가운데로 우리를 인도하시기를 구하며 그분의 임재 아래에서 기다리는 시간이 되어야만 합니다. 이 종말의 때에 우리가 정확하게 하나님의 뜻 가운데 있음을 아는 것은 대단히

---

77) 행 9:31, 고후 7:1
78) 벧전 1:17
79) 행 8:8
80) 빌 4:4
81) 고전 10:16
82) Schleitheim Brotherly Union(1527)
83) 요 10:4, 히 3:7

중요합니다.[84] 우리 주 예수께서는 지혜로운 다섯 처녀와 미련한 다섯 처녀의 이야기를 통해서 우리들을 일깨우십니다.[85] 미련한 다섯 처녀들은 비탄에 잠겨 울부짖었습니다. "미련한 자들이 슬기 있는 자들에게 이르되 우리 등불이 꺼져가니 너희 기름을 좀 나눠 달라 하거늘"[86] 우리는 예수 그리스도를 믿는 성도들 중에서 자기 등불의 심지를 깨끗이 다듬고 기름통에 기름을 충분하게 채우고자 하는 동일한 목적을 지닌 사람들을 찾아 함께 하기를 구하여야 합니다.[87]

성도들 중 많은 이들이 자기 주변에서 참된 교제를 나눌 수 있는 성도들을 찾아내기가 쉽지 않은 것처럼 보입니다. 우리는 모임 장소 안에 오로지 두 세 사람의 성도만 모여 있다 해도 그것이 바로 '교회'라는 사실을 인식함에 있어 주저함이 없어야 합니다. 하나님께서 교회를 성장시키시고 사람들의 숫자를 더하게 하실 때에 은사와 부르심도 나타나게 되는데 이 은사들이 교회의 충만함을 나타내어[88] 교회의 머리되신 예수 그리스도께 영광을 돌리게 됩니다.

---

84) 요일 2:17, 벧전 4:2
85) 마 25:1-13
86) 마 25:8
87) 마 25:3-4
88) 엡 4:15-16

여러 분파로 나누어졌다 해도 모두 하나님의 사람들이다

근래에 우리는 하나님께서 무익하고 시끄러운 교단적 혼란함 속에서 그분의 음성을 들을 수 있도록 당신의 양들을 깨우기 시작하셨음을 볼 수 있습니다. 하나님께서는 결코 자신의 교회가 분리되거나[89] 혼란에 빠지도록, 그리고 어떤 교리나 신조라는 바람에 따라서 이리저리로 흔들리도록 의도하지 않으셨습니다. "이는 우리가 이제부터 어린 아이가 되지 아니하여 사람의 속임수와 간사한 유혹에 빠져 온갖 교훈의 풍조에 밀려 요동하지 않게 하려 함이라"[90]

우리는 현존하는 수만 개의 작은 조직과 그룹 내부에 하나님의 사람들이 속해 있을 것이라고 믿습니다. 어떤 형제는 자신의 영적 일기에서 하나님께서 "이념과 사상의 산을 떠나서 시온산으로 올라가라"고 자신에게 말씀하시는 것처럼 느꼈다고 기록했습니다. 만약 성도들이 이 권고의 말씀대로 자신들이 속해 있는 어떤 신조나 사상을 떠나서 예수 그리스도의 머리되심 아래에서 하나로 연합한다면,[91] 이 세상의 체제 속에서 하나님의 사역이 보다 순전하고 보다 밝은 빛을 발산할 수 있으리라고 확신합니다. 이 말은 실제적으로 교회나 교단에서 떠나야만 한다는 뜻이 아니라 하나님의 사람들의 마음에 있는 이러한 분리[92]로부터 떠나야 한다는 뜻입니다. 예수께서는 요한복음 17장에서 제자들이 하

---

89) 고전 1:10
90) 엡 4:14
91) 요 17:23
92) 고전 12:25

나가 되도록 기도하셨습니다.[93]

　성경적이면서 또 명백한 사실 하나는, 하나님께서 보시는 진정한 교회가 언제나 '연합된 하나의 교회'라는 것입니다. 오늘날의 교회는 여러 측면에서 어떤 영적인 목적을 위해 연합되어 있기는 하지만 그 연합은 지역 안에서 좀처럼 눈에 보이는 형태로 드러나지 못하고 있습니다. 그리스도의 지체인 지역 교회들을 향한 하나님의 뜻은 눈에 보이는 형태를 갖추고 있으면서도 그 안에서 영적으로 연합되는 것입니다. 이런 점에서 중국의 지하교회는 우리에게 좋은 예를 보여줍니다. 중국 교회에는 여덟 개의 큰 지부가 있지만 중요한 교리들을 서로 존중함으로 하나로 연합되어 있습니다. 하나님께서는 각 세대를 통해서 특별하게 회복되어진 진리들에 따라서 서로 다른 교단과 분파를 형성하는 것을 허락하셨습니다. 하지만 이 마지막 세대에 모든 각각의 그룹들은 반드시 그리스도의 몸으로서 참된 연합을 이루는 일을 추구하여야만 합니다.

　마지막 때에 하나님께서는 예수 그리스도께서 그분의 교회를 오직 하나의 교회로 보고 계시는 것처럼[94] 모든 성도들도 같은 마음을 품도록 명하고 계십니다. 천국에는 오직 하나의 교회, 곧 하나님을 영화롭게 하고 거룩한 삶을 살도록 부르심을 받은 사람들의 모임만이 있게 될 것입니다.[95]

　그러므로 우리는 어떠한 교단이나 분파와 같은 꼬리표들을 염두에 두지 말고 오직 하나님께서 모든 성도들을 보시는 시선으로 우리도 서로를 바라보아야 합니다. 디모데후서는 하나님께서 그분의 사람들을 어떻게 아시는지 분명하게 말씀하고 있습니다. "그러나 하나님의 견고

---

93) 요 17:21
94) 빌 2:5
95) 벧전 1:15-16, 벧전 1:22

한 터는 섰으니 인침이 있어 일렀으되 주께서 자기 백성을 아신다 하며 또 주의 이름을 부르는 자마다 불의에서 떠날지어다 하였느니라"[96] 그러므로 우리는 비록 서로 다른 교단이나 분파에 속해 있다 하더라도 불의함과 세상을 좇는 길에서 돌이켜 떠난 사람들을 인지하고 이 순례자의 길을 가는 동안 그들과 함께 교제를 나눌 수 있어야 합니다.[97]

만일 우리가 주께서 하늘에서 보시는 것처럼 그리스도의 몸 된 교회를 볼 수 있는 영적인 시각을 가지고 있다면 여러 다른 교단과 분파들 가운데 속해 있는 밝게 빛나는 흰 옷을 입은 성도들[98]을 보고 충격을 받을 것입니다. 각각의 교단에는 자신들이 귀중히 여기는 보석 같은 진리가 있고 아마도 그 교리들 중 어떤 것들은 다른 교단의 교리들보다 좀 더 뛰어날 수도 있지만, 마지막 때의 교회에게 주님께서 주신 책무는 이 모든 진리들을 조화롭게 공유하는 한 몸으로 연합되는 것입니다. 그리스도의 충만함[99]에 이르는 것이 그리스도의 몸을 이루고 있는 각각의 지체들, 곧 점도 없고 흠도 없으며 주름 잡힌 것도 없는 주님의 신부를 위한 하나님의 궁극적인 뜻입니다.[100]

우리 모두가 그리스도의 장성한 분량에 이르기까지 성장해 가는 성숙한 공동체의 일원[101]이 되는 것이 모든 성도들의 목표가 되어야 하며 또한 모든 일에 그리스도를 닮아가는 것이 모든 성도들의 개인적인 목표가 되어야만 합니다.[102]

---

96) 딤후 2:19
97) 벧전 2:11
98) 계 3:5
99) 엡 1:22-23
100) 엡 5:27
101) 요 17:23
102) 요일 2:6

지나간 세대의 한 경건한 성도는 그리스도의 몸 된 지체들의 모임 가운데 '하나님께로부터 비롯되고 하나님께서 유지하심'이 얼마나 절실하게 필요한지에 대해서 이렇게 간절히 기도했습니다. "나는 하나님께서 세우시는 것들을 보길 원합니다. 나는 밤마다 기도하길 원하여 중보하며 간절히 하나님을 구하는 사람들을 보기를 원합니다. 우리는 일을 성취하기 위해 할 수 있는 모든 계획과 생각해 낼 수 있는 모든 것들을 시도하며 모든 노력을 다해 왔습니다. 하지만 우리에게 정말로 필요한 것은 우리 자신으로부터 비롯된 이 모든 것들을 무너뜨릴 '한 사람'입니다. 이 한 사람! 우리에게는 새로운 어떤 '신학'이 아니라 이런 '한 사람'이 필요합니다!"[103]

마지막 때에 우리 주님께서는 '주 예수 그리스도'라는 하나의 깃발아래 모인 그분의 거룩한 사람들[104]을 당신의 신부로 맞이하실 것입니다.

---

103) Leonard Ravenhill (1907-1994)
104) 계 19:8, 고후 1:1

원리 4
하나님만을 의지하도록 교회를 이끄시는 하나님

우리는 시편 기자를 통해 주어진 충고를 주의 깊게 받아들여야만 합니다. "여호와께서 집을 세우지 아니하시면 세우는 자의 수고가 헛되다"[105] 만약 우리가 주님의 부르심이 없는 상태에서 공동체를 시작하려한다면 그 모든 노력은 헛된 일이 될 것입니다. 만약 우리가 세우고자하는 교회의 모형이 오로지 하나님의 말씀 위에 세워지지 않는다면, 그리스도의 교회가 아니라 우리 자신의 교회를 세우는[106] 결과를 가져오게 됩니다. 하나님을 경외함이나 권위에 복종함이 없고, 그저 자신들이원하는 대로 자유롭게 행하기 위해서 의식적이고 종교적인 분위기에서 벗어나고자 하는 모임은 그리스도의 교회가 아닙니다. 우리는 우리자신이 그리스도의 몸 된 교회를, 마치 '지도자도 없고[107] 하나님의 임재[108]와 성령님의 깨닫게 하심[109]이나 하나님께 부르짖어 기도하는 일도 없는[110] 공동체'로 재정의해도 되는 것처럼 생각하도록 기만당해 왔습니다. 오늘날 우리들은 안락함과 행복, 경제적인 번영이 삶의 목표인세상에서 살고 있습니다. 그러나 우리는 세상과 벗이 되는 것은 하나님과 원수가 되는 것임을 잘 알고 있습니다.[111]

우리는 반드시 우리가 살고 있는 세상의 문화가 아니라 주 예수님과

---

105) 시 127:1
106) 시 127:1-2
107) 행 15:6
108) 딤후 4:1
109) 고전 14:25
110) 행 4:23-31, 히 5:7, 딤전 2:8
111) 약 4:4

초대교회의 성도들의 모본을 따라 가야만 합니다.

그러기 위해서 우리의 관심을 우리 자신이 아닌 다른 나라들에 돌려, 성령님에 의해서 형성된 신약 성경 속의 진정한 유기적 기독교의 모습을 찾아볼 수 있는 나라들을 살펴보는 것이 도움이 될 수 있습니다. 이를테면, 중국에서의 가정교회 운동을 살펴볼 수도 있고 북한에 있는 지하교회나 여러 다른 나라들에 있는 교회들, 곧 오직 성령님께 자신들의 모임을 인도하시도록 의지할 수밖에 없는 상황 가운데 처해 있는 교회의 모임에 대해서 생각해 볼 수 있습니다. 그러한 상황에 있는 성도들은 자기들의 마음을 만족시키는 교회, 자신이 신앙생활하기에 적합한 요소를 갖춘 교회를 찾아 헤매지 않습니다. 그 대신에 하나님께서 당신의 참된 교회가 되도록 그들을 이끌어 가십니다. 오늘날, 단지 세상의 문화만이 아니라 많은 교회들조차도 요란하고 허황된 세상의 사고방식에 깊이 잠식당해 있음을 봅니다. 그러나 교회의 사명은 세상적인 방식이나 체계로는 완수될 수 없습니다. 우리가 진정으로 이 땅에서 그리스도의 교회를 세우는 일에 주님과 함께 하기를 원한다면, 세상적이고 인간적인 방식과는 반드시 결별해야만 합니다. 영리하고 교묘한 사람의 생각들로는 '하늘의 예루살렘'을 결코 세울 수 없으며 오히려 이 땅 위에 '바벨론'을 세우게 될 것입니다. 만일 우리가 하나님께서 우리에게 말씀하신대로 복종한다면 반드시 그분의 영으로 인도하심을 받게 될 것입니다.[112]

우리의 모임들이 좀 더 성경적인 교회의 모습으로 세워지기를 추구할 때, 예수께서 "내 원대로 마옵시고 아버지의 원대로 되기를 원하나

---

112) 롬 8:14

이다"[113] 하고 기도하셨던 것과 동일한 갈망이 우리 안에 있다면, 우리는 말씀 앞에 서서 이렇게 기도해야 할 것입니다. "하나님, 당신의 교회는 과연 어떤 모습입니까?" 하나님께서는 신실하시므로 우리에게 보여 주시고 또 그러한 교회가 되도록 인도해 주실 것입니다.

우리는 사도 바울이 고린도 교회를 향하여 "우리는 다만 하나님의 뜻을 수행하는 종들일 뿐이다"라고 선언한 말씀을 우리 마음에 깊이 새겨야 합니다. "그런즉 아볼로는 무엇이며 바울은 무엇이냐 그들은 주께서 각각 주신 대로 너희로 하여금 믿게 한 사역자들이니라"[114]

종에게는 오직 주인의 명령을 수행하고 자신의 주인을 기쁘게 하는 것만이 유일한 목적이 되어야 합니다.[115] 그러므로 우리가 가정교회를 시작하려고 준비할 때에 우리를 인도하시는 하나님의 성령의 음성을 반드시 들어야만 합니다.[116] 또한 하나님의 성령께서는 결코 계시된 하나님의 말씀에 역행하여 우리를 인도하지 않으신다는 것을 기억해야 합니다.[117] 따라서 우리는 사람의 방법을 따라 가지 않도록[118] 주의를 기울여야 할 뿐만 아니라 우리를 말씀으로 돌아가게 하시는 성령의 인도하심을 따르도록 유의하여야만 합니다.

하나님께서 그리스도의 지체를 형성해 나가시는 동안 우리가 하나님의 말씀이 권고하시는 대로 순종하며 주저함 없이 우리의 믿음을 증거한다면 주께서 구원받는 자들의 수를 날마다 더하실 것입니다.[119] 우리는 다만 성령의 도우심을 받아 하나님의 인도하심에 순종하기만 하면

---

113) 눅 22:42
114) 고전 3:5
115) 골 3:22
116) 잠 3:5-6
117) 요 16:13
118) 갈 1:1
119) 행 2:47

됩니다. 성령의 거룩한 감동하심을 받아 기록된 신약 성경의 말씀들이 우리를 인도하십니다. 하나님의 말씀을 의지하는 '거룩한 의존'과 그분의 인도하심에 '순종함'이 있을 때, 하나님께서 우리가 속한 공동체를 그분이 바라시는 '참 교회'의 일부가 되게 하실 것입니다.

우리의 모본이 되는 사도행전

교단적이거나 개교회적인 대부분의 모든 기독교 내의 운동이나 활동은 사도행전에서 발견되는 모본과 사례들을 따라가고자 하는 열망에서 비롯됩니다. 성경적인 교회를 세우기 위해 주님의 인도하심을 받고자 하는 열망은 언제나 예외 없이 하나님께서 우리를 위해 보존해 놓으신 사도들의 모본으로 돌아가게 합니다. 우리는 서로 다른 기독교 운동들이 특정한 교리나 신조를 따라 행동하며 자신들의 가르침을 널리 알리는 일에 왜 그렇게 힘을 쏟는지에 대한 여러 가지 설명과 이유들을 들어왔습니다. 그럼에도 불구하고, 우리가 신중하게 사도행전의 기록들을 연구해 본 결과 우리는 현대의 복음주의 교회들에 의해서 행해진 수많은 운동과 가르침들을 이 사도적인 교회의 기록에서 찾아볼 수 없었습니다.

이러한 교회들의 공허한 가르침을 따르느니 오히려 사도행전을 통독해보는 것이 아주 좋은 경건의 훈련이 될 수 있습니다. 사도행전을 신중하게 읽다보면 우리가 따라야 할 모본이 되는 초기 교회 성도들이 어떻게 자신들의 믿음을 실천하며 살았는지에 대한 수많은 실례들을 찾아볼 수 있습니다. 우리가 그 실례들을 현대의 전형적인 복음주의 교회들의 목록과 비교해 본다면 안타깝게도 오직 몇몇의 유사점만 찾을 수 있습니다.

그렇다고 해서 우리의 모든 신학적 이론들을 사도행전에서만 취하는 것은 위험에 처할 여지가 있습니다. 사도행전을 읽을 때에 성경의 다른 책들, 특히 신약의 다른 책들의 조명 속에서 읽어야 함은 교회의 기초적인 원리들을 명확히 하는 데 있어서 매우 중요한 일입니다. 사도행전을 읽어 보면 초대교회가 박해 속에서 탄생되었음을 알 수 있는데, 이것 때문에 그러한 박해 아래에서 살고 있지 않은 많은 사람들에게는 사도행전이 그다지 마음에 들지 않는 것처럼 보이기도 합니다. 그러나 우리는 성경에 입각한 교회는 항상 세상의 미움을 받아 왔으며[120] 그러한 교회는 세상적인 방식이나 유행과는 거리가 멀다는 사실에 주목해야 합니다.[121] 마침내 마지막 때의 교회는 극심한 박해와 함께 분명하게 드러나게 될 것이며,[122] 그 박해로 인해 사도행전의 기록들은 하나님의 자녀들로서 그러한 시대에 어떻게 대응하며 살아가야 할지에 대한 생생한 지침을 제공하게 될 것입니다.[123] 아울러 우리는 신약의 서신서들을 통하여, 특별히 마지막 때와 연관하여서 어떻게 주 안에 있는 모임들이 그리스도의 장성한 분량에 이르기까지 성장할 수 있는지를 배워야만 합니다.[124]

중국교회의 한 지도자는 이렇게 기록했습니다. "하나님께서는 우리 자신의 일이 아니라 하나님 자신의 일에만 관심이 있으십니다. 하나님께서는 당신의 마음에서 비롯된 일들에 관심을 가지고 바라보시며 또 그 일들을 수행할 수 있는 힘을 공급해 주십니다."[125]

그렇다면 '이것을 성경에서 찾아볼 수 있는가?' 하는 질문이 공동체가 형성되는 과정 중에서 우리 자신들에게 해야 할 중요한 질문들 중에

---

120) 요일 3:13
121) 요일 2:15-17
122) 마 24:9-10, 계 6:9-10, 계 12:17
123) 행 5:41, 행 7:60
124) 벧후 3:11-12
125) Brother Yun

하나가 되어야 합니다. 만약 우리가 세운 지침과 목표, 비전, 방법과 계획들이 사도행전이나 다른 성경의 말씀 속에서 찾을 수 없는 것들이라면 우리 중 누군가는 이렇게 질문해야만 할 것입니다. "이것이 과연 하나님의 뜻인가?" 초기 그리스도인들은 다른 나라의 문화권에까지 미치는 하나님의 능력에 대해서 의심하지 않았습니다. 오히려 그들은 그분의 교회를 세우기 위해서[126] 날마다 주님을 신뢰하고 성령으로부터 지시를 받았습니다.[127] 그 결과 교회는 성장했으며 많은 사람들이 믿음에 순종하게 되었고[128] 하나님의 말씀은 복음을 전혀 들어본 적이 없는 많은 지역들 가운데에서 영광을 받으시게 되었습니다.[129]

우리는 또한 여러 다른 지역의 모임들도 하나님께서 인도해 가신다는 사실을 받아 들여서 어떤 한 가지의 유형이나 방식의 모임을 똑같이 따라 하도록 규정짓지 않아야 합니다. 이렇게 성도들 각자가 사도행전이나 서신서들을 통해 깨닫는 것들이 다를 수도 있지만 모든 가정교회들이 동일하게 지켜야만 하는[130] 핵심 원리들이나 명령들[131]도 있습니다. 사도행전과 서신서들에서 볼 수 있는 것처럼 초기의 성도들이 모이는 형태는 다양했습니다. 예를 든다면, 어떤 모임들에서는 한 형제만이 가르치는 사역을 했고,[132] 어떤 모임들에서는 모든 것을 함께 나누었으며,[133] 선지자들이 사역하는 모임들도 있고,[134] 능력 있는 교사들이 있

---

126) 행 2:47
127) 행 15:28
128) 행 6:7
129) 행 13:49
130) 고전 7:17, 고전 14:33
131) 딤전 4:11, 딛 2:15
132) 행 20:9
133) 고전 14:31
134) 행 13:1

는 모임들도 있었습니다.[135] 또 다른 곳에 있는 성도들은 매일 지역별로 모이기도 했으며,[136] 가르침을 받기 위해 매일 모이는 모임도 있었고,[137] 어떤 모임들은 기도하기 위해 모였습니다.[138] 어떤 모임들 중에는 불신자가 함께 하기도 했으며,[139] 또 다른 모임들은 주의 만찬을 행하는 것을 볼 수 있습니다.[140] 이렇게 놀랍도록 다양한 성도의 모임들을 우리가 규정한 어떤 한 가지 틀에 맞추기 위해서 '모든 가정교회들은 동일하게 이러저러 해야만 한다'고 고집해서는 안 됩니다. 우리는 여러 다른 유형의 성도들의 모임을 기뻐할 수 있어야 합니다. 어쩌면 한 성숙한 믿음의 형제가 있어서 모일 때마다 가르침이 있는 성도들의 공동체와, 또는 모일 때마다 모든 구성원들을 예언하도록 격려하는 또 다른 공동체가 서로 비교될 수도 있습니다.[141] 그러나 박해가 횡행하는 시대에는 표준이 될 만한 특정한 유형이 없이 하나님의 성령께서 다양한 방법으로 인도해 가실 것입니다.[142]

중국의 지하교회에서는 주로 한 형제가 가르치지만 다른 많은 형제들이 선교사로 보내어집니다. 이와 같은 중국교회의 방식은 모임의 구성원들이 모두 말씀을 나누지만 한 사람도 선교사로 내보내지 못하는 공동체의 모임에 비하여 보다 많은 열매를 맺고 있음을 여러 나라의 경우에서 찾아볼 수 있습니다. 후자의 모임 방식은 겸손하며[143] 자기를

---

135) 행 18:27
136) 행 2:46
137) 행 19:9
138) 행 12:12
139) 고전 14:24-25
140) 행 20:7
141) 고전 14:26, 고전 14:31
142) 행 8:1
143) 빌 2:4, 엡 5:21

부인하게 하는[144] 대신에 영적 이기심과[145] 자기의 존재가치를 높이게 만드는[146] 결과를 가져올 수 있습니다.

초대교회의 행적을 살펴봄을 통해서 그들이 믿음으로 수많은 역경들을 극복해 낸 것을 보는 것은 우리에게 큰 격려가 됩니다.[147] 그러므로 우리가 그들의 삶을 본받아 살 것을 추구하며 나아갈 때에 낙심하지 말아야 합니다.[148]

교회를 성장시키는 유일하고도 참된 방법은 사도행전에서 초대교회 성도들이 행했던 동일한 원리와 진리들을 의지하고 따르는 것입니다. 하나님께서 성경의 기록들, 특별히 사도행전의 기록들을 통해서 우리에게 남겨 주신 확실한 명령들과 원리들을 소유하고 있음은 참으로 우리에게 복된 확신을 갖게 합니다.

"만약 우리가 교회를 개혁하고자 한다면 반드시 하나님의 거룩하신 말씀, 특히 초대교회에 어떤 일들이 있었는지, 어떤 것이 옳고 그른지, 어떤 것이 하나님과 주 예수님 앞에서 칭찬받을 만하고 하나님께 받아들여질 만한 것인지 분명하게 나타나 있는 사도행전의 도움을 받아야 합니다. 하나님의 말씀은 예수 그리스도를 자기들의 머리로 모시고 영적인 은사와 지식을 더해주시는 성령의 통치하심에 기꺼이 순복하는 성도들 외에 다른 사람들은 알지 못하십니다."[149]

"오늘날 기독교 세계의 양상은 단일 체제의 구조로부터 사도행전의 사도적 형태의 구조로 점점 더 급격하게 변화되고 있는 중입니다. 교회

---

144) 눅 9:23, 마 16:24
145) 빌 2:21, 학 1:9, 롬 2:8
146) 갈 5:26, 약 3:16
147) 행 14:22
148) 갈 6:9, 히 12:3
149) Kaspar Schwenckfeld von Ossig(1489-1561)

는 온 세상에 복음을 전파하는 사명을 완수하기 위해서 태어났습니다."[150] 점점 더 할 일이 많아지고 있는 교회의 사명 완수에 동참한다는 것은 쉬운 일이 아닙니다. 이 일이 하나님의 사역이긴 하지만, 그럼에도 여전히 우리의 시간과 헌신과 고난을 요구하고 있습니다. 주께서 우리들의 삶을 통해 이 땅 위에 그분의 왕국을 세우시는 일에[151] 우리가 순종한다면 결국에는 엄청난 상급과[152] 기쁨을[153] 얻게 될 것입니다.

---

150) Victor Choudhrie
151) 행 8:12
152) 계 22:12, 골 3:24
153) 살전 1:6

원리 6
건물을 의존하지 않는 것과 건물을 필요로 하는 것

우리가 사도행전에서 찾아볼 수 없는 것들 중 하나는 '교회 건물에 대한 의존'입니다.[154] 거의 모든 교단이나 교회들의 모임에서 '그리스도의 몸 된 교회, 곧 유기적인 성도들의 공동체'를 세워나가는[155] 일에 대한 것보다는, 우리가 일반적으로 '교회'라고 일컫는 건물로서의 교회에 대해서 더 강조하는 것을 보게 됩니다. 믿음의 공동체가 건물을 갖게 되면 주님의 사람들이 모이는 일이나 복음을 위한 사역을 하는 데에 대단히 유용하게 사용될 수 있습니다. 그럼에도 불구하고 우리는 사도행전 속에서 교회가 건물을 지었다는 기록을 찾아볼 수가 없습니다. 오히려 그들은 솔로몬의 행각[156]에서 모이거나, 두란노의 서원에서 이년 동안이나 모이기도 했습니다.[157] 그렇다고 해서 이것이 나머지 다른 모든 교회들이 따라야 하는 일반적인 관행은 아니었습니다.

교회의 역사를 주의 깊게 살펴보면, 콘스탄틴 황제가 통치하던 시대에 이방신전들이 교회 건물로 변경되었던 AD 300년이 될 때까지는 교회의 모임에 큰 건물이 사용되었다는 증거를 찾아볼 수 없습니다. 분명한 것은 초대교회가 다른 어떤 장소보다도 성도들의 집에서 주로 모였다는 사실입니다.[158] 또한 동굴이나[159] 강가,[160] 그리고 로마에서는 땅

---

154) 행 5:42
155) 엡 4:12, 벧전 2:5
156) 행 5:12
157) 행 19:9-10
158) 행 2:46, 골 4:15, 롬 16:5
159) 히 11:38
160) 행 16:13

을 파서 만든 지하터널로 이루어진 무덤 즉 카타콤에서 모이기도 했습니다. 사도행전의 기록에서 볼 수 있듯이 핍박이 시작되었을 때[161] 그들은 가까이에 있는 다른 마을과 도시에 있는 은밀한 장소로 모임 장소를 변경함으로써 핍박이 교회에 미치는 영향을 최소화 할 수 있었습니다. "교회는 언제나 드러나지 않도록 소리를 낮추어야 했습니다. 당시에 에베소 교회와 같이 수만 명의 성도들이 있는 교회들도 있었지만 그들은 여전히 건물을 소유하지 않았습니다."[162]

교회의 역사가 계속되면서 건물과 제도적인 형태를 갖춘 카톨릭 교회가 기독교 역사의 주 무대를 차지했지만 한편으로는 여러 분파에 속한 수많은 참 그리스도인들이 계속해서 가정에서 모임을 이어갔습니다. 그 모임들 가운데에는 자신들이 신뢰하고 있는 예수 그리스도에 대한 증거로 말미암아 심각하게 억압받고 있는 성도들이 속해 있었습니다.[163] 성도들이 함께 모이는 것을 금지 당하는 일은 교회가 시작된 이후로 지금껏 계속되어져온 사실입니다.

오늘날 새롭게 개척되는 많은 교회들의 주된 의무와 목표는 건물을 세울 수 있는 땅이나 이미 지어진 건물을 소유하는 것입니다. 하지만 지금도 핍박이 가해지고 있고 앞으로는 더 심해질 것이 분명한 이러한 때에 교회건물을 소유하는 것에 대한 우리의 욕망에 대해서 재고해 볼 필요가 있습니다.[164] 어쩌면 교회 건물을 소유하지 않는 것이 복음의 메시지를 널리 전하고[165] 가난한 자를 돌아보았던[166] 초대교회의 행적

---

161) 행 11:19, 행 13:50, 행 8:1
162) Brother Andrew
163) 계 1:2, 계 1:9 계 6:9
164) 계 2:10
165) 행 8:4, 행 8:40, 행 10:42
166) 행 24:17, 갈 2:10

을 따르는 것을 목표로 삼고 강조하는 것으로 돌아가게 할 수도 있을 것입니다. 어떤 교회의 모임들은 건물을 소유하는 것이 필요할 수도 있지만, 교회가 박해 가운데에서도 부흥하고 생존하기 위해서는 교회 건물을 소유하지 않는 것이 더욱 유익할 것입니다. 전 세계에서 핍박 받고 있는 그리스도인들을 위해 사역하고 있는 한 형제는 "일반적으로 AD 3세기까지의 그리스도인들은 공동체의 모임을 위해 개조된 개인의 주거공간에서 모임을 가졌다"[167)고 말합니다.

사도행전에 나타난 가정교회들은 브리스가와 아굴라,[168) 사도 바울,[169) 압비아와 아킵보,[170) 눔바[171)의 집에서 모인 교회들이지만 이외에도 수많은 가정들에서 모임을 가졌습니다. 이러한 가정교회들이야 말로 성경적인 기초위에 세워진 형태의 교회라고 말할 수 있습니다.

"예수님 시대의 유대인들은 회당에서 하나님을 경배했습니다. 그들은 완전히 하나님의 뜻을 대적하는 삶을 살면서도 겉으로는 대단히 종교적인 모습으로 보여 지는 삶을 살았습니다. 예수께서는 당신의 제자들을 이러한 종교적인 모임들로부터 이끌어 내셔서 베다니의 마리아[172)의 집으로 인도하셨습니다."[173)

"교회가 시작된 후 처음 2세기까지 교회는 공공회관이나 시장 등 다수의 사람들이 모일 수 있는 장소가 필요한 특별한 경우 이외에는 성도들의 집에서 소규모로 모임을 가졌습니다. 처음 두 세기 동안 교회는 아마도 다시는 동일한 부흥을 경험하기는 어렵다 싶을 만큼, 눈에 띄게

---

167) Frank Senn
168) 롬 16:3-5
169) 행 20:20
170) 몬 1:1-2
171) 골 4:15
172) 마 21:12-17
173) Brother Shen Xiao Feng

강력하고 열정적인 성장과 진보를 나타내었습니다. 교회의 모임에 건물이 없는 것은 교회의 급속한 확장과 부흥에 결코 장애물이 될 수 없습니다. 오히려 A.D 200년 이후의 교회들의 상황과 비교해 볼 때, 건물이 없는 편이 명백하게 도움이 됩니다."[174]

"교회는 결코 '어떤 장소'가 아니라 '사람들의 모임'이며, '양의 우리'가 아닌 '양의 무리'이며, 결코 '종교적인 건물'이 아니라 '믿는 자들의 모임'입니다. 기도하는 '당신'이 곧 교회이며 당신이 기도하는 '장소'는 결코 교회가 될 수 없습니다. 당신이 입고 있는 '거친 옷'이나 '비단 옷'이 당신 자신이 될 수 없다는 것보다 더 분명한 사실은, 벽돌이나 대리석으로 된 건축물이 더 이상 교회로 여겨져서는 안 된다는 사실입니다."[175]

교회의 역사를 통해서 알 수 있는 것은, 가장 손쉽게 접근할 수 있고 가능한 선택이 소규모의 공동체로 가정들에서 모이는 것이었다는 사실입니다. 이러한 유형의 모임은 제자를 삼고 양육하는 일[176]이나 모임에 속해 있는 성도들 개개인의 필요를 채워주는 일들을 더욱 잘 감당할 수 있을 뿐만 아니라[177] 그리스도의 몸 된 교회가 핍박을 이겨낼 수 있도록 돌보고 지켜주는 역할을 합니다.

---

174) David Watson
175) John Havlik
176) 딤후 2:2
177) 히 10:24-25

원리 7

하나님의 사람들이 곧 교회이다

　교회의 역사를 고찰해 보거나 진리 위에 바로 서있는 수많은 모임들 가운데서 역사하시는 하나님의 성령의 일하심을 깊이 살펴보면 가정교회나 소규모의 성도들의 모임이 전혀 유별나다고 생각되지 않습니다. 오히려, 이런 유형의 모임들이 교회가 박해 아래 있는 상황에서는 더욱 권장할 만한 성경적인 접근이 될 수 있습니다. 만약 교회가 하나님을 드러내고 복음을 전파하기 위해서 특정한 건물을 소유하는 것이 정말로 중요한 사안이라면 하나님께서는 그것을 반드시 성경에 기록해 놓으셨을 것입니다. 우리는 구약에서 성막에 관한 구체적이고 세밀한 지시[178]들을 찾아볼 수 있지만 신약에서는 그것과는 대단히 다른 강조점들을 찾아 볼 수 있습니다.[179]

　우리는 이 사실을 스데반이 순교하기 직전에 선포한 예언적인 말씀을 통해 알 수 있습니다. "그러나 지극히 높으신 이는 손으로 지은 곳에 계시지 아니하시나니 선지자가 말한 바 주께서 이르시되 하늘은 나의 보좌요 땅은 나의 발등상이니 너희가 나를 위하여 무슨 집을 짓겠으며 나의 안식할 처소가 어디냐 이 모든 것이 다 내 손으로 지은 것이 아니냐 함과 같으니라 목이 곧고 마음과 귀에 할례를 받지 못한 사람들아 너희도 너희 조상과 같이 항상 성령을 거스르는도다"[180]

---

178) 출 36장
179) 고후 3:6
180) 행 7:48-51

스데반은 이 말씀을 성전 안에 모여 있던 산헤드린 공회에서 선포했습니다.[181] 하나님께서는 성전 건물이 아니라 하나님 자신께서 거하시는 당신의 백성들의 마음 가운데에서 새 일을 행하고 계셨던 것입니다.[182] 오늘날 하나님의 백성들은 성경적인 본보기와는 반대로 자신들이 '교회'라고 부르는 건물들에 중점을 두느라고 건물이 아니라 바로 자기 자신들이 그리스도의 몸인 교회임을 알아차리지 못하고 있습니다.[183]

어떤 가정교회 운동들은 그리스도의 머리되심과 성령의 인도하심을 등한시한 결과, 하나님의 뜻을 이루기 위한 비전과 방향성을 제대로 제시하지 못하는 경우도 볼 수 있습니다. 또한 교회에 대한 박해가 없는 나라들에 세워진 어떤 가정교회들은 자신들이 이전에 속해 있던 교회에서 그랬듯이 권위[184]에 순복하지 않고 징계나 교정[185]을 받아들이지 않는, 불만으로 가득한 사람들로 구성되어 있는 경우도 있습니다. 자기 자신들이 고안해 낸 어떤 가르침이나 신조들이 받아들여지기를 바라는 개인들이 모여 있는 곳에서는 자만심과 인정받고자 하는 열망 같은 감정들이 중요한 역할을 합니다. 이러한 모습들은 주류 교단들 속에서도 분명하게 나타나고 있습니다. 이렇게 잘못 인도된 가르침[186]이나 사람들에 대해서는 반드시 적절하게 대처해야 하지만 그것은 언제나 사랑 안에서[187] 행해져야 합니다. 어떤 가르침들은 하나님의 말씀의 진리로부터 주의를 전환하게 만들어 그리스도의 몸을 나누고 파괴하려는

---

181) 행 6:15
182) 고전 3:16
183) 고전 12:27
184) 롬 13:1, 히 13:17
185) 잠 13:18, 고전 4:21, 고전 5:3
186) 딤전 1:3-4
187) 딤후 2:24-25

[188] 사탄의 가르침들[189]도 있습니다.

우리는 지금 건물을 소유하지 않은 소규모의 모임들에 대해서 제안하고 있지만 건물을 사용하는 그리스도의 지체들 또한 그 역할을 감당하고 있는 것 또한 사실입니다. 우리는 그러한 예들을 여러 경건한 교회들, 곧 교회의 지도자들이 가감없이 지속적으로 하나님의 말씀을 선포하고, 하나님의 사람들의 모임이 교회이며 살아계신 하나님의 성전임을 강조하는 교회들을 통해서 찾아볼 수 있습니다.[190]

예루살렘 성전은 파괴되었고[191] 하나님께서는 그분의 거룩한 성전을 참된 성도들의 내면으로 옮기셨습니다. 성경은 이렇게 말씀하십니다. "너희는 너희가 하나님의 성전인 것과 하나님의 성령이 너희 안에 계시는 것을 알지 못하느냐?"[192] 성경은 또한 하나님 아버지께서 우리 안에 있는 성전에 거하신다고 고린도 후서에서 말씀하고 있습니다. "우리는 살아계신 하나님의 성전이라 이와 같이 하나님께서 이르시되 내가 그들 가운데 거하며 두루 행하여 나는 그들의 하나님이 되고 그들은 나의 백성이 되리라"[193] 거룩하신 성령과 하나님 아버지께서 우리 안에 거하시며[194] 또한 주 예수 그리스도께서도 우리 안에 거하신다고 성경은 거듭해서 말씀하고 계십니다. "내가 그리스도와 함께 십자가에 못박혔나니 그런즉 이제는 내가 사는 것이 아니요 오직 내 안에 그리스도께서 사시는 것이라 이제 내가 육체 가운데 사는 것은 나를 사랑하사 나를 위하여 자신을 버리신 하나님의 아들을 믿는 믿음 안에서 사는 것

---

188) 유 1:19
189) 딤전 4:1
190) 고전 6:19
191) 막 13:1-2
192) 고전 3:16
193) 고후 6:16
194) 요 14:23, 엡 3:16-19

이라"[195]

스데반은 하나님의 보좌가 하늘에 있다고 말했습니다. 성경의 다른 구절들도 하늘의 보좌에서 그분의 우편에 서신 예수님과 함께 계신 하나님에 대해서 묘사하고 있습니다.[196] 하나님과 예수님께서는 하늘의 보좌가 있는 방에 실존해 계시며, 모든 참 성도들의 속사람 안에 있는 '손으로 짓지 않은 하나님의 성전' 가운데 임재해 계십니다. 이제 우리는 우리 자신이 살아 계시는 하나님의 성전이 되었기 때문에, 눈에 보이는 어떤 건물이 아니라 영과 진리 안에서 하나님께 예배드릴 수 있게 되었습니다.[197]

마지막 때에는 적그리스도의 영들로 말미암아, 결코 교회가 될 수 없는 어떤 종교적인 장소들에서만 사람들이 모이도록 심하게 억압당하는 일이 있을 것입니다.[198] 하지만 진리와 미혹을 분별해 낼 수 있는 그리스도의 참된 지체들은[199] 결코 그러한 거룩하지 않은 상황 하에서 모이거나 하나님께 예배하지 않을 것입니다. 따라서 가정 교회 모임들은 다른 모든 나라들에서도 불법으로 규정될 것이며 정부에서 인정하고 허락한 '어떤 교회들' 밖에서 모이는 종교적인 모임에 참석하는 사람은 법을 어긴 사람으로 여겨질 것입니다. 이런 사실을 미루어 보거나 사도행전에 나타나 있는 사례들[200]을 볼 때, 건강하고 역사적이며 성경적인 최적의 모임장소는 교회라고 불리는 건물이 아니라 성도들의 가정이라고 말할 수 있습니다.

---

195) 갈 2:20
196) 행 5:31, 행 7:55-56
197) 요 4:23-24
198) 계 2:9, 계 3:9
199) 요일 4:1
200) 행 20:20, 롬 16:3-5, 골 4:15

원리 8
교회의 증언

교회의 역사 속에서 여러 가지의 결정적 위기가 발생했을 때에, 그러한 위기 상황에서 앞장섰던 사람들은 자신들의 동료들조차 놀라게 할 정도로 '거룩한 무모함'을 발휘한 사람들이었습니다. 루터가 그의 95개 조항의 반박문을 비텐베르크 성당[201] 문에 못 박았을 때 조심성 있는 많은 사람들은 그의 담대함에 깜짝 놀랐습니다. 요한 웨슬레가 교회의 모든 제약들과 종교적인 규범들을 벗어나서 들판이나 골목길에서 복음을 외칠 때 사람들은 그의 평판은 이제 완전히 망가졌다고 단언했습니다. 그러나 그러한 종교적인 규범들을 제쳐놓는 일들은 역사를 통해서 계속되어져 왔습니다. 어떤 시대의 종교적인 상황이 그리스도를 위해 기꺼이 모든 것을 희생하기를 원하는 사람들을 요청할 때에, '수요는 공급을 낳는다'는 말처럼 그때마다 언제나 주를 위해서 기꺼이 그 요청에 응했던, 사람들로부터 무모하다고까지 여겨졌던 소수의 사람들을 찾아볼 수 있습니다. 사람의 의견들과 그에 따른 결과들에 대해서는 전혀 주의를 기울이지 않고 오직 하나님께 집중하는 것만이 이 세대의 긴박한 상황에 적합하게 대처할 수 있는 유일한 태도입니다.[202]"

박해가 전혀 없었거나 아주 경미한 박해만을 경험해온 나라들 가운데 있는 수많은 그리스도의 지체들도 마침내 진리를 위해 일어서야만 하는 종말의 시간이 지금 오고 있고, 어쩌면 이미 와 있을 수도 있습니

---

201) Wittenberg, Germany(1517)
202) Frank Bartleman (1871-1936)

다. 그럴지라도 우리는 주님 한 분만을 경외하고 사람들의 의견에는 신경 쓰지 않아야 합니다. 만약 우리와 전혀 의견이 맞지 않는 사람들이 있다 해도 우리는 사랑과 온유함으로 그리스도의 성품을 그들에게 나타내 보여야만 합니다. 근래에 점점 거세어지고 있는 배도의 물결[203]이 장차 수많은 교회들과 교단들, 모임들을 덮치게 될 것입니다. 그렇기에 하나님께서는 그리스도의 참된 지체들이 예수 그리스도의 머리되심 아래 모이도록 그들을 불러내십니다.[204] 이러한 모임들은 참 목자[205]가 누구이신지 아는 종의 자세를 가진 지도자들에 의해서 인도될 것이며 그들은 하나님의 양 무리를 거룩함[206]과 정결함[207]에 이르도록 이끌 것입니다. 이제 곧 예수 그리스도 안에서 가장 약하고[208] 평범한 성도일지라도 하나님의 말씀과 진리를 위해서 용감하게 일어서야 할 때가 닥쳐올 것입니다. 당신은 히브리서 11장에 기록된 믿음과 의[209]의 편에 섰던 사람들과 함께 서기를 소망하십니까? 당신은 하나님의 보좌 앞에 선 수백만의 순교자들과 함께 서 있기를 원하십니까?[210]

참으로 그렇게 되어서, 역사 속에서 하나님의 아들이신 예수님을 향한 사랑 때문에 그들의 가정과[211] 재산,[212] 직업과 친구들,[213] 그들이 소

---

203) 살후 2:1-3, 마 24:12
204) 고후 6:17
205) 요 10:14
206) 히 12:14
207) 엡 5:27, 엡 1:4
208) 롬 14:12, 고전 12:22
209) 히 11:1-40
210) 계 6:9
211) 히 10:34
212) 눅 12:33, 마 16:26
213) 히 11:24-25

유했던 모든 것,[214] 심지어 그들의 생명[215]까지도 기꺼이 희생했던 사람들과 뜻을 함께할 것을 명백히 드러낼 수 있는 수많은 믿음의 사람들을 하나님께서 일으키시기를 간절히 바랍니다. 히브리서 11장의 성도들은 많은 고통을 받고 이 집에서 저 집으로, 이 동굴에서 저 동굴로 흩어짐을 당했습니다. 옛 선지자는 그들에 대해서 이렇게 말했습니다. "돌로 치는 것과 톱으로 켜는 것과 시험과 칼로 죽임을 당하고 양과 염소의 가죽을 입고 유리하여 궁핍과 환난과 학대를 받았으니 (이런 사람은 세상이 감당하지 못하느니라) 그들이 광야와 산과 동굴과 토굴에 유리하였느니라."[216] 세상은 이런 사람들을 귀중히 여기지 않았으며 만약 우리가 그들의 삶을 본받아 흔들림 없이 그들이 걸어간 길을 따라 살아간다면 우리도 또한 세상으로부터 귀중히 여김을 받지 못할 것입니다. 이 종말의 시대에, 사도행전에 나타난 교회의 모습을 완전히 회복하는 것보다 더 절실하게 필요한 것은 아무 것도 없습니다.

하나님께서는 진리의 편에 서서 주께서 곧 다시 오실 것을 믿고 그리스도의 신부됨을 추구하는 자가 되도록 수많은 성도들을 부르고 계십니다.[217] 이는 그들이 잃어버린 세상으로부터 뿐만이 아니라 이 마지막 때에 하나님의 성령에 복종하지 않는 기독교인들로부터도 그리스도를 인하여 비난을 받게 될 것을[218] 감수해야 한다는 뜻입니다.

"그러므로 예수도 자기 피로써 백성을 거룩하게 하려고 성문 밖에서 고난을 받으셨느니라 그런즉 우리도 그의 치욕을 짊어지고 영문 밖으로 그에게 나아가자 우리가 여기에는 영구한 도성이 없으므로 장차 올

---

214) 히 10:32-35
215) 행 20:24
216) 히 11:37-38
217) 요일 2:28
218) 벧전 4:14

것을 찾나니 그러므로 우리는 예수로 말미암아 항상 찬송의 제사를 하나님께 드리자 이는 그 이름을 증언하는 입술의 열매니라 오직 선을 행함과 서로 나누어 주기를 잊지 말라 하나님은 이같은 제사를 기뻐하시느니라"[219]

이 시대를 살아가는 대부분의 성도들에게는 이런 식으로 주님을 따른다는 것이 낯설게 느껴질 수도 있습니다. 그러나 만약 오늘날의 교회들 가운데 이러한 예수 그리스도의 복음과 그분의 성령의 능력이 결여되어 있다면,[220] 그러한 교회는 그리스도의 신부가 될 수 없습니다. 주님께서 충만한 빛[221] 가운데 있는 당신의 교회 안에 임하실 때 우리는 사도행전의 영광을 다시 한 번 보게 될 것입니다. 우리 모두가 주의 권능의 날[222]에 즐거이 자원하여 '영문 밖'으로[223] 주님을 따라가는 모습으로 발견되지기를 간절히 원합니다!

---

219) 히 13:12-16
220) 삼상 4:21, 계 2:5
221) 행 4:33
222) 시 110:3
223) 히 13:13

원리 9

돈을 추종하지 않은 초대교회의 사도들

기독교는 돈에 관한 것이 아니라 사람에 관한 것입니다. 슬프게도 현대의 기독교는 그리스도를 마치 상품처럼 팔아넘기는 장사꾼들과 거룩한 것들을 경제적인 이익을 얻는 도구로 취급하는 사람들로 넘쳐나고 있습니다.[224] 세상적인 그리스도인들은 자신이 신처럼 숭배하는 돈을 벌기 위해서 설교하는 가짜 TV설교자들을 식별하는 데에는 별로 관심이 없습니다.[225] 안타까운 일이지만 이제 곧 영적인 잠에 빠져 있는 성도들과 주님을 구하지 않는 수많은 성도들은 자신들을 덮칠 미혹의 큰 파도에 휩쓸리게 될 것입니다.[226] 지금 수많은 거짓 교사들이 활동하고 있는데도[227] 성도들은 깊이 잠들어 있습니다.[228] 하나님은 팔기 위한 제품이 아니며 그분은 돈을 사랑하는 자들과 '의'와 '경제적인 이익'을 동일하게 여기는 자들을 대적하신다는 외침이 모든 나라들 가운데 울려 퍼져야만 합니다.[229] 중국의 한 가정교회 지도자는 이렇게 말합니다.

"우리는 서구의 많은 그리스도인들이 물질적으로는 풍족함을 누리고 있지만 영적으로는 퇴보한 삶을 사는 것을 보고 있습니다. 그들은 금과 은을 가지고 있지만 일어나서 주의 이름으로 행하지는 않습니다.

---

224) 고후 2:17, 딤전 6:10
225) 마 6:24
226) 딤후 4:3-4, 신 13:1-3
227) 벧후 2:1
228) 막 13:36, 살전 5:6
229) 딤전 6:5

중국 시골의 가정교회들에는 우리를 가로 막는 물질을 소유한 성도들이 거의 없습니다. 우리에게는 우리가 주님을 위해 나아가는 것을 방해할 어떤 것도 없습니다, 우리는 서방 교회를 깨워서 성령의 능력 안에서 행하도록 돕는 일에 하나님께서 중국교회를 사용해 주시기를 기도하고 있습니다. 우리는 어떤 복음 전도자나 선교사가 가난하거나 세상적인 기준을 충족시킬 만한 교육을 받지 못한 것이 사역에 아무런 장애가 되지 않는다는 것을 수없이 많이 보아왔습니다. 중요한 것은 하나님의 손이 그 전도자나 선교사와 함께 하는가 안하는가 하는 것입니다."[230]

장로나 설교자[231]의 위치에 있음에도 불구하고 돈을 좇는 사람들로 말미암는 폐해는 구약성경의 어떤 사람들, 곧 사역을 통해서 경제적인 이익을 얻거나 자신들의 탐욕[232]을 채우려 했던 거짓 선지자 발람과 그 외에 다른 사람들을 생각나게 합니다. 성경은 발람의 죄,[233] 발람의 어그러진 길,[234] 발람의 교훈[235]에 대해서 말합니다. 그는 자신의 선지자 사역을 통하여 재물을 얻으려 했으며 하나님의 말씀에 반대되는 교훈을 가르치도록 악한 자들에게 고용되었습니다.[236] 슬프게도 오늘 날의 기독교 안에도 이런 유의 고용됨이 넘쳐나고 있습니다.

그러나 참된 하나님의 동역자들은 결코 돈을 추구하지 않을뿐더러[237] 다른 사람들을 섬기기 위해서 하나님께로부터 기름 부으심 받기를

---

230) Enoch Wang
231) 딤전 3:3
232) 벧후 2:15
233) 유 1:11
234) 벧후 2:15
235) 계 2:14
236) 민 22
237) 행 20:33

추구합니다.[238] 오늘날 많은 사람들이 하나님의 일을 하기 위해서는 많은 물질이 필요하다고 주장하지만 그것은 사실이 아닙니다.[239] 하나님께서는 결코 '민족들을 제자로 삼는 일을 위해서는 많은 돈이 필요하다'고 말씀하지 않으셨습니다. 오히려 복음을 증거하고 제자 삼는 일을 위해서 어떤 경우에는 순교까지도 해야 하는 희생이[240] 요구됨을 말씀하셨습니다.

초대교회 당시에는 희생적인 나눔이 성도들의 삶의 한 방식이었습니다. 사도행전에는 "또 재산과 소유를 팔아 각 사람의 필요를 따라 나눠 주며"[241] 라고 기록되어 있고, 예수께서는 가난한 과부가 그녀에게 남은 마지막 동전을 헌금하는 일을 말리지 않으셨습니다.[242] 예수께서는 당신의 아버지께서 그녀의 필요를 공급하실 것을 알고 계셨기 때문이었습니다. 초대교회에서는 가난한 자들과 성도들의 필요를 채우기 위해 특별히 구분하여 헌금을 드렸습니다.[243] 십일조가 시행 되지는 않았지만 성도들은 도움이 필요한 지체[244]들을 위해서 서로 가진 것을 나누었습니다. 그들은 또한 사도들과 사역을 감당하고 있는 형제들을 기꺼이 도왔습니다.[245] 고린도 전서 13장은 사랑이 없이 행하는 어떠한 일들도 무가치하다는 것을 우리에게 가르쳐 주고 있습니다.[246] 만약 우리가 원하는 것을 하나님께로부터 받아 내기 위해서 무엇인가를 내어 놓

---

238) 갈 5:13
239) 행 3:6
240) 행 9:16
241) 행 2:45
242) 막 12:42-44
243) 롬 15:26-27
244) 고후 8:13-15
245) 행 6:24, 고후 11:7-9
246) 고전 13:2-3

는다거나, 드리는 것을 원하지는 않지만 강요함[247] 때문에 마지못해 드린다면 이것들 또한 무가치하고 헛된 일일 것입니다.

엘리 제사장의 때에, 그의 탐욕스런[248] 두 아들들은 자신들을 위하여 가장 좋은 희생제물의 고기를 얻으려고 고기 갈고리를 던졌습니다.[249] "이 일은 하나님의 집에서 일어난 일이었습니다. 하나님의 분깃을 훔친 것입니다. 이 얼마나 무서운 죄인지요! 그러나 이와 동일한 일들이 오늘날에도 하나님의 종이라고 하는 어떤 사람들에 의해서 여전히 하나님의 집에서 일어나고 있습니다. 돈을 사랑하는 것과 권력과 명성을 사랑하는 것들이야 말로 하나님의 사람들과 종들을 노리는 세 개의 갈퀴가 달린 갈고리와 같습니다. 돈을 위하여 행하는 일에는 결코 만족함이 없습니다. 더 많은 돈을 얻기 위하여 거짓된 말들을 쏟아 내는 것은, 하나님을 구걸하는 분으로 만드는 수치스럽기 짝이 없는 일입니다."[250]

오늘날 여러 나라들에서 어떤 설교자들이나 복음 전도자들이 집세나 어느 정도의 생활수준을 보장해 줄 것을 요구하는 것을 봅니다.[251] 그러나 우리는 신약에서 그들의 행동과는 반대되는, 바울 사도가 성도들을 섬기기 위해 자원해서 고난당하며 적은 비용으로 생활하는 모습을 볼 수 있습니다. "내가 너희를 높이려고 나를 낮추어 하나님의 복음을 값없이 너희에게 전함으로 죄를 지었느냐"[252]

신약 성경에 의하면 '드림'은 구약 아래에서 주어진 계명이나 율법에 의해서 강요된 것이 아니라 하나님의 은혜에 따라 성령의 권하심에 순

---

247) 고후 9:7
248) 엡 4:19, 벧후 2:3, 눅 12:15
249) 삼상 2:12-16
250) Bakht Singh (1903-2000)
251) 딤전 6:8
252) 고후 11:7

종하여 드리는 것입니다.

　돈을 사랑하여 직분을 오용하는 일부 목사들의 잘못 때문에 참된 복음 사역자들의 필요를 공급해 주시고자 하는 하나님의 마음을 무효로 만들 수는 없습니다. 일하는 사람은 그 일에 대한 보수를 받음이 마땅하다는 것이 복음적인 원리 중 하나입니다.[253] 그러므로 전임 사역자들이 주님을 신뢰한다면 회중들은 성령의 인도하심을 따라 사역자들의 필요를 채워 줄 것입니다. 이러한 나눔은 개인들에게 사적으로 행해져야 하며 결코 요구되어져서는 안 됩니다. 그럼에도 불구하고, 만약 어떤 사람이 전임 사역자로 일하도록 주님의 부르심을 받고 충성되게 복음의 씨를 뿌리고 성도들을 돌보는 사역을 한다면 마땅히 그의 필요를 채워주어야만 합니다. 하나님께서 사역자들의 일상적인 생활의 필요를 채우는 방식은 이스라엘 백성들이 제사장들과 레위 지파에게 행했던 것같이 영적인 것들과 물질적인 것들을 서로 채워주는 것입니다.[254]

　만약 지역 공동체에서 어떤 필요나 목적이 있다면 그 일을 위해 따로 헌금을[255] 구분해 놓을 수 있습니다. 하지만 그런 일은 매 주일마다 일어나는 일이 아니라 성령의 인도하심을 받는 그리스도의 지체로서 다른 지체의 필요를 채워 주어야 할 때에 일어나는 일입니다. 초대교회 당시에는 때때로 사도들에 의해서 그리스도의 지체들의 긴급한 필요를 채우기 위한 기부금이 모금되기도 하였습니다. 예루살렘에 있는 성도들을 위한 모금이 그 한 예입니다. "매주 첫날에 너희 각 사람이 수입에 따라 모아 두어서 내가 갈 때에 연보를 하지 않게 하라"[256]

---

253) 딤전 5:18
254) 수 13:33, 민 18:21
255) 고후 9:5
256) 고전 16:2

초대교회에는 드리는 일에 대한 어떤 규정이 필요 없었고 다만 각각의 공동체들이 이러한 문제들에 대해서 성령의 인도하심을 받을 것만이 요구되었습니다. 섬기는 자세를 가진 지도자들은 가정 교회들을 섬길 때에 성도들로부터 돈을 받는 것을 추구하지 말아야 합니다. 오히려 하나님께로부터 전임 사역자로 분명한 부르심을 받은 사람들은 성령께서 자신들의 필요를 채워주실 것을 믿고[257] 돈을 사랑함에 빠지지 않으며 주님의 공급하심에 만족할 수 있기를 구해야 합니다.[258]

그리스도의 공동체 안에 있는, '성령의 인도하심에 따라서 나누고 드리는' 이러한 자유로움은 가난한 이들을 돕는 일[259]과 진실한 복음의 일꾼들의 필요를 채워주는 것과 같은 실제적인 하나님의 일과 그분의 왕국을 세워나가는 일에 더 풍성하게[260] 드리게 되는 결과를 가져오게 될 것입니다.

---

257) 고전 9:14
258) 히 13:5
259) 갈 2:10
260) 고후 9:6-7

복음을 전파함

    그리스도인들의 모든 섬김은 그리스도의 완성된 사역을 기반으로 행해집니다.[261] 초대교회의 사도들은 '행함을 통해 얻는 구원에 대한 복음',[262] 또는 '성도들이 천국에 들어가기 위해서는 많은 일들[263]을 해야 한다'고 가르치면서 돌아다니지 않았습니다. 오히려 모든 경건한 삶[264]은 하나님의 긍휼하심[265]에 대한 감사로부터 비롯된다고 가르쳤습니다.

    그들은 그리스도의 부활이라는 복음의 소식과 그리스도를 믿음으로 영생을 얻는다[266]는 소망을 가지고 있었습니다. 이 하나님의 사랑의 메시지는 모든 사람들[267]에게 열려 있으며 그들을 정죄[268]하기 위한 메시지가 아닙니다. "우리가 구원 받기 위해서는 십자가에서 흘리신 예수 그리스도의 고귀한 피만 의지해야 합니다. 우리는 우리 자신의 능력에 의해서 구원받은 것이 아닙니다. 우리의 구원은 우리를 위한 하나님의 은혜의 선물입니다."[269]

    그리스도의 완성된 사역이야말로 사도들이 그들의 삶 전체를 통해 전하고자 했던 것입니다. 그들이 주님의 만찬에 참여했을 때, 그것은

---

261) 갈 6:14, 롬 6:6-7
262) 갈 1:6-7, 갈 3:1-3
263) 롬 9:16
264) 딛 3:8, 엡 2:10
265) 롬 12:1
266) 요 3:15, 고전 15:1-2, 행 4:33
267) 요 3:16, 벧후 3:9
268) 요 3:17
269) Brother Chen

그리스도의 죽으심과 부활하심을 기념하는 것이었습니다.[270] 그들이 각 사람에게 침례를 주었을 때, 그것은 죽음에서 건져내어 생명을 얻게 하시는 그리스도의 사역을 뜻하는 것이었습니다.[271] 예수 그리스도의 십자가를 통해 우리를 구원하신다는 복음의 중심에 기독교의 모든 가르침들이 있습니다.[272] "우리는 그리스도 안에서 그의 은혜의 풍성함을 따라 그의 피로 말미암아 속량 곧 죄사함을 받았느니라"[273]

하나님께서는 죄인이었던 우리들을 성도가 되게 하셨습니다. 그것은 말뿐이 아닌 실제적인 체험을 통해서 하신 일입니다. 우리는 그리스도의 피와 그분의 구원사역으로 말미암아 거룩한 신분이 되었습니다. 우리의 마음은 새롭게 되어 그분의 형상을 본받아가고 있습니다.[274] 그러나 이렇게 구원받은 하나님의 성도로서의 우월함이 우리에게 있을지라도, 우리는 아직도 죄의 부패함 가운데 빠져 그리스도 바깥에 있는 다른 사람들을 결코 우리보다 낮게 여기거나 경멸해서는 안 될 것입니다. 왜냐하면 우리 또한 그들에게 속해 있다가 나온 사람들이기 때문입니다.[275] 그리스도께서 참으로 우리 안에서 역사하시게 되면 우리는 다른 사람들을 사랑하게 됩니다. 그것은 그리스도 안에 계신 하나님께서 모든 사람들을 사랑하시기 때문입니다. "그가 모든 사람을 위하여 자기를 대속물로 주셨으니 기약이 이르러 주신 증거니라"[276]

우리의 성화와 그리스도의 장성함에까지 자라가기 위해서 주님과 함

---

270) 고전 11:23-26
271) 롬 6:3-5
272) 골 1:13-15, 고전 1:30, 롬 3:24
273) 엡 1:7
274) 롬 8:29
275) 딛 3:3-4, 고전 6:11, 엡 2:11-12
276) 딤전 2:6

께 걷는 길이 비록 좁고[277] 험하다 할지라도, '우리를 구원하시고 날마다 주님과 함께 교제하게 하는 것'이 복음의 좋은 소식임을 결코 잊어서는 안 됩니다.[278] 모든 하나님의 사람들은 그렇게 엄청난 값을 치르시고 우리를 사신 우리의 존귀하신 주님을 계속해서 기억해야만 합니다.[279]

복음을 전파하는 일은 반드시 성령의 능력과 인도하심 아래에서 행해져야 합니다. 사도행전은 이렇게 말씀합니다. "오직 성령이 너희에게 임하시면 너희가 권능을 받고 예루살렘과 온 유대와 사마리아와 땅끝까지 이르러 내 증인이 되리라 하시니라"[280] 우리 안에서 역사하시는 성령의 도우심이 없이는 그리스도의 증인이 될 수도 없고 하나님의 사역을 감당할 수도 없습니다. 복음이 곧 능력입니다.[281] 이 복음의 메시지는 순결함[282]과 단순함[283]으로 전파되어야 합니다. 복음을 전파하는 일은 인간의 공교한 연설이나 지혜로운 말을 필요로 하지 않습니다.[284] 또한 복음을 듣는 자들의 마음을 끌기 위하여 문화적인 연관성을 찾거나 그들의 감정을 자극할 필요도 없습니다.[285] 단순하게 선포되어진 복음은 그 자체로 견고하게 서 있을 수 있습니다. "이는 우리 복음이 너희에게 말로만 이른 것이 아니라 또한 능력과 성령과 큰 확신으로 된 것임이라"[286] 하나님께서는 단순히 '복음을 전파하는 것'을 모든 사람에

---

277) 마 7:14
278) 요일 1:7
279) 고전 6:20
280) 행 1:8
281) 롬 1:16
282) 갈 1:6-8
283) 딤후 2:8
284) 고전 2:4, 고전 1:21-25
285) 막 13:10
286) 살전 1:5

게 구원을 베풀 수단으로 삼으셨습니다.[287] 이 시대의 총체적인 도덕적 어둠은 그리스도의 재림에 대한 우리의 소망의 빛에 비하면 아무 것도 아닙니다. 어두움이 깊어질수록 우리는 복음의 빛을 더욱 강하게 비추어야만 합니다. 불법의 횡행함은 반드시 구원받은 사람들의 마음속에 복음을 전파하고자 하는 더욱 강한 열망과, 그리스도께서 속히 재림하시기를 바라는 것으로 특징지을 수 있는 마음들이 일어나게 할 것입니다.[288] 복음을 증거 해야 하는 중요한 이유들 중의 하나는 임박한 주 예수 그리스도의 재림입니다.[289] 우리 주님께서는 온 세계가 적그리스도의 통치아래 있어 불법과 사악함이 점점 왕성해질 그때에 이 땅에 다시 오실 것입니다.[290] 복음은 주님께서 재림하시기 전에 반드시 땅 끝까지 증거 되어야 합니다.[291]

우리 주님께서는 당신의 복음을 이 세상 끝까지 전파하라는 지상명령을 우리에게 주셨습니다. 이 사명은 그분의 권위[292]로 주어진 것이기에 우리는 큰 확신과 용기를 가지고 복음을 선포해야만 합니다.[293] 만약 우리의 목표가 '모든 나라들'[294]이 아닌 다른 어떤 것이라면 우리는 주 예수 그리스도께서 당신의 교회에게 주신 마지막 말씀들 중 어떤 부분에 순종하지 않고 있는 것입니다.

마지막으로, 우리에게는 놀라운 확신과 우리가 그분의 일을 할 때 우리와 항상 함께 하시겠다는 주님의 복된 말씀이 주어져 있습니다. "볼

---

287) 고전 1:21
288) Derek Melton
289) 계 16:15, 계 22:12-13
290) 계 13:7-8, 단 7:25, 요일 2:18
291) 마 24:14
292) 마 28:18
293) 행 4:29, 행 9:28
294) 마 28:19

지어다 내가 세상 끝날까지 너희와 항상 함께 있으리라 하시니라" [295)

할렐루야!

295) 마 28:20

원리 11

지도력이란 겸손함으로 섬기는 것이다

사도행전에는 리더십에 대한 내용이 있지만, 우리는 그 중에서도 그리스도의 지체를 섬긴 사람들의 예를 찾아보려고 합니다. 초기의 가정 교회 안에는 특별히 정해진 섬기는 지도자가 없었음에도 불구하고 성도들의 교제가 지속되었습니다. 그러나 공동체가 주 안에서 성장해 가면서 성령께서는 정하신 사람들에게 양 떼를 이끌 목자의 은사[296]를 주셨습니다. 열 두 사도는 자신들이 전적으로 하나님의 말씀을 연구하고 기도하는[297] 일에 전념해야 한다는 것을 깨닫게 될 때까지 한동안[298]은 과부들의 일용할 양식을 나누어 주는 일에 봉사하였습니다. 그들은 과부들을 직접 섬기는 역할을 위임받았지만 점차 회중들에게 영적인 양식을 공급하는 일로 그 사역을 확장해 나갔습니다. 그리스도의 지체 안에서 목자는 양떼[299]를 돌보고 말씀과 기도 가운데 거하며[300] 회중을 가르치는[301] 이 모든 일들을 수행할 때에 섬김의 영 안에서[302] 그들을 도와야 합니다.

다른 사람들을 섬기는 것은 우리 주 예수께서 선생과 랍비이셨을 때에 종의 모습[303] 이 되어 당신의 제자들의 발을 씻어 주심[304]으로 친히

296) 롬 11:29, 딤전 4:14, 딤후 1:6
297) 행 6:2
298) 행 6:4
299) 행 20:28
300) 딤전 5:17
301) 살후 2:15, 딤전 4:13
302) 행 20:19, 눅 22:27
303) 빌 2:7
304) 요 13:4-5

우리에게 보여 주셨던 그 본을 따르는 것입니다. 만약 지도자가 자기 자신의 영광을 구하거나[305] 사람들로부터 존경받기를 원한다면,[306] 또 자신의 이익과 권력을 얻기 위해 사람들을 조종한다면,[307]

그는 그리스도의 지체 안에 있는 지도자가 아닙니다. 사도 바울은 아볼로가 고린도 교회를 방문해 줄 것을 간절히 원하는 마음이 있었음에도 불구하고 그에게 자신의 권위를 행사하여 강압적으로 고린도에 가게 하지 않고 성령께서 친히 아폴로 개인의 삶 속에서 인도하시도록 맡겨 드렸습니다. "형제 아볼로에 대하여는 그에게 형제들과 함께 너희에게 가라고 내가 많이 권하였으되 지금은 갈 뜻이 전혀 없으나 기회가 있으면 가리라"[308] 감독들은 또한 자신이 우위를 차지하기를 구해서는 안 될 것입니다.[309] 자신이 큰 자가 되길 원하는 이러한 자들에게 예수께서는 그리스도의 몸 안에서는 어떤 직위를 탐하거나[310] 다른 사람들 위에 군림해서는 안 된다는 분명한 가르침을 주셨습니다.[311] 예수께서는 당신의 왕국 안에서 지도자가 되기를 원하는 자들에게 이 강력한 말씀을 결론으로 주셨습니다. "너희 중에 큰 자는 너희를 섬기는 자가 되어야 하리라 누구든지 자기를 높이는 자는 낮아지고 누구든지 자기를 낮추는 자는 높아지리라"[312]

우리는 더욱 겸손해질 필요가 있습니다.[313] 그렇지 않으면 주께서 그분의 사역에 우리를 사용하지 않으실 것입니다. 하나님께서는 자기 자

---

305) 유 1:12
306) 마 23:5
307) 벧전 5:3, 딤전 3:8
308) 고전 16:12
309) 요삼 1:9
310) 마 23:8-10
311) 막 10:42-45, 고전 16:15-16
312) 마 23:11-12
313) 시 25:9, 약 4:6

신만을 생각하는 사람을 사용하시지 않고 오히려 부족하여도 자신의 욕망과 생각들을 부인하는 사람들을 사용하십니다. 하나님께서 각 지역에 있는 공동체들을 위해 사용하시길 원하시는 가장 위대한 형제들은, 자신은 지체들을 인도할 자격이 없다고 생각하며 자신을 다만 종으로 여기는 형제들입니다. 이렇게 순전한 사람들이 하나님께서 일으켜 세우실, 전적으로 예수 그리스도만을 의지하고 자신의 능력을 의지하지 않는 그러한 목자들이 될 것입니다.[314] 하나님께서는 자신의 지위와 권력, 우위를 차지하고자 하는 야망을 가진 사람들에게 복음 사역을 맡기지 않으십니다.

바울 사도는 고린도 교회가 자기중심적이고 인본주의적인 지도자들을 허용한 일에 대해서 책망하였습니다. "누가 너희를 종으로 삼거나 잡아먹거나 빼앗거나 스스로 높이거나 뺨을 칠지라도 너희가 용납하는도다"[315] 이러한 지도자들은 그들이 비록 하나님의 이름을 사용하거나 심지어는 매우 영적인 동기를 가지고 회중들을 가르친다 할지라도 그들의 마음속에는 개인적인 속셈으로 가득한 사람들입니다. 그러나 하나님께서는 특별히 그리스도의 몸 된 교회의 마지막 때의 사역 가운데에서 자신이 받으실 영광을 다른 어떤 것들과도 나누지 않으실 것입니다.[316]

어떤 지도자가 회중들의 개인적인 삶 속에서 지시하고 통제하기 시작한다면 그는 주님과 동행하는 사람들의 개인적인 삶 속에서 죄를 깨닫게 하시고[317] 인도하시는[318] 하나님의 성령의 고유한 사역을 더 이상

---

314) 잠 3:5
315) 고후 11:20
316) 사 42:8, 사 48:11
317) 요 16:8
318) 요 16:13

행하시지 못하게 훼방하는 것입니다. 만약에 목자들이 어떤 식으로든 주님의 양 무리에게 자신의 권위를 사용하여 요구하거나, 거칠게 말하거나, 고함을 치거나 비난한다면[319] 그 목자들은 주님으로부터 보내진 참 목자가 아닐 가능성이 대단히 큽니다. 그리스도의 몸 가운데서 섬기는 참된 지도자들은 오로지 모든 지체들이 그리스도 안에서 충만함에 이르는 것을 보기를 원합니다. 목자들은 주님께서 당신의 성령으로 각 사람들을 성장하게 하시는 동안 그들을 보호하게 하시려고 주님으로부터 부르심을 받은 사람들입니다. "너희를 인도하는 자들에게 순종하고 복종하라 그들은 너희 영혼을 위하여 경성하기를 자신들이 청산할 자인 것 같이 하느니라 그들로 하여금 즐거움으로 이것을 하게하고 근심으로 하게 하지 말라 그렇지 않으면 너희에게 유익이 없느니라"[320]

참된 목자들은 그리스도 안에서 모든 성도들이 위로부터의 부르심에 순종하여 앞으로 전진하도록 격려하기를 원합니다.[321] 참된 지도자들은 일을 할 때에 자신의 지위나 신분을 주장하지 않습니다. 오히려 그들은 다른 사람들을 세워주고, 결코 강압적으로 요구하거나 통제하지 않을뿐더러 오직 주님의 뜻에만 복종합니다. 섬기는 지도자들은 주님과 함께 동행 할 때에 비록 실수와 연약함은 있을지라도 거짓이 없고 참됩니다. 사도 바울은 이것에 대해서 실제적인 예를 보여주었습니다, "내가 너희 가운데 거할 때에 약하고 두려워하고 심히 떨었노라"[322]

그리스도의 몸 안에서 실수가 없고 완전한 지도자는 결코 한 사람도 없었습니다. 오히려 그들은 하나님께서 당신의 영광을 위하고 당신의

---

319) 고후 10:1
320) 히 13:17
321) 빌 3:14
322) 고전 2:3

이름을 증거하도록 일으켜 세우신 약하고 깨어진[323] 사람들일 뿐이었습니다. 모세는 이 땅에서 주님께서 이루고자 하시는 목적을 위해 주님에 의해서 준비 되어진 사람이었습니다. 하나님께서 모세를 준비시키는 일을 끝내셨을 때, 모세는 세상의 눈으로 보기에는 부적당하고 아무것도 아닌 사람이었습니다.[324]

모세 자신의 육신이 약하고 쓸모없이 되었을 때에야 하나님께서는 모세가 비로소 준비되었다고 말씀하셨습니다. 그리스도의 지체 안에 있는 지도자들은 하나님의 나라를 위해 참으로 쓸모 있게 사용되기 위해서 주님의 손 안에서 낮아지고 깨어져야만 합니다.

성도들은 초대 교회의 기록에 있는 것처럼, 형제들 위에 세우신 지도자의 은사와 부르심을 깨달을 수 있게 될 것입니다. "그러므로 너희 자신들을 위하여 주님 보시기에 합당한, 온유하고 돈을 사랑하지 않고 충성스럽고 입증된 자들을 집사와 장로로 임명하여 세우라. 그들은 또한 선지자와 교사의 일을 함으로 너희를 섬길 것이다. 그들은 선지자들과 교사들과 함께 너희가 존경할 자들이니 너희는 그들을 경멸하지 말라"[325] 우리는 하나님의 아들의 형상을 닮아가기 위한 좁은 길을 따라가는 동안 우리를 성숙하게 하고 도와주기 위해 하나님께서 지체 가운데 세우신 이들을 마땅히 존경하여야 합니다.[326]

참된 목자들은 목자장이신 예수 그리스도[327] 앞에서 사명에 대한 책임이 있음과 자신들이 가르치고 행하는 것들에 대하여 더욱 엄중한 심

---

323) 고후 4:7
324) 출 4:10, 민 12:3
325) Didache (A.D 80-140)
326) 롬 8:28
327) 벧전 5:4

판이 있을 것을 인식하고 있는 사람들입니다.[328]

그러므로 그들은 주님을 두려워함으로 섬길 때에[329] 온유함과 은혜와 사랑 안에서 다른 사람들을 자신들보다 낫게 여깁니다.[330] 마지막으로, 섬기는 지도자들의 주된 목적은 모든 지체들이 예수 그리스도 안에서 연합[331]하도록 이끌며 분열과 사탄의 가르침들로부터 그들을 보호하는 것입니다.[332] 하나님께서는 이 땅에 있는 당신의 고귀한 신부인 교회를 보호하는 사역을 위해 섬기는 종들을 보내셔서 그녀가 정결한 처녀로 그리스도께 드려질 수 있도록 주께서 다시 오실 때까지 그녀를 지키게 하십니다.[333]

그리스도께서 교회를 질투하시기까지 깊이 사랑하시듯이, 섬기는 지도자로서 그분의 몸 된 교회를 사랑하고 돌보는 일은 엄청난 책임감과 함께 참으로 영광스러운 일이 아닐 수 없습니다.

---

328) 약 3:1
329) 고후 5:11
330) 빌 2:3
331) 요 17:20-23
332) 딤전 4:1
333) 계 21:9, 엡 5:27

원리 12
예수 그리스도께서 교회의 머리되심

예수 그리스도께서 교회의 머리가 되신다는 것은 초대교회 사도들에게 있어 단순히 어떤 교리나 가르침이 아니라 실제이며 현실이었습니다. 주님께서는 살아서 역사하시는 교회의 머리가 되셨습니다. 사도들은 교회가 주님의 것이라는 사실을 인지하고 있었으며 모든 일들이 그분을 통해서, 그분을 위하여, 그분의 이름으로 행해졌습니다.[334]

예수 그리스도에 대한 사도들의 전적인 의존함이 하나님께서 각 회중들을 다스리실 수 있도록 하였습니다. "또 만물을 그의 발아래에 복종하게 하시고 그를 만물 위에 교회의 머리로 삼으셨느니라 교회는 그의 몸이니 만물 안에서 만물을 충만하게 하시는 이의 충만함이니라"[335]

교회가 존재하는 동안, 또 지체들이 사역을 할 때에 우리 주님께서 교회의 머리시라는 사실을 항상 기억하는 것은 대단히 중요한 일입니다. 주님께서 우리의 모든 생각들과 행동, 결정 그리고 노력의 중심이 되셔야만 합니다. 그리하여 모든 지체가 인도하심을 받기 위해 주님을 바라본다면 그 결과로서 연합이 이루어질 것입니다. 주님에 대해서 더욱 많이 언급되어야 함이 마땅한 것은, 모든 것들이 주님으로부터 나왔으며 모든 것들이 그분과 관련되어 있기 때문입니다.[336]

그분이 바로 교회의 머리이십니다.[337] 사도 바울은 이렇게 고백했습

---

334) 골 1:16-18
335) 엡 1:22-23
336) 롬 11:36
337) 골 1:18

니다. "내가 너희 중에서 예수 그리스도와 그가 십자가에 못 박히신 것 외에는 아무 것도 알지 아니하기로 작정하였음이라"[338]

예수 그리스도께서 각 가정교회의 머리가 되신다는 진리는 단순히 '하나의 중요한 사실'이 아니라 '모든 것'입니다. 우리는 그것에 관한 대단히 중요한 기록을 요한 계시록에서 찾아 볼 수 있습니다. 그 예로, 우리 주님께서는 만약 어떤 회중이 주님께 대한 그들의 첫 사랑과 주님의 명령과 계명을 순종함으로 행했던 길에서 떠나버린다면 주님께서 그들 안에 있는 촛대를 옮겨 버리시겠다고 말씀하셨습니다.[339]

촛대의 꼭대기에 빛이 있다는 것은 그 교회의 머리되신 그리스도의 임재와 그리스도에 대한 증언을 나타냅니다. 촛대의 꼭대기에 있는 빛은 교회의 생명을 유지하게 하는 활력입니다. 만약 그 빛이 촛대로부터 분리된다면, 그리스도께서 교회라는 존재로부터 분리되시는 것이며 그 회중들은 빛이 없으므로 죽게 됩니다. 만약 성도들의 공동체가 그리스도의 머리되심 아래에 있지 않고 어떤 탁월한 교사나, 이론, 종교 의식, 또는 교리 같은 것들 아래에 있다면 참으로 위험한 일이 아닐 수 없습니다.[340]

교회로서 우리는 예수께서 영광스러운 머리가 되시도록 하고 우리는 다만 몸으로서만 존재할 때에 비로소 진정한 안식과 행복을 누릴 수 있습니다. 머리는 자신이 원하는 대로 몸을 이끌 수 있으므로 우리의 가정교회 모임들은 그렇게 되어져야만 합니다. 그때에야 주님께서는 그분의 성령을 통하여서 어떠한 불평이나 다툼이 없이 우리들을 순조롭게 이끌어 가실 수 있을 것입니다. 대적함과 불순종은 성령을 슬퍼하시

---

338) 고전 2:2
339) 계 2:1, 계 2:5
340) 고전 1:12-13

게 합니다.[341] 우리는 사도 바울과 안디옥에 있던 성도들이 기도와 금식을 하며 하나님의 뜻을 구하고 기다렸을 때에 성령께서 행할 바를 말씀해 주셨던 일을 기억합니다.[342] 우리는 그 일을 실례로 삼아, 하나님께서 그리스도의 영을 통해 계속해서 교회에게 말씀하시고 지시하심으로 우리가 당신의 선하신 뜻과 계획을 이루기를 원하신다는 것을 알아야 합니다.[343] 그러므로 교회는 현재 살아 역사하시는 교회의 머리로서 예수 그리스도를 바라봄으로 더욱 많은 열매를 하나님께 드릴 수 있게 될 것입니다.[344] 만약 우리가 하나님의 마음을 알고 그분의 인도하심에 순종하여 사람[345]을 바라보지 않고 그리스도만 바라본다면, 예수 그리스도께서 그분이 거하시기에 합당한 자리에 계심으로 인해 모든 분열[346]과 경쟁,[347] 논쟁[348]과 다툼[349]들이 반드시 종식될 것입니다.

가정교회로 모일 때에 우리는 서로 친밀한 교제를 나누고 실재하시는 하나님을 만나기 위해서 모입니다. 성도들의 모임은 단순히 지식을 얻고 좋은 교제를 나누기 위한 것이 아닙니다. 성도들이 함께 모이는 가장 중요한 목적은 살아계시는 하나님을 만나는 것입니다. 여러분이 가정교회로 모일 때에 이것에 초점을 두고 기도하고 있습니까? 성도들의 모임에 참석하기 전에 기도와[350] 고백[351] 가운데 주님과 함께함으로

---

341) 엡 4:30
342) 행 13:2-3
343) 엡 1:9
344) 요 15:5
345) 고전 3:3-4
346) 롬 16:17
347) 요삼 1:9, 막 10:35-37
348) 딤후 2:14, 딛 1:10
349) 고전 3:3-4
350) 마 6:9-13
351) 요일 1:9

마음을 준비하는 것은 매우 유익한 일입니다. 그렇게 할 때에 성도들의 영이 정결하게 되고 하나님을 만나고자 하는 갈망으로 가득하게 될 것입니다.[352] 하나님을 향한 이러한 갈급함[353]이야말로 예수 그리스도 안에 있는 충만한 복을 받기위해 꼭 필요하고 중요한 것입니다. 만약 우리가 주님께서 그렇게 하시도록 마음을 열기만 한다면, 주님께서 당신의 교회 위에 쏟아 부어주기를 원하시는 놀라운 복들을 받아 누릴 수 있습니다.[354]

우리는 주 예수 그리스도를 단순히 어떤 하나의 진리나 원리처럼 간주하는 것을 대항하여 막아서야 합니다. 그리스도께서는 인자가 되신 하나님이시기 때문입니다. 그분과의 개인적이고 역동적인 관계[355]를 유지하는 건강한 성도는 예수님과 뜨거운 첫사랑[356]의 관계 속에 빠지게 됩니다. 이러한 성도들의 갈망은 오직 모든 성도들의 공동체 속에서 주님께서 교회의 머리로서 높임을 받으시는 것입니다.[357]

---

352) 시 27:8, 시 42:1-2, 시 108:1
353) 마 5:6, 사 26:9, 시 42:2
354) 엡 1:3
355) 요 15:15
356) 계 2:4-5
357) 행 5:31, 빌 1:20, 유 24-25

활발하게 성장하고 있는 가정교회 운동

초대교회는 배가되는 가정교회들로 인해 점점 성장해갔습니다.[358] 하나님께서는 날마다 구원받는 사람들의 수를 더하셨으며[359] 많은 사람들이 복음의 메시지를 통해 구원을 받았습니다.[360] 초대교회에게 있어서 급진적인 복음전도는 단지 어떤 선택이 아니라 예수 그리스도로 인한 복음의 위대한 제안에 대한 필연적인 반응이었습니다. 단 몇몇 사람만이 아니라 모든 제자들이,[361] 알려져 있는 모든 나라들에게 이 영원한 생명의 메시지를 전해야 한다는 부담을 기꺼이 떠맡았습니다. 초기 제자들이 진정으로 신뢰하고 의지한 것은 그들이 복음을 전할 때 함께 하시는 하나님의 영이었습니다.[362] "사도들이 큰 권능으로 주 예수의 부활을 증언하니 무리가 큰 은혜를 받아"[363] 한번 하나님께서 교회 가운데에서 하나님 자신에게 합당한 지위를 차지하게 되시고 완전한 신뢰를 받으시게 되면, 성령의 역사하심은 그야말로 '기대할 만한 어떤 것'이 됩니다. 초대교회는 하나님을 하늘로부터 내려오셔서 일하시게 하려고 애쓰지 않았습니다. 대신에 그들은 살아서 역사하시는 인도하심을 받기 위해 단순히 하나님 앞에서 기다렸습니다.[364]

우리의 모델인 사도행전을 들여다보면 우리는 초대교회가 단 며칠

---

358) 행 12:24
359) 행 2:47
360) 행 14:21
361) 행 8:4
362) 행 5:32, 행 7:55, 행 10:44
363) 행 4:33
364) 행 13:2-3

만에 엄청난 성장을 한 것을 보게 됩니다. 우리는 사도행전 10장까지의 내용에서 제자의 수가 더해지고[365] 하나님의 말씀이 전파[366]되는 교회의 성장에 대해서 계속해서 언급되는 것을 볼 수 있습니다. 하나님께서는 교회가 모든 민족으로부터 새로운 제자들을 만들어 내는 것에 초점을 맞추게 하셨습니다. 하나님께서는 바로 얼마 전에 당신의 아들이신 예수님을 모든 사람들을 위한 희생제물이 되게 하셨습니다.[367]

하나님의 아들이신 예수 그리스도를 통한 구원의 도를 전하라는 직접적인 명령[368]과 함께 하나님께서는 또한 사도들의 마음속에 '나가서 복음을 전파해야 한다'는 부담을 주셨습니다.[369] 즉각적으로 사도들은 시장이나 성전, 또는 국외로까지 나가서 복음을 전파하라고 성령께서 이끄심을 느꼈습니다.[370] 그들의 영혼 구원에 대한 열정은 특별히 다른 종교들이나 관습들이 존재하는 곳에서 강력한 저항을 불러일으켰습니다. 하지만 이런 반대나 저항은 전혀 이상한 일이 아니어서 결국엔 사도요한을 제외한 모든 사도들이 자신들이 살던 지역과 나라를 넘어서 먼 곳에 있는 나라들에까지 복음을 전하다가 순교자로서 죽음을 맞이하게 되었습니다. 하나님께서는 소수의 거룩한 사람들뿐 만이 아니라 모든 사람들이 회개의 자리에 나오길 원하십니다.[371] 만일 우리에게 주님의 짐을 나누어지고자 하는 마음이 있다면 우리는 예수님의 이름을 들어보지도 못한 수많은 사람들에게 복음을 전하라는 부르심을 느끼게 될 것입니다.

---

365) 행 2:41, 행 2:47, 행 5:14
366) 행 6:7, 행 8:14, 행 11:1, 행 12:24
367) 고후 5:15, 요일 2:2, 요 3:16
368) 막 16:15-16
369) 눅 10:1-12
370) 행 4:33, 행 5:12, 행 5:21
371) 벧후 3:9, 딤전 2:4

교회의 참된 사도적 활동은 '교회 성장'과 '성도의 배가'라는 결과를 가져오게 됩니다. 사람들이 예수 그리스도 안에서[372] 구원을 받고 또 그 회심의 열매의 하나로서 그들이 다른 사람들에게 그리스도를 전하는 것이야말로 하나님이 뜻하신 일입니다.[373] 사도행전에서 우리는 복음이 말로서 선포되는 것,[374] 곧 회개하고 예수 그리스도의 죽으심과 부활을 믿으라고 사람들에게 외치는 것을 볼 수 있습니다.[375]

중국 지하교회는 "서둘러 복음을 전파하자!" 라고 외칩니다. 그래서 그들은 다른 사람들이 새 생명을 얻게 하고 하나님께서 주신 대 사명을[376] 완수하고자 자신들의 생명이 위태로워짐을 감수합니다. 다른 많은 나라들에 캄캄한 밤이 닥치기 전에, 우리는 과연 하나님께서 우리에게 주신 임무를 완수하기 위해 더욱 바쁘게 움직일 수 있을까요? 우리는 제자들이 매 맞음과 감옥에 끌려갈 위협을 당할 때 기도했던 것처럼 기도할 필요가 있습니다. "주여 이제도 그들의 위협함을 굽어 보시옵고 또 종들로 하여금 담대히 하나님의 말씀을 전하게 하여 주시오며 손을 내밀어 병을 낫게 하시옵고 표적과 기사가 거룩한 종 예수의 이름으로 이루어지게 하옵소서 하더라"[377]

하나님께서는 사도행전에 기록된 이 기도에 응답하셨으며, 지금도 역시 지하교회들 가운데에서 드려지는 이 기도에 표적과 기사로서 응답하고 계시며, 앞으로도 여전히 그렇게 하실 것입니다. "빌기를 다하매 모인 곳이 진동하더니 무리가 다 성령이 충만하여 담대히 하나님의

---

372) 마 28:16-20
373) 마 10:32
374) 행 8:5, 행 9:28, 행 17:13, 행 28:31
375) 행 2:38
376) 행 2:38
377) 행 4:29-30

말씀을 전하니라"[378]

지금 주님께서는 전 세계에 걸쳐서 가정교회 운동을 일으키고 계십니다. 주님께서는 새 술을 새 부대에[379] 부으시는 중이며 그 결과로 성도들의 공동체는 목자장의 음성을 분명하게 듣게 되었습니다.[380] 이러한 가정교회들은 단순히 참석만 하는 모임 이상인, 전적으로 헌신할 수 있는 믿음의 지체들입니다.

다음의 내용은 가정교회를 시작하려고 숙고하는 사람들에게 필요한 실제적인 단계들입니다. "성령 안에서 두 사람씩 짝을 이루어 나가십시오,[381] 일꾼들을 위해서 기도하십시오,[382] 당신이 교회를 시작하려고 하는 지역 안에서 구심점이 될 만한 평화의 집을 찾으십시오, 영적 전쟁을 하십시오,[383] 또 다른 제자를 양성할 수 있는 제자들을 양성하십시오,[384] 지나치게 지체하지 말고 침례를 주십시오,[385] 가정교회를 시작하십시오, 일꾼들을 양육하고 준비시키십시오,[386] 그리고 그들을 파송하십시오."[387]

---

378) 행 4:31
379) 막 2:22
380) 요 10:14-16
381) 행 1:4-8
382) 마 9:37-38
383) 마 10:8
384) 딤후 2:2
385) 행 19:5-6
386) 엡 4:11-12
387) Victor Choudhrie

원리 14

단순한 회심자가 아닌 제자들을 양성해야 한다

오늘날, 많은 복음 전도자들은 어떤 사람이 예수님을 그리스도라고 말로 고백하게만 하면 자신들에게 맡겨진 대 사명을 완수했다고 믿는 것처럼 보입니다.[388] 근래에 와서 사람들을 데리고 와서 짧은 기도와 믿음을 고백하게 하는 거대한 운동들이 있어 왔습니다. 하지만 예수 그리스도께서 주님이시라는[389] 이 고백으로부터 구원이 시작되는 것임에도 불구하고, 누군가를 단순히 회심하게 하는 것만으로는 충분하지 않습니다. 회심하게 된 개개인들은 실제로 매일의 삶에서 주님을 따라가는 제자가 되어야만 합니다. "또 무리에게 이르시되 아무든지 나를 따라오려거든 자기를 부인하고 날마다 제 십자가를 지고 나를 따를 것이니라"[390]

예수께서는 마태복음에서 이렇게 말씀하셨습니다. "나더러 주여 주여 하는 자마다 다 천국에 들어갈 것이 아니요 다만 하늘에 계신 내 아버지의 뜻대로 행하는 자라야 들어가리라"[391] 진정한 회심은 주일 한 시간만이 아니라 매일 매시간 주를 위해서 사는 그리스도인이 되게 합니다. 이런 사람들이야말로 자신들이 엄청난 값을 치르고[392] 사신 바 되었음을 아는 자들이며 예수 그리스도를 사랑하므로 종이 되어 섬기

---

388) 마 28:16-20
389) 롬 10:9-10
390) 눅 9:23
391) 마 7:21
392) 고전 6:20

는[393] 진정한 그리스도인들입니다. 그러므로 그들의 삶의 매일의 목표는 하나님을 기쁘시게[394] 하고 그분을 섬기는 것입니다. 어떤 사람이 복음을 이해하고 받아들였는데도 이 복된 소식을 인해 하나님께 자신의 모든 것을 양도하지 않는다는 것은 참으로 이상한 일이 아닐 수 없습니다. 우리가 우리를 위한 하나님의 아들의 죽음을 통해 나타난 그 엄청난 희생과 사랑을 진정으로 깨닫게 되면 우리 삶의 모든 것들이 바뀌게 되며 기꺼이 모든 것을 그분께 드리게 됩니다. 한 유명한 아프리카 선교사는[395] 복음에 대한 반응으로 이렇게 말했습니다. "예수 그리스도의 희생의 빛 안에서 내가 포기하거나 희생하기에 너무 큰 것은 아무 것도 없다!"

하나님께서는 당신의 참된 제자들이 누구인지 알고 계십니다.[396] 그리스도를 따르는 데서부터 떨어져 나간 많은 제자들이 있습니다.[397] 유다는 제자로 여김을 받았었지만 실제로는 배신자였습니다.[398] "하나님께서는 누가 당신의 왕국의 시민인지 누가 사칭하는 사람인지 알고 계십니다. 우리는 반드시 그분의 말씀을 받아들이고 그 말씀을 따라 살기 위해 우리의 삶의 방식과 선택들을 왕의 명령에 부합하도록 정렬시켜야만 합니다. 이것이 바로 참된 회개입니다."[399]

제자들은 십자가를 바라보고 있는 사람들입니다. 그들은 살아계신 그리스도를 만난 사람들이며 이 세상에 대해서는 죽은 사람들입니다. 그러므로 이제 그들은 전적으로 하나님의 뜻을 따라서 살아갑니다. 제

---

393) 롬 1:1
394) 골 1:10
395) David Livingstone (1813–1873)
396) 딤후 2:19
397) 요 6:66
398) 눅 6:16
399) Brother Yun

자들은 성경의 진리에 부합하도록 그들의 삶 전체를 형성해 가는 사람들 입니다. 한 사람의 제자는 은혜의 성령에 의해서[400] 그리스도의 길을 따르고 그분의 모든 명령에 순종하도록[401] 부르심을 받은 사람입니다. 제자도는 선택할 수 있는 것이 아니라 예수 그리스도를 믿는 모든 성도들을 향한 명령입니다. 제자들이 또 다른 제자들을 양성해 내는 것은 성경의 원리입니다.[402] 제자도는 그들의 말과 삶을 통하여 복음을 전할 것을 모든 하나님의 사람들에게 명령하고 있습니다. 사복음서에서 제자들에게 주어진 모든 명령들은[403] 오늘날의 성도들에게도 동일하게 적용됩니다.

---

400) 골 1:29
401) 요 14:15
402) 딤후 2:2
403) 마 8:18-22

사람이 아니라 오직 하나님만을 기쁘시게 해야 함

우리는 예수 그리스도와 동행하는 동안에 언제나 우리의 눈을 주님께 고정시키고[404) 오직 그분만을 기쁘시게 할 것을 추구해야만 합니다. 우리는 예수 그리스도께 속해 있는 존재들입니다.[405) 그리스도께서는 당신의 존귀한 피로서 우리를 구속하셨기에 우리는 더 이상 우리 자신의 소유가 아닙니다.[406) 이 사실은 우리가 행하는 모든 일들이 명확한 하나님의 계획안에서 행하는 것이기에 오직 그분의 인정을 받기만 하면 된다는 것을 깨닫게 함으로 우리를 사람의 인정을 구하는 것으로부터 자유하게 합니다.[407) 초대교회는 주님을 경외하는 중에 모든 일을 행했으며[408) 명예나 사람으로부터 존중받는 것을 구하지 않았습니다. "그리하여 온 유대와 갈릴리와 사마리아 교회가 평안하여 든든히 서 가고 주를 경외함과 성령의 위로로 진행하여 수가 더 많아지니라"[409)

초대교회는 우리 주님께서 말씀하신 대로, 사람이 아니라 하나님을 기쁘시게 하는 것을 추구했습니다.[410) "몸은 죽여도 영혼은 능히 죽이지 못하는 자들을 두려워하지 말고 오직 몸과 영혼을 능히 지옥에 멸하실 수 있는 이를 두려워하라"[411) 사람을 두려워하는 것은 '덫'이지만

---

404) 히 12:2
405) 요일 3:19
406) 롬 14:7-8
407) 요 5:44, 갈 1:10
408) 행 2:43
409) 행 9:31
410) 행 5:29
411) 마 10:28

412) 하나님을 두려워하는 것은 그분의 뜻을 행하고자 하는 '자유'입니다.413)

이 시대의 종교적인 사람들은 사람의 규정과 습관을 따라 행하며 통제하기 때문에 하나님의 영으로부터 비롯된 일들을 다 무익하게 만들어 버립니다. 이러한 사람들은 하나님을 경외하는 것을 거부합니다.414) 초기 사도들은 우리 주님의 모본을 따라 배우고 행했으며 설사 그로 인해 죽임을 당하게 된다 해도 사람을 두려워하지 않았습니다.415) 우리는 우리가 사람을 두려워하는 것이 하나님의 사역을 방해한다는 것과416) 그분의 거룩하신 이름을 치욕스럽게 한다는 사실을 반드시 깨달아야만 합니다. 하나님께서 우리가 이와 같은 방해거리로부터 벗어나서 초대교회 성도들처럼 풍성한 열매를 맺는 삶을 살도록 지켜주시길 바랍니다. 또한 하나님께서 우리가 사람의 의견에 귀를 기울이지 않고 그분의 뜻을 행할 것을 추구하며417)

항상 그분 앞에서 겸손할 수 있도록 지켜주시길 바랍니다.

이 진리에 대한 또 다른 중요한 국면은 우리가 모두 주님의 심판대 앞에 홀로 서야한다는 사실입니다. 고린도 후서에 기록되기를, "이는 우리가 다 반드시 그리스도의 심판대 앞에 나타나게 되어 각각 선악 간에 그 몸으로 행한 것을 따라 받으려 함이라"418)

이 말씀은 우리가 사람이 아니라 하나님 앞에서 어떤 문제에 대한 결정들을 하도록 우리 마음속에 하나님을 향한 거룩한 두려움을 갖게

---

412) 잠 29:25
413) 엡 6:5
414) 행 8:20-21
415) 행 12:1-2
416) 갈 1:10
417) 요 5:30
418) 고후 5:10

합니다. 우리는 조만간 곧 주님 앞에 서서 우리의 삶을 설명해야 할 때가 올 것을 알고 주님을 따라가는 매일의 삶 속에서 그분을 기쁘시게 할 것을 구해야만 합니다.[419)]

오늘날 많은 주의 종들이 사람의 인정을 받기 위해 애쓰고 있는 동안에, 슬프게도 아주 적은 수의 하나님의 종들만이 진정으로 하나님 한분만을 기쁘시게 하길 원합니다. 우리는 하나님과 사람들을 항상 기쁘게 할 수는 없습니다. 언젠가는 하나님을 기쁘시게 했던 사람들과 사람을 기쁘게 했던 사람들을 구별해 갈라놓을 때가 올 것입니다. 요한복음 6장에서 오병이어의 기적 직후에 우리 주님께서 난해한 말씀을 하시자, 따르던 많은 사람들이 그분을 등지고 떠나갔습니다.[420)] 예수께서는 비록 사람들로부터 극심하게 대적함을 당한다 할지라도 하나님 아버지의 말씀을[421)] 선포하실 것을 택하셨습니다.

---

419) 롬 14:10, 히 9:27
420) 요 6:53-66
421) 요 8:28

원리 16

기도 가운데에서 태어난 교회

기도는 단순히 가정교회의 여러 기능 중에서 하나가 아닙니다. 기도는 반드시 그리스도의 머리되심 아래 있는 교회공동체의 기초가 되어야 하고 우리가 마시는 공기처럼 반드시 필요한 요소가 되어야만 합니다. 교회는 기도 가운데에서 태어났으며[422] 기도를 통하여 유지되기 때문입니다. 성도들에게 핍박이 임했을 때 교회는 기도하기 위해서 모였으며[423] 기도야말로 대 사명의 시초가 되었습니다.[424] 제자들은 가룻 유다가 죽은 후에 그 자리를 대신할 제자를 위해 기도하였습니다.[425] 또한 베드로는 날 때부터 걷지 못하는 사람을 위해 기도했으며[426] 스데반은 순교 당할 때에 자기를 핍박하는 자들을 위해서 중보의 기도를 드렸습니다.[427] 기도는 초대교회의 주된 활동이었습니다.[428] 아나니아는 하나님께서 초대교회의 중요한 지도자중 한 사람에게 기름을 부으라고 명하셨을 때에 기도하는 중이었으며,[429] 사도 베드로 또한 하나님께서 이방인들에게 복음을 전하라고 지시하셨을 때에 기도하고 있었습니다.[430] 바울은 그의 선교 여정 동안 인도하심을 받기 위해 수없이 기도

---

422) 행 2장
423) 행 4:24-30
424) 눅 24:45-49
425) 행 1:24-25
426) 행 3:6
427) 행 7:59-60
428) 행 6:4
429) 행 9:10
430) 행 10:9

했고[431] 사도 베드로는 죽은 다비다의 소생을 위해서 기도했습니다.[432] 기도는 초대교회를 성장하게 하고 세상 가운데 복음을 전하게 하는 원동력이 되었습니다. "주 예수 그리스도께서는 기도하지 않고는 사역을 시작하지 않으셨습니다. 우리는 이것을 누가복음 3:21절에서 찾아 볼 수 있는데 이것이야말로 복음을 전하는 사역자들인 우리들이 반드시 배워야할 가장 우선적인 일입니다."[433]

성경 속에는 기도에 관해 수없이 많이 언급되어 있습니다. 하나님의 자녀로서 가장 큰 특권들 중의 하나는 하늘에 계신 우리의 아버지께 기도를 통하여 말할 수 있다는 것입니다. 기도는 하나님의 자녀와 교회의 건강을 체크할 수 있는 리트머스 용지입니다. 기도하는 것은 하나님께 대한 우리의 의존도를 증명하며 기도의 부족은 하나님을 의지하지 않고 자신이 주는 우리의 자립적 태도를 드러냅니다. "만약 우리에게 기도가 부족하다면 우리는 모든 면에서 부족하고 약할 것입니다. 죄를 범하고 있는 사람은 기도를 멈추지만, 기도하는 사람은 죄를 멈추게 됩니다."[434]

합심기도는 어떤 회중에게도 필수적입니다. 함께 기도하기 위해서 시간을 보내는 것은 설사 거의 말을 하지 않고 하나님을 기다리기만 한다 하여도 언제나 유익한 일입니다. 그럼에도 불구하고 분주한 현대 사회를 살아가는 온 세상의 그리스도인들은 마치 기도 모임을 위하여 시간을 사용하지 않기로 결정한 것처럼 보입니다. 이 애통한 선택이 수많은 교회 모임들을 기도가 없는, 무기력한 모임들이 되게 하고 말았습니

---

431) 행 16:10, 행 16:25, 행 14:23, 행 13:2-3
432) 행 9:40
433) Bakht Singh (1903-2000)
434) Leonard Ravenhill (1907-1994)

다. 수많은 목사들이 하루에 5분 이상 기도하지 않는다고 합니다. "장차는 백성이나 제사장이나 동일함이라"[435]

수많은 성도들이 개인적으로 기도하는 일에 부족함을 보이고 있으며 오직 소수의 성도들만이 기도할 뿐입니다. 오직 소수의 성도들만이 주 예수님과 친밀한 시간을 보내고 있으며, 야곱처럼 하나님과 겨루어 이깁니다.

기도모임은 하나님께서 그 지역 안에서 새 생명을 탄생시키시는 것을 볼 수 있는 엄청난 기회의 자리입니다. 단지 두세 명의 성도라도 함께 모여 기도 가운데 주님을 구하는 시간을 갖는다면 주님의 이름을 위한 신앙의 고백과 증거가 견고하게 세워짐을 경험하게 될 것입니다. 성도들에게 장려할 만한 단순하고 실제적인 조언 하나는, 기도에 들어가기 전에 몇 분 동안 침묵하는 시간을 가지라는 것입니다.[436] 그 후에는 하나님의 성품, 그분의 선하심과 그분의 이름으로 행하신 놀라운 일들을[437] 인해서 주님께 감사[438]드리는 시간을 가진 후에 감사와 함께 중보기도로 들어가십시오.[439]

간구하는 기도 또한 필요합니다. 이미 주님으로부터 기도가 응답되었음을 느낄 수 있음은 얼마나 놀라운 축복인지요! 절박하거나 긴급한 상황[440]을 감지함으로 인해 열정적으로 기도[441]할 때도 있지만 그 외 일반적인 기도의 시간들은 주님 앞에서 보다 더 친밀하고 부드럽게 기도하게 됩니다. 이 모든 기도들은 하나님의 성령의 인도하심에 따라서 드

---

435) 호 4:9
436) 전 5:2, 시 37:7, 합 2:20
437) 시 100:4
438) 마 6:9
439) 빌 4:6
440) 히 4:16
441) 약 5:16

려져야 하며 오직 거룩한 하나님의 말씀 속에 나타난 기도의 모본을 따르는 것 외에는 기도를 위한 다른 어떤 격식이나 방법도 필요 없습니다.

중국의 지하교회에서는 회심하여 주님 앞에 나온 사람이 있으면 그 회심자의 동의 하에서, 문자 그대로 며칠간 다른 사람들로부터 격리된 상태에서 그리스도인의 삶의 기본 원리들과 기도하는 법을 배우게 합니다. 주님 앞에서 드려지는 이러한 기도는 무릎을 꿇은[442]

상태에서 수 시간동안 계속되며 하나님께서는 그 기도를 들으십니다! 진지하고 간절한 기도는 진부한 종교적 의식보다 중요하며 하나님께서는 그런 기도를 들으십니다!

"지나간 세대의 위대한 하나님의 사람 중 하나인 '사무엘 채드윅'은 사탄의 가장 큰 목표가 우리들의 기도생활을 파괴하는 것이라고 가르쳤습니다. 사탄은 기도가 없는 연구나 기도가 없는 종교적 사역 따위는 두려워하지 않습니다. 사탄은 다만 우리가 기도할 때에 두려워 떱니다. 우리는 현재 영적 전쟁 중에 있음을 기억하십시오! 기도는 우리의 중요한 무기들 중 하나이며 믿음은 기도와 긴밀하게 연결되어 있습니다. 우리는 결코 기도가 쉬울 것이라고 예상해서는 안 됩니다. 사탄은 영향력 있는 기도를 드리기 위한 우리의 노력과 수고에 반격을 해 올 것입니다. 우리는 어떠한 실망이나 낙담도 결단코 거부하고 그 대가가 무엇이든지 간에 계속해서 앞으로 나아가야 할 것입니다."[443]

기도에 대해서 배울 수 있는 가장 좋은 방법은 바로 '기도하는 것' 입니다. 성숙한 믿음의 사람들의 기도의 본을 따라가는 것이 새로 성도가

---

442) 시 95:6, 엡 3:14, 행 20:36
443) George Verwer

된 사람들이 기도를 배울 수 있는 가장 좋은 길입니다.

가정교회를 세우는 운동을 이끄는 지도자 중 한 사람이 '왜 하나님께서는 당신의 나라에서 그렇게 명백히 눈에 띄게 사역하시는 걸까요?' 하는 질문을 받았을 때에 이렇게 대답했습니다. "복음을 전하기 이전에 드려지는 헌신적인 기도가 가장 중요합니다. 어떤 사역훈련 학교에서는 그들이 복음을 전하고 교회를 세우러 나가기 전에 다른 무엇을 하는 것보다도 육 개월 동안을 기도하게 합니다. 매일 동트기 전에 가지는 기도 모임과 온종일 금식하며 드리는 기도, 또 밤을 새워 드리는 기도들이 헌신적인 기도의 예라고 할 수 있을 것입니다."

새롭게 가정교회를 시작하는 일에 이처럼 주님께 사용 받는 형제들은 날마다 주님 안에 거하며 그분과 동행하는 사람들입니다.[444]

"주님의 임재 안에서 온전히 거하는 것과 주님께로 계속해서 가까이 나아가는 삶에 대한 문제는 우리가 얼마나 주님과의 친밀함을 추구하는 삶의 방식을 실행하는가에 달려 있습니다. 기도는 하나님과의 친밀함을 증진시킬 수 있는 특별한 방법입니다."[445]

많은 사람들이 예수 그리스도를 알게 하는 일에 하나님께 쓰임을 받았던 수많은 사람들의 간증을 들어 보면 그들이 날마다 몇 시간씩 기도 가운데 주님을 기다리는 성도들임을 알게 됩니다. 남한의 교회들은 새벽 5시나 5시 30분, 또는 6시에 일 년 내내 기도모임을 갖습니다. 중국의 가정교회의 지도자들은 적어도 하루에 평균 두 시간의 개인기도의 시간을 갖습니다. 중국 가정교회의 한 사역자는 이렇게 말합니다. "우리는 하나님을 기다리는 것을 배우기 위해서, 서로 사랑하기 위해서,

---

444) 살전 5:17, 엡 6:18
445) Glenn Livingston

하나가 되기 위해서, 하나님의 임재 앞에서 살기 위해서, 또한 지속적으로 우리 자신을 성별하여 주님께 드리기 위해서 매일 새벽마다 기도해야만 합니다. 대체 언제까지 잠을 잘 것입니까? 예수께서 재림하시기 전에, 우리도 아침에 일찍 일어나야만 합니다. 무엇을 하기 위해서요? 그것은 바로 기도하기 위해서입니다. 예수께서는 그분의 삶을 통하여 우리에게 어떻게 기도해야 하는지 본을 보여 주셨습니다. 마가복음에는 이렇게 기록되어 있습니다.[446] '새벽 아직도 밝기 전에 예수께서 일어나 나가 한적한 곳으로 가사 거기서 기도하시더니'"[447]

"성도들 개개인의 훈련된 기도생활이 오늘날과 같은 중국교회 성장의 두드러진 특징으로 나타나게 되었습니다. 중국의 그리스도인들은 하나님께 기도할 때에 (1) 항상 깨어있어 기도하는 영을 위해, (2) 다른 사람들을 위한 기도의 짐을 감당할 수 있도록, (3) 기도할 수 있는 시간과 장소를 주시기를, (4) 동료 사역자들을 위해 기도할 힘을 주실 것을, (5) 그리고 적합한 말로 기도할 수 있게 해주실 것을 위해 기도합니다. 이렇게 그들은 모든 사람들이 더 많이 기도하도록 외치는 나팔수가 되기를 원했습니다. 중국 그리스도인들이 가지고 있는 한 가지 좌우명은 '조금 기도하면 적은 능력이 있고, 기도 하지 않으면 아무 능력도 없다.'는 것입니다"[448]

교회의 생명력은 열정적이면서도 지속적인,[449] 개인적으로나 합심하여 드리는 기도 속에서 발견됩니다.

---

446) 막 1:35
447) Xiao Min
448) David Wang
449) 약 5:16

원리 17
교회의 본질적 요소이신 성령님

　기독교는 성령세례를 통해 태어났으며[450] 오직 우리가 위로부터 주어진 이 성령의 능력을 입고 있는 동안에만 기독교는 지속될 것입니다. 교회의 역사를 들여다보면 우리를 감화시키고 또 하나님의 나라를 세워나간 사람들에 관한 진정으로 뜻깊고 중대한 진술들은 모두 성령으로 충만했던 사람들에 의해 이루어진 일들이었음을 볼 수 있습니다. 이러한 기름 부으심은 다만 교회의 지도자들을 세우기 위해서만 행하신 것이 아니라 하나님께서 그분의 사역을 위해 사용하시기 위해서 행하셨습니다. 기독교는 이렇게 매우 단순하고 간결한 하나님의 성령의 역사하심입니다. 이러한 단순함을 사람들은 받아들이기 힘들 수도 있겠지만 하나님께서는 고린도 전서 1장에서 약하고 미련하며 학식이 없는 자와 세상에서 멸시받는 사람들을 당신의 사역자로 사용하실 것을 명백하게 공표하셨습니다.[451] 다음의 일들은 하나님께서 열두 제자들을 택하셨을 때에 일어났던 일들입니다. 그들 중 세 사람은 주님께서 피눈물을 흘리며 기도하실 때 한 시간도 깨어있지 못했으며,[452] 두 사람은 하늘에서 마을들 위로 불을 내리기를 원했으며,[453] 한 사람은 반역자요 도둑이었으며,[454] 또 한 사람은 자신은 주님을 알지도 못한다고 부인

---

450) 행 1:8
451) 고전 1:27-28
452) 눅 22:45-46
453) 눅 9:53-56
454) 눅 6:16

함으로 그리스도를 배신했습니다.[455] 그들은 자신들 중에 누가 가장 높은가 하는 문제로 언쟁했으며 어려운 순간이 닥치자 모두가 도망쳐 버렸습니다.[456] 제자들이 이렇게 연약하고 무지한 평범한 사람들이었음에도 불구하고 하나님께서는 음부의 권세가 결코 이길 수 없는 당신의 교회를 그들과 함께 세워 나가셨습니다.[457] 이 사실은 우리에게 큰 안도감과 우리도 하나님의 사역에 사용될 수 있다는 소망을 줍니다. 왜냐하면 그분은 자신의 유익을 구하지 않는 사람, 겸손하고 연약하며 도움이 필요한 사람들을 찾고 계시기 때문입니다. 그런 사람들이야말로 하나님께서 그분의 성령을 부어주시기 위해서 불러내신 사람들입니다. 왜냐하면 그들은 모든 상황 가운데에서 전적으로 성령의 도우심을 필요로 하는 사람들이기 때문입니다.

그러나 유감스럽게도 이 연약한 자들조차 어떻게 자신이 강해질 수 있는지, 어떻게 자기들의 경험과 성공, 승리에 의존할 수 있는지를 너무나 쉽게 터득합니다. 그렇게 되면 자기 자신이 사역을 성취했다고 믿음으로써 하나님의 영광을 가로채게 되는 위험에 빠지게 되어 하나님께서 행하신 일이니 마땅히 하나님께 영광이 드려져야 함을 부인하게 됩니다. 하나님께서는 사역의 성취를 통해 그들 자신이 영광을 취하지 않고 모든 영광을 하나님께만 돌릴 사람들에게 당신의 사역을 맡기실 것입니다.[458]

이와 같이, 수많은 교단들과 교회와 사역들이 하나님의 성령의 생생한 역사와 함께 시작되지만 시간이 흐르면서 이론과 전통, 공식과 같은

---

455) 마 26:75
456) 마 26:56
457) 마 16:18
458) 고전 1:29

것들로 바뀌어 버리는 것을 봅니다. 이러한 단체들은 그들의 목표와 성장을 이루기 위해서 날마다 새롭게 하나님을 의존하기보다는 자신들의 역사, 조직, 건물, 그리고 과거에 하나님이 행하셨던 일 같은 것들을 의존합니다. 한 유명한 복음주의 목사는 자신이 속한 시대의 교회들에 대해서 이렇게 말했습니다. "이 시대의 교회들은 일반적으로 조직에 있어서나 경제적으로나 매우 잘 기반이 잡혀 있어서 하나님이 별로 필요 없습니다. 그들의 권위는 깊게 뿌리내려 흔들리지 않으며 그 구성원들의 종교적 관습은 매우 견고하여서 하나님께서 그들로부터 완전히 물러나시게 되고 이제 그들 자신의 힘에 의해 오랜 시간동안 운영될 것입니다."[459]

하나님께서는 새로운 마음으로 다시 한 번 하나님을 의지하며 불가능한 일에 자원하는 사람들을 항상 찾고 계십니다.[460] 이렇게 하나님께 쓰임을 받는 사람들은, 불가능을 가능케 하신 하나님께만 영광을 돌리고 하나님께서는 그들로 말미암아 영광을 받으시게 됩니다.[461] 참된 성령의 역사하심은 언제나 우선적으로 주 예수 그리스도를 높이고 그분께만 영광을 돌립니다.[462]

---

459) A.W.Tozer(1897-1963)
460) 엡 3:20
461) 고전 1:31
462) 요 15:26

사탄의 모방과 위조

하나님께서는 언제나 여러 가지 다른 방법과 도구를 사용하여 일하심에도 불구하고 교회의 성장은 여전히 오직 그분의 성령에 의해서만 이루어집니다. 지난 수 세기동안, 특별히 서구의 기독교에서 비롯된 '성령 충만한 기독교'에 대한 지나친 '남용'과 '오용'으로 인해 수많은 참된 성도들조차 진정한 성령의 충만을 위해 주님을 찾고 구하는 것까지도 완전히 거부하는 일이 있었습니다.[463] 이것은 단순한 '하나의 비통한 일' 일 뿐만이 아니라 예수 그리스도의 참된 교회의 성장을 방해하기 위한 사탄의 전략들 중에 하나입니다.[464] 순전한 성도는 하나님을 섬기기 위해 성령의 새로운 충만함을 받으려고 하나님께 부르짖는 것을 두려워하지 않으며 하나님의 성령을 날마다 의지합니다.[465]

우리는 사탄이 거짓의 아비라는 사실을 잊어서는 안 됩니다.[466] 그는 태초부터 살인자였으며 온갖 거짓 가운데 거합니다.[467] 그는 예수 그리스도께 영광이 돌려지는 것을 원하지 않으며 진리를 왜곡하고 주님의 사역자들이 자신들을 위하여 스스로 영광을 취하도록 현혹시킵니다.[468]

그는 또한 태초부터 하나님의 사람들을 속여 온 최고의 위조꾼입니

---

463) 눅 11:13, 엡 5:18
464) 고후 2:11
465) 엡 5:18, 눅 11:11-13
466) 요 8:44
467) 살후 2:9
468) 요삼 1:9

다.[469] 사탄은 진리이신 하나님의 말씀을 왜곡한 말로써 이브를 현혹시켰습니다. "하나님이 참으로 말씀하셨느냐?"[470] 이렇게 진리를 왜곡하는 것이 그의 일상적인 활동입니다.[471]

사도들의 사역 초기에서부터, 심지어는 우리 주님 자신과 함께 있던 자들 중에조차 속이는 자들과 거짓 형제들이 존재했습니다.[472] 그런 자들은 자신의 개인적인 이익을 위해서, 그리고 성도들의 자유를 침해하기 위해서 하나님의 양 무리 속으로 가만히 들어온 자들입니다.[473] 그들은 배신자들이요,[474] 속이는 자들이며,[475] 거짓 형제들이고,[476] 거짓 선지자들이며,[477] 성도들 중에서 우위를 차지하기를 갈망하는 자들입니다. 우리가 예수 그리스도의 머리되심 아래서 가정교회로 모일 때에는 성도들, 곧 하나님의 양 무리 속에서 이러한 자들을 제거하여 정화하기 위해서 하나님을 강하게 신뢰하여야만 합니다.

하나님의 성령께서 성도의 모임 가운데 역사하실 때에 예수 그리스도께서 영광을 받으시게 된다는 사실을 이해하는 것은 매우 중요한 일입니다.[478] 만일 사람이 드러난다거나, 심지어는 성령님께 영광이 돌려진다거나 한다면, 당신은 그 일이 주님께서 하시는 순전한 사역이 아닌 것을 깨닫게 될 것입니다. 한 형제는 그것에 대해서 이렇게 말했습니다. "성령께 초점을 맞추고 성령께 영광을 돌리는 어떤 영이 있다면

---

469) 고후 11:3
470) 창 3:1
471) 엡 6:11, 마 5:5-6
472) 눅 6:16, 고후 11:13
473) 갈 2:4
474) 막 14:43-45
475) 요이 1:7
476) 고후 11:26
477) 마 7:15
478) 요 5:22-23, 요 13:31-32, 요 15:26

그것은 성령이 아닙니다. 그런 것들은 성령의 속성과 목적에 위배되기 때문입니다. 당신이 한번 이 진리를 이해하고 소유한다면 그로인해서 교회 안에서 일어나고 있는 많은 일들, 이 진리를 몰랐다면 이해하기 어려운 일들을 이해 할 수 있는 눈이 열리게 될 것입니다."[479] 성경은 성령께서 스스로 말씀하시지 않고 들은 것을 말씀하신다고 기록합니다.[480] 성령을 경배하고 높인다거나, 예수 그리스도보다 성령께 더 영광을 돌리는 것은 성령의 인도하심에 의해서 행해지는 일들이 아닙니다. 성령께서는 항상 예수 그리스도를 영예롭게 하므로 성령의 참된 역사는 이것을 기준으로 구별할 수 있습니다.

교회 안에는 생명이 없는 가르침을 베푸는 수많은 거짓교사들이 있습니다.[481] 그들은 회중들이 절대로 성령의 열매들을 맺을 수 없게 만드는 '과장되고 감정을 고조시키는' 말들을[482] 쏟아내어 그들을 진리로부터 이끌어 내어 죄 가운데 빠지도록 만듭니다. 형제자매들이여! 우리는 마지막 때에 살고 있으며 우리 앞에는 위험한 때가 다가오고 있습니다.[483] '빛의 천사'를 가장한 수많은 거짓 사역자들로 말미암아 교회 안에는 거짓과 속임이 횡행하고 있으며[484] 수많은 유명한 설교자들이 주의 이름을 부르지만[485] 그들은 그분을 진정으로 알지 못합니다. 번영복음의 해악은 또 어떠합니까? 그들은 이 세상의 금과 보물들을 경배하는 자들입니다.[486]

---

479) Derek Prince (1915-2003)
480) 요 16:13-14
481) 유 1:12
482) 벧후 2:18
483) 딤후 3:1
484) 고후 11:14
485) 마 7:22-23
486) 딤전 6:6-10

바울 사도는 이러한 자들에 대해서 무엇이라고 말했습니까? 바울은 그들이 '마음이 부패한 자요 믿음에 관하여는 버림을 받은 자들'이라고 말했습니다.[487] 안타깝게도 수많은 성도들이 이러한 거짓 교사들을 따르고 있으며 그들의 강한 현혹을 받아들이고 있습니다.[488] 우리는 이런 거대한 기만과 속임수의 한 복판에서 확고부동하게 우리의 믿음을 지켜야만 합니다.[489]

예수 그리스도의 교회로서 우리는 사탄에게 속임을 당하지 않도록 반드시 이러한 현혹과 속임수로부터[490] 우리 자신을 지켜내어서 예수 그리스도 안에 있는 순종과 그분의 영광스러운 복음 안에 나타난 단순 명료한 복음의 진리를 따라가야만 합니다.[491]

종말의 때에는, 할 수만 있다면 택함 받은 사람들 까지도 미혹하여 넘어뜨리기 위한 마귀의 가르침들이[492] 교회 안으로 유입될 것입니다.[493] 수많은 거짓교사들이[494] 진리라고 주장하지만 실상은 진리가 아닌 거짓된 가르침을 전파할 것입니다. 교회를 공격하는 가장 위험한 무기는 핍박이 아니라 미혹입니다.[495]

교리나 가르침 속에 나타난 미혹과 속임은 종종 명확하게 드러나지 않을 때가 있습니다. 그러나 그것은 설교자의 인격 속에서 좀 더 명확하게 드러납니다. 사역자가 그리스도를 닮은 삶을 살고 있습니까? 아

---

487) 딤후 3:8
488) 살후 2:11, 유 1:2, 고후 10:3-5
489) 살후 2:15
490) 딛 1:10
491) 고후 11:3
492) 딤전 4:1
493) 마 24:24
494) 요일 4:1, 벧후 2:1, 딤후 3:13
495) 암 6:1

니면 탐욕스럽고,[496] 이기적이며,[497] 혼적이고 세속적입니까? "신약성경은 그리스도를 대적하는 자를 적그리스도라고 부릅니다. 만약 그리스도인들이 이것을 분명하게 알지 못한다면, 적그리스도가 거짓 기적과 표적을 행하며 세계무대에 등장했을 때에 그들 역시 세상 사람들처럼 그의 정체를 알아채지 못하고 그를 받아들이게 될 것입니다."[498]

지난 세기에 살았던 한 형제는 이 사탄적인 위조에 대해서 이렇게 말했습니다. "사탄이 설교단에 오르거나 신학적 의자에 앉아서 기독교에 대해서 가르치는 척 할 때 실상은 기독교를 부패시키고 있는 것이며, 기독교의 증거들을 가르치는 척 할 때에는 실제로는 믿음의 기초를 훼손시키고 있는 것입니다. 그렇다면 그를 경계하십시오! 그는 교회에게 가장 위험하고 해악을 끼칠 일을 하는 중입니다."[499]

"주님의 영이 계신 곳에는 자유가 있습니다.[500] 그러나 종교적인 사람이 있는 곳에서는 거의 언제나 기름부음 받은 자를 모방하는 악한 영들을 보게 됩니다. 예리한 분별이 없다면 우리는 거짓된 기름부음을 받은 자에게 사로잡히게 될 것입니다. 마귀의 종들은 주님의 종들처럼 말하고 행동하는 법을 알고 있습니다. 그러나 그들은 모방자요 사기꾼들입니다. 우리는 그들의 열매로 그들을 분별하는 법을 배워야만 합니다. 그들은 우리 주변에 널려 있으며 주님의 재림이 가까워질수록 점점 더 그 숫자가 많아질 것입니다."[501]

우리는 경건의 모양을 갖추고[502] 능력을 나타냄으로 감명을 주는 것

---

496) 고전 5:11, 고전 6:10
497) 롬 2:8, 딤후 3:1-2
498) Zac Poonen
499) R.A. Torrey (1856-1928)
500) 고후 3:17
501) Stella Paterson
502) 딤후 3:5, 계 13:14, 계 16:14

처럼 보이지만 그 속에 진리는 없는 사람들, 곧 사탄의 동역자들을[503] 경계하여야만 합니다. 또한 우리들을 미혹하기 위해서 광명의 천사의 모습으로 나타날 수 있는 사탄을 대적하고 경계해야만 합니다.

이를 위해 그리스도의 몸인 교회에게 '분별'이 요구되는 이유는 그것이 종말의 때에 나타날 일들과 관계되어 있기 때문입니다. 종말의 때가 가까워질수록, 하나님께서 택하신 자들까지도 미혹하기 위해 초자연적인 기적과 치유[504]를 행하는 수많은 거짓 선지자들과 거짓 교사들이 일어날 것입니다.[505]

우리는 우리 주님의 다시 오심이 가까워질수록 분별을[506] 위해 항상 기도해야할 뿐만 아니라 진리에 대한 사랑이 계속 증가되게 해 주실 것을 구해야만 합니다.[507]

---

503) 고후 11:13-15
504) 살후 2:9
505) 마 24:24
506) 막 13:6
507) 살후 2:10, 벧후 3:14, 17

예수님의 영을 의지함

100여 년 전에 살았던 한 경건한 저자는 기독교의 모임들 가운데 실제적인 하나님의 임재하심이 너무나 부족한 것에 대해서 이렇게 통탄하는 말을 남겼습니다. "이렇게 교회는 살아계시고 참되신 하나님의 존재하심과 함께하심, 그리고 그분의 일하심에 대해 증거하는 것을 점차 멈추게 되었습니다. 불신자들이 교회의 모임에 참석했을 때 성도들의 연합된 모습, 양심을 살피게 하는 경배의 능력, 하나님의 임재의 증거와 지배하심을 성령 안에서 인식하고는 '하나님께서 참으로 당신들 중에 계시군요!'[508] 라고 외치는 것이 점점 더 보기 드문 일이 되었습니다. 하나님께 경배를 드린다지만 마치 하나님께서 그 가운데 계시지 않은 것 같은, 또한 초기 교회의 아름답고 경건한 단순함은 사라지고 로마 카톨릭 의식의 생명 없는 장엄함과 같은 것들로 형식화 되어버렸습니다.[509]

기독교의 초창기는 어쩌면 '성령행전'이라고 명명하는 것이 더 합당한, 단순하지만 영광스러운 '사도들의 행전'이라고 말할 수 있습니다. 성도들은 자기들의 모임[510] 중에 계신 그리스도의 영을 의지하고 믿고 따랐습니다. 성도들 중 누구라도 영적 가치가 있는 어떤 것에 대해서 나누거나 말하고자 할 때에는 성령의 기름 부으심과[511] 역사하심 안에

---

508) 고전 14:24-25
509) G.H.Rang (1874-1958)
510) 고전 5:4
511) 고전 12:7

서 하도록 요구되었습니다.[512]

우리가 함께 모여 우리의 영적인 빈곤함을[513] 주님께서 풍성하게 채워주시기를 간구할 때에도 이러한 태도가 필요합니다. 주님께 나오는 자가 배부르고 아무것도 필요한 것이 없다면 주님으로부터 결코 아무것도 받을 수 없다는 것이 참된 영적 원리입니다.[514]

이것에 대해서 우리 주님께서는 한 어린 아이가 자신의 아버지에게 빵을 구하는 것에 대한 훌륭한 묘사를 통해 말씀해 주셨습니다. 그 요구에 대한 아버지의 반응은 당연히, 언제나, 자녀에게 빵을 주고 돌을 먹으라고 주지는 않는다는 것입니다. "너희가 악할지라도 좋은 것을 자식에게 줄 줄 알거든 하물며 너희 하늘 아버지께서 구하는 자에게 성령을 주시지 않겠느냐 하시니라"[515] 성령으로 충만한 상태는 곧 모든 것을 주께 양도하고,[516] 자신을 비우며,[517] 교만하지 않고,[518] 죄를 알지 못하며,[519] 하늘 아버지께서 우리를 채워 주실 것을 구하는 것입니다.[520]

지역 교회들을 생각해볼 때, 우리는 고린도전서 12장에서 우리 가운데 가장 연약한 지체들을 존중하고 그들을 세워주며, 그들로부터 배우라는 권면을 받습니다. 이것이 바로 그리스도의 몸 가운데에서 서로 의존하며 가장 연약한 형제조차도 필수불가결한 사람처럼 존중하는 참

---

512) 벧전 4:11
513) 마 5:3
514) 눅 1:53
515) 눅 11:13
516) 롬 8:1-2
517) 롬 7:18
518) 잠 6:16-19
519) 시 66:18, 삿 16:20
520) 눅 11:11-13, 행 4:32

된 신약교회의 영성입니다.[521] 더 나아가서, 만약 성령께서 임재하시지 않는다면 우리가 교회로서 모이는 것이 헛되다고 생각될 만큼 우리는 살아 계신 하나님의 그 '영'이 절박하게 필요하다는 사실을 깊이 깨달아야 합니다.

"성령께서는 우리를 즐겁게 하기 위해서, 또는 놀라운 기적과 표적을 보이심으로 단순히 우리를 열광시키기 위해서 오시는 것이 아닙니다. 절대 그렇지 않습니다! 그분의 모든 사역은 '신부'를 준비하시는 거룩한 목적을 이루시기 위함입니다. 성령의 사역과 사명은 단 한 가지입니다. 그것은 우리를 이 세상으로부터 분리시켜서 우리 안에 속히 예수께서 다시 오시길 갈망하는 마음을 갖게 하시고, 우리를 오염시키고 더럽히는 모든 것들을 깨닫게 하시며, 우리의 눈길을 빼앗던 모든 것들로부터 우리 눈을 돌려 오직 예수님만 바라보게 하시며, 그리스도의 신부로서 그분과 함께 있기를 열정적으로 갈망하는 마음으로 우리를 아름답게 치장하시는 것입니다."[522]

이렇게 성령께 의존하는 것과[523] 그의 은혜를 새롭게 채움 받기를 간구하는 것이[524] 주 예수의 머리되심 아래 모이는 성도들의 공동체를 위한 핵심 원리가 되어야 합니다.

우리는 로마의 십자가에 달려 못 박혀 죽으신 왕을 따라 가고 있는 중입니다. 온 세상의 구세주이신 그분께서 이 땅에서 단지 33년을 사시고 죽으셨습니다. 이 땅에서의 그분의 삶은 항상 하나님의 성령의 능력과 역사하심을 끊임없이 의존하셨습니다. 침례를 받으신 후에 광야

---

521) 고전 12:23-25
522) David Wilkerson (1931-2011)
523) 롬 8:26, 고전 14:1-40
524) 눅 11:9-13, 행 3:19, 사 44:3, 욜 2:28

에서 사탄에게 시험을 받으실 때에 우리 주님께서는 말씀 한 마디 한 마디를 모두 성령께 의지해서 하셨습니다.[525] 그러니 우리 또한 이렇게 성령께 의존하는 삶을 살아야 하지 않겠습니까?

"우리들이 좀 더 나은 이론이나 방법들, 더 강한 사람들을 찾고 있는 동안에 하나님께서는 자기 자신의 가능성에 대해 전혀 신뢰하지 않는 연약한 사람들을 찾으십니다. 하나님께서는 당신의 사역을 당신의 뜻대로 이루시기 위해서, 그래서 모든 영광이 예수 그리스도께 돌려지게 하시기 위해서 그렇게 하십니다."[526]

"하나님께서는 약하고 어리석은 사람들을 당신의 도구로 사용하심으로써 강한 자와 지혜로운 자들을 당황스럽게 만드십니다. 하나님께서는 육신의 힘을 의지하는 자나, 자신의 재능이나 지식, 배경, 자신의 가문의 명성 따위를 의지하는 자들을 무시하시고 오히려 마음이 상한 자, 약하고 곤고한 자들을 일으켜 세우십니다. 그는 그런 사람들에게 찬송의 영을 부어주시고 당신의 사랑에 잠기게 하십니다. 또한 그들에게 당신의 위대하심과 신실하심, 약속들을 보여주실 것이며 그들은 주님의 놀라운 능력 안에서 강건해질 것입니다."[527]

---

525) 요 5:30, 요 6:63, 눅 4:4-5
526) Brother Yun
527) David Wilkerson (1931-2011)

원리 20

성령 충만함이 정상인 기독교

"누구든지 사도행전 전체를 읽는다면 성령께서 초대교회 가운데 사역하신 증거를 모든 장에서 보게 될 것입니다. 만약 당신이 사도행전에서 성령의 역사를 제하여 버린다면 실제적으로 아무것도 남지 않게 됩니다. 진실로 성령께서는 초기 제자들에게 세상을 뒤엎을 수 있는 힘을 주셨습니다.[528] 오늘날 가장 급속도로 교회가 확장되고 있는 지역들은 예수 그리스도의 제자들이 성령께 굴복하고 성령의 능력을 힘입어 사역하고 있는 지역들입니다.[529] 우리에게 이것은 놀랄 일이 아닙니다. 성령께서는 우리가 일만 년 동안 수고해야 이룰 수 있는 일들보다 더 큰 일들도 단 몇 초 만에 이루실 수 있습니다.

사도행전 속에서 우리는 성도들이 성령으로 침례를 받고 사역을 위해 능력으로 덧입히심을 받은 예들을 종종 찾아볼 수 있습니다.[530] 우리가 지혜롭게 이것들에 대해서 연구하여, 할 수만 있다면 그들이 성령으로부터 초자연적인 도우심을 받고 그 은혜를 누렸던 것처럼 우리 또한 그렇게 될 수 있기를 바랍니다. 어떤 사람들은 성령의 초자연적인 역사가 초기 사도들의 시대에 한정된 것이었다고 주장하지만 우리는 그 의견을 뒷받침할 만한 성경적이고 논리적이며 역사적인 어떠한 근거도 찾지 못했습니다. 그것은 불신앙에서 비롯된 이론일 뿐입니

---

528) 행 17:6
529) 행 1:8, 눅 10:19-20, 고후 12:9
530) 행 2:4, 행 10:44-46, 행 19:6, 마 9:29, 마 13:5-8

다.[531] 하나님의 약속의 말씀을 믿는 사람들은 약속된 복들을 받아 누립니다.[532] 오늘날 하나님의 약속들을 믿지 않는 사람들은 불신앙 때문에 약속의 땅에[533] 들어가지 못했던 이스라엘[534] 사람들처럼 하나님께서 자신들을 위해서 준비해 놓으신 모든 것을 누리지 못하게 될 것입니다."[535]

기독교는 성령 안에서 태어났습니다. 우리 주님 예수께서는 성령을 의지하고 성령께서 역사하시길 기다리는 것의 중요함을 가르쳐 주셨습니다.[536] 안타깝게도 우리는 현대의 기독교 안에서 많은 성도들이 '성령으로 인도함을 받는 삶'에 대해서 잘못 알고 있는 것을 볼 수 있습니다. 하지만 이것은 우리로 참된 성령의 나타나심을 더욱 더 갈급해 하도록 만들 뿐입니다. 성령의 능력으로 충만하게 되지 않고는 우리는 아무것도 할 수 없습니다. 우리가 하나님을 우리 안에 모시게 되면 모든 것이 바뀌게 됩니다. 우리는 더 이상 잠잠한 상태로 지낼 수 없게 될 뿐 아니라 그토록 엄청난 값을 치르시고 우리를 사신 주님을 위하여 담대하게 말하게 됩니다.[537]

이 시대에, 진정한 성령의 침례를 경험하는 것의 중요성은 다른 어느 것보다도 중요합니다. 하지만 사탄의 위조품들 때문에 참된 그리스도의 지체들이 그에 대한 경계심으로 인해 공적인 모임이나 개인적인 기도의 시간에까지도 하나님의 성령으로 새롭게 충만함을 받기 위해 주님께 부르짖는 것을 주저하게 되었습니다. 우리는 성도들이 모일 때에

---

531) 히 3:12, 시 78:19-20
532) 요 11:40
533) 히 3:19
534) 히 4:6
535) David Servant
536) 눅 24:49
537) 고전 6:20

성령으로 충만함을 받기 위해서 기도하는 것이 필수불가결한 일임을 믿습니다. 만약 하나님의 임재하심이 교회 가운데 함께 하시지 않는다면 교회는 이 땅에서 결코 하나님의 목적을 이루어드리지 못할 것입니다. 복음과 사도행전은 성령으로 침례 받는 일에 대해서 우리에게 가르쳐 주고 있습니다.[538] 만약 우리가 성경을 믿는다고 말한다면, 우리는 또한 반드시 이 성령의 침례에 대해서도 믿어야 합니다. 고린도전서는 성령께서 다양한 은사들을 우리에게 주시되 모든 사람이 방언을 말하는 은사를 받는 것은 아님을 가르쳐 주십니다.[539] 우리는 성도들이 방언으로 말하는 것을 금지해서는 안 되며[540]하나님께서 사탄의 위조품들로부터 성도들을 지켜주시고 보호해 주시도록 기도해야 합니다. 성령을 받기 위해서는 믿음이 있어야 한다는 것을 강조할 수도 있지만, 그것은 또한 우리의 입으로 성령 주시기를 주님께 간구하는 것과 균형을 이루어야만 합니다.[541]

"너희는 그리스도의 몸이요 지체의 각 부분이라 하나님이 교회 중에 몇을 세우셨으니 첫째는 사도요 둘째는 선지자요 셋째는 교사요 그 다음은 능력을 행하는 자요 그 다음은 병 고치는 은사와 서로 돕는 것과 다스리는 것과 각종 방언을 말하는 것이라 다 사도이겠느냐 다 선지자이겠느냐 다 교사이겠느냐 다 능력을 행하는 자이겠느냐 다 병 고치는 은사를 가진 자이겠느냐 다 방언을 말하는 자이겠느냐 다 통역하는 자이겠느냐 너희는 더욱 큰 은사를 사모하라 내가 또한 가장 좋은 길을 너희에게 보이리라"[542] 고린도전서의 이 구절들은 2,000년 전에 그랬

---

538) 마 3:11, 막 1:8, 눅 3:16, 요 1:33
539) 고전 12:10, 고전 12:27-31
540) 고전 14:39
541) 눅 11:5-13
542) 고전 12:4-31

던 것처럼 오늘날의 성도들에게도 동일하게 적용되며, 또 이러한 은사들이 그리스도의 지체 가운데에서 지금도 여전히 실행되고 있다는 것을 이해하는 것은 너무나 중요한 일입니다.

마지막으로 우리는 교회의 역사 가운데에서 성령으로 충만했던 참 그리스도인들만이 가장 불가능한 상황에서도 그리스도의 증인이 될 수 있었음을 잘 살펴보고 깨달아야 합니다. "증인들, 순교자들, 거룩한 사람들이 위로부터 임하신 능력을 덧입고, 죽기까지 자신의 생명을 부인했습니다. 우리보다 앞서 살다 간 구름같이 많은 증인들이 어떻게 그런 삶을 살 수 있었는지 당신은 말할 수 있습니까? 그들 중 어떤 이들은 톱으로 켜져서 둘로 잘려 죽었고, 어떤 이들은 관중들이 환성을 지르는 경기장에서 사자에게 찢겨 죽었으며, 조롱을 당했고 경멸을 받았으며, 어떤 이들은 나무에 묶여 화형을 당해 죽었지만 그들은 결코 주를 부인하지 않았습니다. 결코 자신들의 원수를 사랑하는 것을 멈추지도 않았으며, 결코 복음을 전하는 것을 멈추지도 않았고 자신들의 몸이 불타고 있는 순간에조차 결코 주님을 찬양하는 것을 멈추지 않았습니다. 어떻게 그것이 가능할 수 있었을까요? 그 대답은 '힘으로도 능으로도 되지 아니하고 오직 나의 영으로만 되느니라' 하신 주님의 말씀에 있습니다.[543] 형제자매들이여, 그것만이 유일한 길입니다."[544]

---

543) 슥 4:6
544) Brian Long

참된 성령의 침례에 대한 갈망

중국 가정교회의 지도자인 한 형제에게 하나님께서는 중국교회 안에서 어떻게 지도자들을 세우시는가에 대해서 질문했습니다. 그 형제의 대답은 매우 간단했습니다. "하나님을 어느 누구보다 가장 갈망하는 사람들, 그들이 바로 교회의 지도자들입니다." 우리가 살고 있는 이 시대는 하나님을 갈망하며 그분의 성령으로 침례를 받은 지도자들을 더욱 많이 필요로 하고 있습니다. 단지 능력을 받기 위해서 성령으로 침례받기를 구하는 사람과,[545] 주님을 더욱 친밀하게 알길 원하고 완전히 성령께 굴복하여[546] 그분의 도구로 사용되기를 갈망하는 사람과는 엄청난 차이가 있습니다. 무엇인가를 얻기 위하여 하나님을 찾는 사람이 있고, 할 수 있는 한 무엇이든 하나님께 드리길 원하여 하나님을 찾는 사람이 있습니다. 다른 어떤 것이 아니라 오직 하나님 자신만을 찾고 구하는 성도들을 볼 수 있기를 간절히 원합니다. 예수 그리스도께서는 하나님 아버지께서 '영과 진리로[547] 하나님께 예배하는 자들'을 찾으신다고 말씀하셨습니다.[548] 종교적인 의무감이나 상을 바라는 마음으로 하나님을 예배하는 자들은 참된 예배자가 아닙니다. 이 마지막 시대에 하나님께서는 자신의 이기적인 욕망을 위하여 당신을 섬기는 사람들과 예수 그리스도를 향한 참된 신부의 사랑을 품은 사람들을 따로 분리

---

545) 행 8:18-19
546) 딤후 2:21
547) 요 4:24, 엡 6:18
548) 요 4:23

하고 계십니다.[549] 이 신부야말로 위로부터 능력을 부여받아 신랑이 오실 때에 자신의 등에 기름을 가득 채울 수 있을 것입니다.[550]

하나님께서 성령을 당신의 교회위에 부어주시길 주저하시는 가장 큰 이유들 중의 하나는 우리가 하나님께서 주시는 복들을 귀중히 여기지 않을 것이기 때문입니다. 어떤 사람이 먹을 음식이 떨어진 상태로 여러 날이 지났다면, 단 한 조각의 빵이라도 대단히 귀히 여기고 맛있게 먹을 것입니다.

마찬가지로 하나님께서는 우리들이 '하나님의 것들'에 대한 갈망을 가지고 기도하며 당신을 기다리기를 원하십니다. 하나님을 향한 그러한 기다림과 갈망이 우리 안에 그분께서 주시는 은사들을 귀하고 가치 있게 여기는 마음을 갖게 합니다. 성령은 하나님의 은혜로 주어지는 것이지 우리가 어떤 의로운 일들을 행했기 때문에 얻을 수 있는 것이 아닙니다.[551]

그럼에도 하나님께서는 우리들에게 우리 자신의 뜻이 아니라 하나님의 뜻을 간절히 원하는 순종적인 마음을 가질 것을 요청하십니다.[552] 어떤 사람들은 단지 자신들의 목적을 이루기 위해, 자신의 왕국과 자신의 사역의 성공을 위해서 성령의 능력 얻기를 구합니다.

그러므로 우리는 존귀한 그리스도의 영으로 채움 받고자 하는 갈급함과 주님을 갈망하며 기다리는 우리의 마음자세를 새롭게 하여야 합니다. 참된 성령의 침례는 우리 안에 내주하시는 하나님과의 개인적인 관계를 통해서 주어집니다. 아버지 앞에 있는 어린 아이처럼 되어 하나

---

549) 계 19:7
550) 마 25:4
551) 행 1:4, 행 2:38, 행 8:20
552) 행 5:32

님께 대한 단순하고 확실한 의존과 믿음을 가지는 것입니다.[553] 하나님께서는 언제나 우리가 상상할 수 있는 것보다 더 많이, 기꺼이 우리에게 복을 주시기를 원하고 계십니다. 성령으로 침례를 받음의 증거는 영적인 담대함과 이타적인 사랑의 삶, 그리고 예수 그리스도를 높이는 것으로 나타납니다.

"온 세계에 있는 수백 수천만의 그리스도인들이 성령으로 침례를 받은 후, 특별히 불신자들에게 그리스도를 증거 할 때에 새로운 차원의 능력을 경험하게 되는데, 그들은 자신들의 말이 매우 확신에 차 있으며, 어떤 때에는 그들 자신이 알지 못했던 성경의 구절들을 인용하고 있음을 깨닫게 됩니다. 그중 어떤 사람들은 자신들이 그러한 사역, 곧 복음 전도자와 같은 사역을 위해서 특별한 은사와 부르심을 받은 것을 깨닫게 됩니다. 다른 사람들도 또한 하나님께서 당신의 뜻대로 성령의 초자연적인 다양한 은사들을 주셔서 자신들을 사용하고 계심을 발견하게 될 것입니다. 그러한 경험들은 완전히 성경적인 것입니다. 그러한 경험들이 성경적인 토대가 없다고 주장하며 자신들의 의견을 관철시키고자 하는 자들은, 실제로는 하나님을 대적하여 싸우는 것입니다."[554]

---

553) 마 7:11, 약 1:17
554) David Servant

원리 22

약한 자들에게 성령을 주셔서 사용하시는 하나님

하나님께서는 권력이나 영향력을 가진 상류층 사람들이나 기량이 뛰어난 사람들을 찾으시지 않습니다. 오히려 그분은 연약하고[555] 하찮아 보이지만 하나님만을 신뢰하는 사람들을 찾으십니다. 하나님은 깨어진 그릇과 같은 사람들을 사용하시며,[556] 완전하신 하나님을 신뢰하는 불완전한 사람들을 사용하십니다. 따라서 그러한 형제와 자매들을 통해서 나타나는 능력과 영광이 하나님께로부터 나온 것임을 모든 사람들이 알게 될 것이며 그 모든 일들이 사람으로 말미암은 것이 아니라 [557] 하나님의 역사임을 깨닫게 될 것입니다.[558]

하나님께서는 이세대의 '종교적인' 기독교 체제 속에서 그들의 목적 달성에 불필요하며 무가치하게 여겨지는 약하고 가난하며 무력한 자들, 경멸을 받는 사람들을 통한 종말시대의 운동을 통하여 당신의 이름을 지극히 영광스럽게 하시려고 그들을 불러 모으고 계십니다.[559] 하나님께서는 잃어버려지고 죽어있는 이 세상에 하나님의 능력으로 복음의 메시지를 전하게 하시려고 부르신 그들에게 성령의 기름을 부으실 것입니다. 우리는 이 마을에서 저 마을로 이동하며 복음을 증거하는 무명의 순회 전도자들을 배출해 내고 있는 전 세계의 지하교회들 가운데에서 그 증거를 찾아 볼 수 있습니다.

---

555) 사 40:29
556) 렘 18:6
557) 고후 4:7
558) 요 9:3, 고전 12:6
559) 행 4:13

이에 대해 성경은 이렇게 선포합니다. "그러나 하나님께서 세상의 미련한 것들을 택하사 지혜있는 자들을 부끄럽게 하려 하시고 세상의 약한 것들을 택하사 강한 것들을 부끄럽게 하려 하시며 하나님께서 세상의 천한 것들과 멸시 받는 것들과 없는 것들을 택하사 있는 것들을 폐하려 하시나니 이는 아무 육체도 하나님 앞에서 자랑하지 못하게 하려 하심이라"[560] 의문인 것은 과연 우리가 하나님께서 부르시고 사용하실 수 있을 만큼 충분히, '자기를 신뢰하지 않는 약한 자인가' 하는 것과 '사람의 종교적인 전통과 유전을 모두 내버리고[561] 하나님 자신으로부터 배울 준비가 되었는가' 하는 것입니다.[562] 이것이 바로 하나님께서 일하시는 방법입니다. 하나님께서는 그들 자신의 어떠한 힘과 능력도 신뢰하지 않고 오직 하나님의 능력만을 전적으로 신뢰하는 기드온의 군사들을 찾고 계십니다.[563] [564] 하나님께서는 당신을 전적으로, 완전히 신뢰하는 보잘 것 없는 무명의 사람들을 사용하십니다. 오늘, 당신은 이 기드온의 군사들 중 한 사람이 되기를 원하십니까?

1,000대 1, 어쩌면 100,000대 1일 수도 있는 이 터무니없는 상황을 상상해 보십시오. 말이 안 되는 것 같지만 이것이 바로 하나님의 섭리이며 그분께서 일하시는 방식입니다. 하나님께서 함께 하시는 한 사람이 곧 '다수'입니다. 설령 1,000,000대 1이라 할지라도 하나님께서 그 한 사람과 함께 하신다면 그가 승자가 될 수 있습니다. 하나님께서는 당신의 이름을 크게 높이기를 기대하십니다. 그래서 하나님께서는 힘이 없고 비천한 사람을 사용하셔서 그 일을 이루심으로 그것이 사람에

---

560) 고전 1:27-29
561) 막 7:13
562) 요일 2:27, 갈 1:12
563) 삿 7:7
564) 슥 4:6

의해서가 아니라 하나님께서 이루신 일임을 명명백백하게 드러나게 하십니다. 하나님의 능력은 연약한 사람들 속에서 완전하게 나타납니다.[565] 하나님께서는 믿음을[566] 가지고 보잘 것 없는 물매와 조약돌[567] 몇 개를 손에 들었던 평범한 소년 목자였던 다윗을 부르셨고 친히 그를 위해 싸우셨습니다.[568] 그 다음에 일어난 일은 하나님의 이름과 그분의 영광을 위한 위대한 승리로 장식되었습니다. 하나님께서는 오늘날에도 수많은 다윗들, 사무엘들, 삼손들, 아브라함들, 기드온들을 부르고 계십니다. 연약하지만 그들의 본을 따라서 하나님을 신뢰하고 불가능에 도전할 믿음의 사람들을 찾고 계십니다.[569] 하나님께서 함께 하시면 모든 것이 가능합니다.

주님께서 주권자이시며,[570] 주님께서는 특히 지혜 있는 자와 힘 있는 자들을 부끄럽게 만들기를 원하시는 당신의 뜻을 수행할 사람들을 일으키고 계십니다. 하나님께서는 어떠한 대가를 치른다 할지라도 하나님의 명령과 사역을 완수하기를 원하는, 성도들 중에서 '남은 자'들을[571] 간절히 찾고 계십니다. 사람들의 시선에서 간과되고 연약한 사람들이 세워질 것이며 그로인해서 하나님께서 영광을 받으시게 될 것입니다. 그리하여 어느 날, 마침내 그분의 영광이 물이 바다를 덮음같이 온 땅을 덮는 그 날이 반드시 올 것입니다.[572]

"주 예수께서는 주님의 은혜와 능력을 힘입지 않고는 아무것도 할 수

---

565) 고후 12:9
566) 행 13:22, 삼상 16:11-13
567) 삼상 17:40
568) 삼상 17:47
569) 히 11:32-34, 마 17:20
570) 시 115:3, 엡 1:11, 시 135:6
571) 롬 11:5
572) 합 2:14

없음을 깨달은 사람들을 부르고 계십니다. 하나님께서는 당신 자신과 친밀한 관계 가운데 있는 사람들을 사용하시며 이것이야말로 하나님의 나라를 섬기는데 있어서 가장 중요한 자격입니다."[573]

연약하지만 하나님을 신뢰하는 이러한 성도들이 마지막 때에, 이 땅 위에서, 하나님의 목적을 성취하게 될 것입니다. 우리는 하나님께서, 비록 하루 종일 일하지는 않았지만 마지막 한 시간을 일하게 될 일꾼들을[574] 일으키기 시작하실 때에 결코 하나님께 분개하지 말아야 합니다.[575] 우리는 하나님께서 열방에 복음을 전파하는[576] 일을 위해 그러한 사람들을 일으키시고 심지어 그들에게 더 큰 상속권을 주신다 하더라도,[577] 결코 다른 일꾼들이나 다른 사람들의 기름 부으심을[578] 시기하지 말고[579] 오히려 우리 자신의 삶을 향한 하나님의 뜻을 이루어 드리기를 갈망해야 합니다.

하나님께서는 육신적으로 연약했던 바울 사도에게 당신의 말씀을 주셨으며, 72명의 부족하고 머뭇거리는 제자들에게 당신의 왕국의 복음을 가지고 나가게 하셨습니다. "예수께서는 바울에게 불신자들의 눈을 뜨게 하고, 어둠속에서 빛으로 나오게 하고, 사탄의 능력으로부터 하나님께로, 그리고 죄 사함을 받고 하나님 나라의 상속자들이 되게 하는 복음의 전체 과정을 경험하게 하셨습니다.[580] 예수께서는 교회를 세우는데 있어서 매우 구체적인 가르침을 주셨습니다. 주님께서는 70명의

---

573) Brother Yun
574) 마 20:6-7
575) 마20:11-12
576) 마 24:14
577) 마 20:13-16
578) 행 8:18-23
579) 갈 5:26, 고전 13:4, 벧전 2:1
580) 행 26:18

제자들을 둘씩 짝을 지어 보내시면서[581] 먼저 그 지역에서 평안의 사람을 찾으라고 하셨습니다. 그리고는 그 집에서 숙식하며 그 지역에 있는 병자들을 고치고, 귀신을 쫓아내며, 제자를 삼고 침례를 주어 배가하여 증식하는 교회를 세우게 하셨습니다."[582]

---

581) 눅 10:1-9
582) Victor Choudhrie

원리 23

이단들과 가짜 복음들 그리고 분리

'종교적인 자유'에는 여러 가지의 유익이 있지만 그 중의 하나가 사실상 아무런 방해 없이 복음을 전할 수 있다는 것입니다. 이런 자유가 역동적이고 경건한 형태의 기독교가 성장하고 번영할 수 있게 했습니다. 하지만 그와 동시에, 바로 그 자유로 인해 가장 형편없이 타락하고 왜곡된 형태의 기독교가 번성해 온 것 또한 사실입니다. '종교적 자유'라는 기치 아래에서 번성하고 확장되어 온 이러한 사이비 기독교와 이단 집단들, 거짓 복음들로 인해 기독교에 끼쳐진 해악은 이루 말로다 할 수 없을 정도입니다. 교회의 역사가 시작된 이래, 지난 이백 년 동안에 다른 어느 시대보다도 더 많은 이단들이 발생하였는데 그중 대다수는 종말에 집중하여 미혹하는 이단들이었습니다. 이러한 집단들은 거의 다 기독교를 표방하여 시작되며 그 시대 가운데 나타난 참된 성령의 역사를 흉내 내어 모방합니다.[583] 많은 거짓 선지자들이 출현하고 있는 이 시대에, 우리는 반드시 성경의 가르침대로 영을 다 믿지 말고 오직 영들이 하나님께 속하였는지 아닌지 분별해야만 합니다.[584] 제 아무리 몰몬이나 여호와의 증인, 제 칠일 안식교, 동방 번개 등과 같은 이단들이 교회의 소망을 왜곡시키고 악용한다고 해도 우리는 결코 종말시대의 하나님의 목적들과 예수 그리스도의 재림에[585] 초점을 맞추고 강조하는 것을 부끄러워하거나 두려워해서는 안 됩니다. 그러나 더

---

583) 딤후 3:5, 딤전 4:1, 마 24:4-5
584) 요일 4:1
585) 마 24:37-39, 벧후 3:10, 행 1:10-11

욱 바람직하지 못하게 만연되어 있는 것은 그리스도의 참된 지체 속에 있는 불필요한 분열입니다. 수많은 성도들의 모임이 자신들은 본질적이라고 믿지만 실제로는 비본질적인 교리들로 인해서 서로 분리되어 있습니다. 그렇기에 그들 자신들 외에 다른 성도들은 자신들이 진리라고 믿는 것과 함께 하지 않습니다.[586] 그러한 생각들이 교단들을 나누고 조각을 내어서 전 세계에 걸쳐서 30,000개가 넘는 등록된 교단이 기독교 내에 생겨나게 하는 결과를 가져 왔습니다.

우리에게는 잃어버린 진리를 회복하기 위한 모임들이 필요한 경우가 있습니다.[587] 그렇게 형성된 모임들 중에는 자신들이 속해 있는 지역에서 예수 그리스도에 대한 증언을 지키고자 하는 선한 의도로 시작된 모임들도 있고, 또한 이미 일어나기 시작한 배교, 곧 진리에 대한 변절로 말미암아 큰 규모의 교단들로부터 갈라져 나오고 있는 모임들도 많이 있습니다.[588] 우리는 이 시대에 성도들의 성숙을 요구하시는 하나님의 뜻이, 하나가 된 모든 참 성도들의 이 작은 모임들에서 성취되고 있음을 볼 수 있습니다.[589] 우리 때문에 그 큰 고통을 당하신 주님을 생각한다면 우리는 결코 그리스도의 몸을 갈라지게 하거나 찢어서는 안 됩니다. 우리들의 서로 다른 강조점과 부르심이 어떠하든지 모든 참된 제자들의 공동체들은 예수 그리스도 안에서 한 몸이기 때문입니다. 주 안에서 이방인으로서 성도된 자들인 우리는 복음을 통하여 한 새사람으로[590] 접붙임 받았음을 깨달아야만 합니다. 중국 가정교회의 한 사역자는 이렇게 말했습니다. "중국교회는 전 세계에서 가장 큰 교회이며 이스

---

586) 마 12:25
587) 고전 11:19
588) 계 3:4
589) 롬 14:1-12, 요 13:35, 롬 12:5
590) 엡 2:15, 롬 11:17-21

라엘의 메시아닉 교회는 가장 작은 교회입니다. 그렇지만 우리는 그들을 우리의 '형님'으로 여깁니다. 최초의 사도들이야말로 모든 가지들이 뻗어 나올 수 있게 한 '뿌리'입니다. 우리는 예수님의 가족 안에서 하나입니다."[591]

우리가 기도하기 시작해야 할 것은, 각 지역들 안에 있는 그리스도의 참된 지체들이 선택받은 하나님의 백성으로서 하나님을 위해 하나로 연합되게 해달라는 것입니다. 또한 우리 모두를 위해서 기도해야 할 것은 우리 자신들이 그리스도의 피로서 값 주고 사신 바 된 하나님의 가족들 중의 하나라는 것을 깨달을 수 있도록 해달라는 것입니다.[592] 이러한 기도를 드리는 일에 우리 자신을 헌신한다면, 종말의 때에 주님께서 당신의 신부를 보시는 영적인 시각이 우리 안에도 형성되게 될 것입니다.[593]

---

591) Zhang Fuheng
592) 엡 2:19
593) 엡 2:15, 엡 5:27

지체들의 연합체이신 그리스도

진리에 대한 약간의 미묘한 차이 때문에 여러 개의 교단으로 나누어지는 것은 하나님을 기쁘시게 하는 것이 아니라 오히려 몹시 슬프시게 할 뿐입니다. 우리의 정체성은 예수 그리스도 안에 있으며 우리들의 서로 다른 차이점들에 있지 않기 때문입니다.

"그리스도께서는 우리를 당신의 소유가 되게 하셨으며 그분은 여러 조각으로 나누어지지 않으셨습니다. 우리가 그리스도를 추구할 때에 우리는 그 안에서 서로를 발견하게 될 것입니다."[594] 개개의 특정한 교단들이 강조하고, 믿고, 가르치는 진리들 속에는 거의 모든 경우에, 우리가 그들로부터 배울 가치가 있는 주목할 만하고 칭찬할 만한 진리들이 있습니다. 하지만 그렇다고 해도 전반적으로 보면 그리스도의 몸이 나누이는 것은 하나님의 완전한 뜻이 아닙니다.

고린도 교회에 보낸 바울의 서신을 보면 하나님께서 교회안의 분리에 대해서 '육신적'이라고 선언하시는 것을 볼 수 있습니다.[595] 육신적인 것의 뿌리는 하나님과 그분의 진리를 대적하는 교만에 있습니다.[596] 이것에 대해서 한 형제가 말하기를, "우리는 우리 모두가 그리스도의 보배로운 피로 말미암아 대속 받은 그리스도인들이며 신자들이며, 형제들이며, 제자들이며 성도들임을 절대로 잊어버려서는 안 됩니다. 이것을 부인하는 어떠한 형태의 종파주의나 교단주의, 또는 배타주의는

---

594) Count Nicolaus Zinzendorf (1700-1760)
595) 고전 3
596) 약 4:6

성경의 진리를 부인하는 것이며 교만하고 육신적이라는 정죄를 받게 될 것입니다."[597]

　만약에 우리가 이런 상황들을 정직하고 공정하게 마주한다면, 우리는 이 세상에는 오직 하나의 교회, 곧 하나님의 성령께서 내주하시는 그리스도의 몸이며 또한 부활하신 하나님의 아들이신 예수 그리스도를 선포하는 하나의 참된 교회만이 있음을 알 수 있게 될 것입니다. 만일 우리가 이러한 불필요한 교리들과 사상들, 그리고 어떻게 한 사람이 그리스도인으로서 인정될 수 있는가에 대한 서로 다른 견해와 설명들을 제거해 버린다면, 우리는 모든 사람들은 그리스도 안에 있는 사람이거나 아니면 그리스도 밖에 있는 사람이거나 둘 중 하나에 속한다는 가장 기초적이며 원론적인 사실을 깨닫게 될 것입니다.[598] 만약에 우리가 어떻게 해서든지 기독교의 참된 지도자들을 모두 한 장소에 불러 모아서 모든 종류의 불필요한 사상과 교리들을 벗어 버리게 할 수만 있다면, 우리는 그들 중에서 깜짝 놀랄 만큼 많은 수의 사람들이 한 뜻으로 연합되는 것을 볼 수 있을 것입니다.

　우리는 심지어 중국의 가정교회 운동 가운데에서조차 서로 다른 조직들 안에 '분리'가 있음을 볼 수 있지만, 그럼에도 이 지하교회는 하나님의 성령 안에서 하나로 연합되어 있습니다. 그들은 중국교회 안에는 하나의 믿음과 하나의 침례, 그리고 한분의 주님만이 계실 뿐, 어떠한 교단이나 분파도 없다고 선언하고 있으며 그들 모두가 이 사실에 동의하고 있습니다.[599]

　그 지도자들 중 한 형제는 이렇게 선언했습니다. "중국의 가정교회는

---

597) Willam MacDonald (1917-2007)
598) 고후 13:5
599) 엡 4:5

교단주의의 속박으로부터 제외 되어져 왔습니다."[600] 물론 몇몇 교단들이나 이단들이 활동하고 있기는 하지만, 그런 가운데서도 중국 가정교회 안에는 놀랍게도 우리들이 사도행전에서 볼 수 있는 그리스도의 지체들의 위대한 연합이 있음을 볼 수 있습니다. 때때로 우리는 오늘날에는 그리스도의 몸인 교회의 하나 됨을 위해 간구하셨던 예수님의 기도가[601] 성취된 모습을 찾아보기가 어렵다고 생각하지만 중국에서는 그렇지 않습니다.

"주님께서는 이제 곧 오실 것입니다. 종말시대의 교회는 반드시 '복음을 전파하고 서로 사랑하며 하나가 되라'는 이 메시지를 받아들여 행해야만 합니다."[602] 교회의 하나 됨은 하나님의 뜻입니다.[603] "영적으로 우리는 하나의 교회, 곧 우리 모두의 주님 되시는 예수 그리스도의 몸입니다."[604]

교회를 향한 박해, 어쩌면 전 세계에 걸친 박해가 일어날 때에, 기적이라고 밖에는 말할 수 없는 교회의 초자연적인 연합이 일어날 것입니다. 그리스도의 몸 안에서 서로를 대적하는 사람들에 의해서 세워진 육신적이며 강력한 장벽들을 무너뜨리기 위해서는 하나님의 능력이 필요합니다.[605] 우리는 우리 각자가 어떠한 분파나 모임에 속해있는 것과는 상관없이 예수 그리스도의 진정한 제자들로서 반드시 하나로 연합되어야만 합니다.

---

600) Brother Shen Xiao Feng
601) 요 17장
602) Xiao Min
603) 롬 12:5, 엡 4:3-6
604) Brother Shen Xiao Feng
605) 마 19:26

원리 25

다른 사람들을 판단하지 말라

오늘날 많은 사람들이 사람이 만든 특정한 기준에 맞추어 한 사람의 성도가 거듭나고 구원받은 여부를 판단합니다.[606] 그러나 이렇게 밖으로 드러난 것들로만 판단하는 것은[607] 단지 영적이지 않을 뿐만이 아니라, 미성숙하고 위험하기까지 한 관습입니다.[608] 물론, 만일 어떤 성도가 겉으로 드러나는 죄를 노골적으로 계속해서 범한다면 그는 사랑 안에서 치리를 받는 것이 마땅합니다.[609] 그 '교정'의 방법과 정도는 하나님께서 사도행전과 바울의 서신들을 통해서 우리에게 가르치신 대로 성령으로 말미암아 결정되어야 하는데[610] 이것은 어떤 성도에게 정해진 기간 동안 그가 속한 가정교회를 떠나 있게 하는 것도 포함됩니다.[611]

성령께서는 초대교회 안에서 새롭게 교회의 일원이 된 사람들이 어떤 영역에서 잘못을 범하면 주님께서 신속하게 그를 교정하심으로 정결하게 하는 사역을 하셨습니다.[612] 지나치게 주님을 근심하게 만든 어떤 사람들은 죽임을 당하게 되는 경우도 있었습니다.[613] 이와 같은 성령의 정결사역은 형제들 안에서 더 위대하고 견고한 연합을 이루게 되

---

606) 마 7:1-5, 눅 6:37, 약 4:11-12
607) 요 7:24, 고전 4:5
608) 약 4:11
609) 갈 6:1, 약 5:16
610) 고전 5:12, 고전 11:32
611) 고전 5:1-13
612) 행 8:21
613) 행 4장

는 결과로 나타났습니다. "믿는 무리가 한 마음과 한 뜻이 되어 모든 물건을 서로 통용하고 자기 재물을 자기 것이라 하는 이가 하나도 없더라"[614]

우리는 반드시 교회와 복음, 하나님의 말씀과 우리 자신들에 대해서 높은 기준을 가져야만 합니다. 하나님께서 '내가 거룩하니 너희도 거룩할 지어다'라고 명령하셨기에[615] 우리는 그리스도의 사랑과 자비를 행함에 있어서 가장 높은 기준을 가지고 있어야만 합니다. 사랑이 없다면 우리는 아무것도 아닙니다. 우리가 아직 죄인이었을 때에 예수께서 우리를 위해 죽으심으로 우리에게 주님의 사랑과 자비하심에 대한 모본이 되어주셨습니다.[616] 주님께서는 간음하다가 잡혀온 여인과 수가성 우물가의 여인, 세리와 그 외 많은 사람들을 대하시는 태도를 통하여 사랑과 자비를 행하는 것에 대한 실제적인 모범을 보여주심으로 우리에게 가르침을 주셨습니다. 예수께서는 스스로를 하나님의 자비하심을 구하는 죄인보다 더 나은 존재로 여기는 사람들을 '위선자'라고 부르셨습니다.[617]

성경은 우리 눈 속에 있는 들보를 주의하고 바른 길을 제시함으로 죄와 분투하고 있는 형제와 자매들을 친절하고 온화함으로 도우라고 우리에게 말씀하십니다.[618] 우리는 성령의 인도하심을 통해 사랑과 자비, 인내, 온화함과 은혜를 가지고 사람들에게 도움을 줄 수 있습니다. 우리 스스로 판단하는 것으로 인해 우리는 신자들을 교정하시고, 변화시키시고, 성장시키시는 주님 자신을 훼방할 수 있습니다. 주님의 얼굴을

---

614) 행 4:32
615) 벧전 1:16
616) 롬 5:8
617) 눅 18:10-14
618) 마 7:3

마주하고 볼 수 있는 그때까지, 우리 모두는 지어져 가는 중이기 때문에 완전하지 못할 것입니다. 주님께서는 우리의 이웃을 사랑하고[619] 긍휼을 베푸는 것을 배우라고[620] 우리 모두를 일깨워 주십니다.

우리는 그리스도 안에 있는 모든 형제와 자매들을 볼 때에 교회 공동체의 기초와 토대가 되는 그리스도 안에 있는 존재로서 바라보아야 합니다. 만약 어떤 사람이 그리스도 안에 있지 않다면 그는 영적인 교제나 하나님께 속한 것들에 대한 공통된 사랑을 경험하지 못할 것입니다. 그리스도는 이 땅의 모든 교회들의 연합체가 되십니다. 이 그리스도의 몸 안에 속해 있는 각각의 지체들은 자신들과 연결되어 있는 머리되시는 그리스도를 바라볼 때에 자신들 또한 몸 안에서 다른 지체들과 연합되어 있음을 깨닫게 됩니다.

다른 사람들을 판단하는 것은 대단히 위험한 일입니다. 왜냐하면 하나님께서 우리가 다른 사람들을 판단했던 그 동일한 잣대로 우리를 엄중히 판단하실 것이기 때문입니다.[621] 다른 사람들을 판단하는 것은 하나님 앞에서 우리의 말과 감정들, 생각들, 마음과 행동들에 그대로 반영되어 나타납니다. 우리가 염려하고 있는 사람들에 대해서 기도하고 그들의 잘못된 점에 대해서 다른 사람들에게 말하지 않는 것이 그리스도 안에서의 성숙함입니다. 다른 사람들 속에 있는 잘못을 찾기 위해 우리의 시간을 낭비하지 말고 묵묵히 우리에게 주어진 하나님의 일을 부지런히 행해야 합니다.

주안에 있는 한 연로한 형제는 이렇게 말했습니다. "나는 그리스도인이라는 범주 안에서 내가 만나게 되는 어느 누구와도 교제할 수 있다는

---

619) 마 5:43-44
620) 마 12:7, 마 23:23
621) 마 7:2

것을 알게 되었습니다. 만약에 그가 침례 양식에 관한 그의 견해를 받아들이라고 고집하지만 않는다면 우리는 멋진 교제를 나눌 수 있을 것입니다. 나는 침례를 받을 때 세 번 물속에 잠겨야만 한다고 믿는 사람들과 훌륭한 교제를 나누고 있으며 또한 침례 대신 머리에 물을 뿌리는 사람들과도 함께 교제할 수 있습니다. 나는 장로교회에서 나왔지만 그리스도 안에서라면 여전히 그들과 교제할 수 있습니다. 분리란 어떤 것으로부터 떨어져 나오는 것을 말하지만, 때로는 다른 어떤 것을 향해 나아가기 위해서 분리되기도 합니다.[622]

사랑은 결코 형제가 해를 당하기를 바라지 않으며 오히려 어떤 대가를 치르더라도 믿음의 가정 안에 있는 다른 형제들에게 선을 행하기를 추구하며, 때로는 자신들이 마치 실패한 것처럼 보인다 할지라도 상관하지 않습니다. 사랑은 허다한 죄를 덮습니다.[623] 참된 사랑은 자기 자신보다 먼저 다른 사람을 생각하고 더 낮게 여기며 심지어는 그를 위해 죽기까지 함으로써 분명하게 드러납니다.[624]

이러한 사랑은 가정교회들 안에서 우리 주님의 머리되심 아래 함께 모일 때에 드러나게 됩니다. 그러나 우리에게 이러한 은혜가 베풀어지고 있는 중에 다른 사람들에게는 하나님의 심판이 닥치는 것을 우리는 원하지 않습니다. 우리가 '하나님의 진노가 당신들 위에 있습니다'라고 잃어버린 사람들에게 경고해 줄 때에 우리는 그들의 영혼을 찾아서 구원하기를 원하시는 우리 주님처럼 행해야만 합니다. 우리 주님께서는 세상을 심판하러 오신 것이 아니라 구원하러 오셨다고 말씀하셨습

---

622) J. Vernon McGee (1904-1988)
623) 벧전 4:8
624) 롬 5:7, 요 10:11

니다.[625] 제자들이 하늘로부터 불을 내려 마을을 파멸시킬 것을 주님께 요청했을 때, 주님께서는 그들을 불쌍히 여기시고 오히려 그러한 생각을 하고 있는 제자들을 책망하셨습니다.[626] 우리는 모든 사람들, 특별히 주안에 있는 형제와 자매들에게 선한 마음으로 대해야 합니다.[627]

바울사도는 이렇게 지혜롭게 말했습니다. "그러므로 때가 이르기 전 곧 주께서 오시기까지 아무 것도 판단하지 말라 그가 어둠에 감추인 것들을 드러내고 마음의 뜻을 나타내시리니 그 때에 각 사람에게 하나님으로부터 칭찬이 있으리라"[628]

---

625) 요 3:17
626) 눅 9장 54-55
627) 살전 5:15
628) 고전 4:5

바른 교리를 가지고 있지만 잘못된 영으로 인도받음

이런 말이 있습니다. "당신은 너무 바르기 때문에 잘못될 수 있다." 불행하게도 교회의 역사 속에는 바른 교리를 가지고 있으면서도 그들의 마음의 자세나 행동에 있어서는 잘못된 사람들이 있었습니다. 그리스도인들의 삶의 목적은 아버지이신 하나님과 성자 하나님, 성령 하나님을 아는 것과 사랑하는 것이며, 그 결과로 우리는 삼위일체이신 하나님과 영광스럽고도 개인적인 관계를 누릴 수 있게 됩니다. 우리가 하나님을 사랑하고, 예배하고, 순종하며 섬길 때에 우리는 그분의 사랑과 돌보심을 경험하게 될 것입니다.[629]

학자들이나 신학자들이 하나님에 대해서 글을 쓸 수는 있겠지만, 그렇다고 해서 그들이 경험적으로도 하나님을 안다고는 볼 수 없습니다.[630]

그런 학자들에게서 나온 교리들은, 많은 경우에 성도들을 하나님에 대해 학문적으로 공부하도록 이끌지만 그분을 경험하도록 이끌지는 못합니다. 올바른 교리들은 하나님의 말씀에 대한 정확한 이해와 해석을 기초로 하는 근본적인 원리들을 우리에게 제공해 줍니다. 그리스도의 몸인 교회가 연합하도록 도움을 주기 위해서 필요한 교리들은 가장 기본적인 교리들입니다. 수많은 교리들이 본질적인 문제가 아닌 것들

---

629) 습 3:17
630) 요 17:3, 요일 3:6

로 기독교의 신앙을 갈라놓았습니다. 초대교회 안에도 예수 그리스도에 대한 단순한 믿음으로 순종의 삶을 살며 성령의 인도하심을 받는 대신에 애매하고 명료하지 않은 교리적 가르침에 빠져 있는 사람들로 인한 위험이 존재했습니다.[631] 사람의 말과 생각들, 설명들에 기초를 둔 교리들은 성도들로 하여금 하나님을 떠나게까지 할 수도 있습니다. 좋은 교리들은 성도들에게 도움이 되지만 주 예수 그리스도와 함께 하는 제자도 안에서 성장해 가는 것이 더욱 중요합니다.[632] 하나님의 성품과 진리를 연구하는 것에 대한 성경적인 정당한 근거와 유익이 있기는 하지만 하나님께서는 우리를 단지 신학자가 되게 하시려고 부르신 것이 아니라 예수께서 가르치신 대로 순종하는 삶을 사는 제자들이 되게 하시려고 부르셨습니다.

"오늘날 많은 그리스도인들이 특정한 교리들에 근거해서 출석할 교회를 선택하며 올바른 삶의 태도나 방식보다는 바른 교리를 소유하는 것을 가장 중요하게 생각합니다. 이렇게 된 이유는 성경적인 모본이 무시되고 버려졌기 때문입니다."[633]

우리가 이러한 사실들을 기억하면서 신약성경을 다시 읽어본다면 이 세상의 많은 나라들에 있는 그리스도인들의 사고방식과 삶의 양식이 초대교회 시대와는 다르게 바뀌어져 가고 있음을 분명히 알게 될 것입니다. 인본주의와 세속주의, 물질주의, 그리고 오락과 같은 것들이 끼치는 영향이 사탄의 가르침들을 교회 안으로 끌어들이게 했으며,[634] 그

---

631) 딤전 1:3-4, 딤전 6:3-4
632) 약 1:22
633) David Servant
634) 딤전 4:1

결과로 교회들은 죄 가운데 살면서[635] 계속해서 죄를 짓고 있는[636] 세속적인 사역자들에게 안수를 주거나 번영주의 신학과 같은 잘못된 가르침들을 받아들이게 되었습니다.[637] 어떤 교회들과 교단들은 돈을 얻기 위한 목적으로 하나님의 은사들을 오용하기도 합니다.[638] 또 많은 교회들이나 교단들, 그리고 이 시대의 수많은 신학교들이 지금도 하나님께서 기적을 행하신다는 것과 하나님의 능력과 기적이 오늘날의 성도들의 삶에도 적용가능하다는 사실을 부인하고 있습니다. 어떤 나라들에서는 다른 신앙을 가진 사람들의 기분을 나쁘게 만들지 않도록 성도들이 입을 닫고 있는 것이 그리스도를 증거하는 방법인 것처럼 여겨지고 있기도 합니다. 만약 이 모든 것들이 사실이라면 우리는 예수께서 말씀하셨던 바로 그 미지근한 교회가 되어가고 있는 것이며, 우리가 회개하지 않는다면 주님께서는 우리를 그분의 입에서 토하여 내치실 것입니다.[639] 우리는 우리 삶의 방식으로서, 그리고 하나님 자신이신 예수 그리스도를 아는 것에 대한 반응으로서 반드시 우리를 생명의 길로 이끄는 초대교회의 원리와 가르침들로 돌아가야만 합니다.[640]

"바리새인들이 모세의 의자에 앉아 있었다는 것은, 그들이 신학교를 다녔고 박사학위를 취득했으며 정확한 지식을 풍부하게 소유했다는 것을 뜻합니다. 그렇기에 예수께서는 당신의 제자들에게 바리새인들이 가르치는 것들을 행하라고까지 말씀하셨습니다. 그러므로 바리새인들이 가르쳤던 것들은 옳은 것들이었다고 말할 수 있습니다. 그러나

---

635) 롬 1:24, 요일 3:9
636) 고전 5:11, 고전 6:9-10
637) 딤전 6:5
638) 유 1:11, 계 2:2
639) 계 3:15-16
640) 딤전 6:3

그들은 자신들이 옳다고 아는 것들에 순종하지 않았습니다."[641] 만약 우리들이 우리의 지식에 순종을 결합시키지 않는다면[642] 그것으로 말미암아 우리 주변에 영적 죽음과 재난을 불러오게 될 것입니다.[643] 구원이란 교리를 아는 것이나 구원에 관한 모든 미묘한 차이점들에 대해서 이해하는 것이 아닙니다. 구원은 주 예수님을 인격적으로 경험하는 것입니다.[644] 사도바울이 복음을 전할 때에, 그는 어떤 교리들의 목록을 늘어놓은 것이 아니라 그리스도의 성품과 그분이 누구신가에 대해 증거함으로써 사람들에게 그리스도를 소개하였습니다.[645] "교리도 아니고, 어떤 종교나 교리문답서와 같은 것도 아닌, 한 인격체, 지극히 위대하고 존귀한 한 사람, 그분이 바로 우월하신 그리스도이시다."[646]

유명한 설교자인 스펄전(C.H. Spurgeon)은 이렇게 말했습니다. "만약 당신에게 있어 '그리스도가 전부'라면 당신은 그리스도인입니다. 나는 형제로서 당신에게 손을 내어 밀 준비가 되어 있습니다. 나는 당신이 어떤 장소에서 예배드리는지, 또는 당신들이 어떤 독특한 이름으로 불리어지든지 상관하지 않습니다. 우리들은 형제이고, 그러므로 우리는 서로를 사랑해야만 한다고 생각합니다. 나의 친구들이여! 만약 당신이 주 예수 그리스도를 사랑하는 모든 사람들을 포용할 수 없다면, 그들이 속해있는 교단이 어떠하든지 상관하지 않고 그들을 주안에서 당신의 형제로 여길 수 없다면, 그리스도의 신부인 우주적 교회에 속한 지체로 받아들일 수 없다면, 당신은 천국에 갈만큼 충분히 넓은 마음을

---

641) Zac Poonen
642) 약 1:22
643) 마 7:26-27
644) 요 5:40
645) 골 1:28, 행 8:5
646) Chip Brogden

갖지 못한 것입니다."[647]

　우리는 그리스도의 지체로서 하나님의 사랑과 연합되심을 하나님의
가족 안에 있는 모든 동료 성도들에게 나타낼 필요가 있습니다.

---

647) C.H. Spurgeon

원리 27
사랑이 우선됨

주님께서는 우리가 다른 사람들을 사랑하는 것이 우선이며 중요한 것임을 명백하게 말씀하셨습니다.[648] 이것은 선택할 수 있는 것이 아니라 명령이며 참된 신자들이 함께 할 때에 나타나는 실제적인 현상입니다.[649] 만약 사랑이 결핍되었을 때에는 반드시 몸 안에 무엇인가가 잘못 되었음을 알리는 경고등이 작동될 것입니다.[650] 사랑의 법은 "아무 일에든지 다툼이나 허영으로 하지 말고 오직 겸손한 마음으로 각각 자기보다 남을 낫게 여기고"[651] 라고 말씀하십니다. 우리 주님께서는 초대교회의 제자들에게 서로 사랑하라고 명령만 하신 것이 아니라[652] 그것이 곧 '이 땅위에 있는 교회를 하나님께서 모으고 계심을 세상에게 알게 할 열매'라고 말씀하셨습니다. 모든 성도들은 그리스도의 제자로서 올바른 우선순위를 지킬 수 있도록 정기적으로 고린도전서 13장의 말씀을 읽고 묵상하는 것을 염두에 두어야만 합니다.[653]

신약성경 안에는 '서로'라는 단어가 25회 이상 나타납니다. 예를 들자면, 서로 발을 씻어 주고,[654] 서로 사랑하고,[655] 서로 존경하고,[656] 서

---

648) 요 13:3-5, 롬 12:10, 롬 13:8
649) 골 1:4
650) 갈 5:15
651) 빌 2:3-4
652) 살후 1:3, 히 12:24, 벧전 1:22
653) 고전 13 1-13
654) 요 13:14
655) 요 13:34
656) 롬 12:10

로 마음을 같이하고,[657] 서로 판단하지 말고,[658] 서로 받아주고,[659] 서로 가르치고 권하며,[660] 서로 문안하며,[661] 서로 같은 마음을 품으며,[662] 서로 종노릇하며,[663] 서로 용납하며,[664] 서로 불쌍히 여기며,[665] 서로 복종하며,[666] 서로 용서하며,[667] 서로 권면하며,[668] 서로 비방하지 않으며,[669] 서로 겸손하게 대하며,[670] 서로 사귐을 가지라고 말씀하셨습니다.[671] 이 말씀들은 단순히 지켜야 할 명령들을 나열해 놓은 것이 아니라 우리가 좀 더 예수 그리스도를 닮아가도록 하나님의 성령께서 우리의 삶 가운데서 일하시기를 원하신다는 것을 나타냅니다.[672] 이 새 언약의 사랑의 길을 따라 살기 위해서는 우리 주님의 은혜를 의지하며 안식을 누려야만 합니다.[673] 개인주의적인 사회 속에서 우리는 다른 사람들, 특별히 믿음의 가족들에 대해서 관심을 기울여야 할 필요가 있습니다.[674]

"그리스도의 교회 안에 균열이 생기게 하는 분열의 죄를 조심해야 합니다. 내부의 불화와 구성원들이 더 이상 서로 사랑하지 않는 것이야말

---

657) 롬 12:16
658) 롬 14:13
659) 롬 15:7
660) 롬 15:14
661) 롬 16:16
662) 고전 1:10
663) 갈 5:13
664) 엡 4:2
665) 엡 4:32
666) 엡 5:21
667) 골 3:13
668) 살전 5:11
669) 약 4:11
670) 벧전 5:5
671) 요일 1:7
672) 요일 2:6, 롬 8:29
673) 갈 2:20
674) 갈 6:10

로 모든 분쟁과 외적인 분열을 일으키는 원인이 됩니다."[675]

주님께서 우리에게 주신 성경 속의 가장 큰 두 가지 계명은 사랑을 기반으로 한 말씀들입니다. "예수께서 이르시되 네 마음을 다하고 목숨을 다하고 뜻을 다하여 주 너의 하나님을 사랑하라 하셨으니 이것이 크고 첫째 되는 계명이요 둘째도 그와 같으니 네 이웃을 네 자신같이 사랑하라 하셨으니 이 두 계명이 온 율법과 선지자의 강령이니라"[676]

성경은 만약 우리가 사랑하지 않는다면 우리는 아무것도 아니라고 말씀하십니다. "내가 사람의 방언과 천사의 말을 할지라도 사랑이 없으면 소리나는 구리와 울리는 꽹과리가 되고 내가 예언하는 능력이 있어 모든 비밀과 모든 지식을 알고 또 산을 옮길 만한 모든 믿음이 있을지라도 사랑이 없으면 내가 아무 것도 아니요 내가 내게 있는 모든 것으로 구제하고 또 내 몸을 불사르게 내줄지라도 사랑이 없으면 내게 아무 유익이 없느니라"[677]

"나는 내가 정답을 말할 수 있는 것보다 바르게 행하는 것이 더 중요하다는 결론을 얻었습니다. 만약 나의 대답들이 틀렸다면 하나님께서는 당신의 진리를 계시해 주심으로 그것들을 바꾸어주실 수 있습니다. 그러나 많은 경우에 태도를 바꾸는 데에는 일평생이 걸립니다. 틀린 답을 가졌더라도 올바른 태도를 가지는 것이 맞는 답을 가졌지만 올바르지 못한 태도를 가진 것보다 더 낫습니다. 다음에 당신이 어떤 교리에 관한 문제로 누군가와 논쟁에 빠지게 될 때에는 예수께서 당신의 제자들에게 하셨던 이 말씀들을 기억하십시오. '너희가 나를 택한 것이 아니요 내가 너희를 택하여 세웠나니 이는 너희로 가서 열매를 맺게 하고

---

675) John Wesley (1703-1791)
676) 마 22:37-40
677) 고전 13:1-3

또 너희 열매가 항상 있게 하여 내 이름으로 아버지께 무엇을 구하든지 다 받게 하려 함이라'[678] 성령의 열매는 사랑입니다. 주님께서는 이 열매를 맺게 하시려고 당신을 택하셨습니다. 주님께서는 당신이 우리를 사랑한 것처럼 우리들도 서로 사랑하라고 말씀하셨습니다. '너희가 열매를 많이 맺으면 내 아버지께서 영광을 받으실 것이요 너희는 내 제자가 되리라 아버지께서 나를 사랑하신 것 같이 나도 너희를 사랑하였으니 나의 사랑 안에 거하라'[679] 우리는 이 말씀들을 통하여 사랑의 우월성에 대해서 선명하게 알 수 있게 됩니다."[680]

678) 요 15:16
679) 요 15:8-9
680) Chuck Smith (1927-2013)

자신을 시험함과 사랑으로 교정함

오늘날과 같은 과학 기술 문명 시대에는, 사람들이 자신들의 감정이 상했을 때에 자신의 생각을 표현하기 위해서 인터넷과 같은 소셜 미디어를 이용하는 것이 너무나 쉽고 보편화 되어 있습니다. 그러나 우리들 중 많은 사람들이 자신의 감정을 상하게 한 사람에게 너그러운 마음을 갖거나 또는 자신의 상한 감정이나 분노에 대해서 "내가 이런 감정을 느끼는 것이 과연 옳은 것인가?"하고 자문해 보지 않습니다. 성경은 먼저 우리 자신을 살피라고 일깨워 줍니다. 다른 사람을 판단하고,[681] 비판하고,[682] 악의적인 태도를 갖고 대하는 것,[683] 비방하는 것,[684] 다른 사람의 눈에서 눈물을 흘리게 하는 말을 하는 것들은[685] 우리가 너무나 쉽게 할 수 있는 일들입니다. 안타깝게도 오늘날의 기독교 안에는 이런 잘못된 일들을 행하는 것이 마치 '공의'나 '분별'인 것처럼 갈채를 받고 있습니다. 서로 물고 뜯는 것이[686] 인터넷 블로그 세상에서는 이미 상당부분을 차지하고 있는 보편적인 일이 되어버렸습니다. 어떤 사람이 컴퓨터 앞에 앉아 단지 몇 분 동안 자판을 두드리는 것은 아주 쉬운 일입니다. 그러나 그것은 때로 엄청나게 파괴적인 결과를 가져올 수 있습니다. 만약 혀를 통제하지 못한다면 오랜 세월동안 주님을 사랑해온 한

---

681) 롬 2:3
682) 약 5:9
683) 딛 3:2
684) 약 4:11-12
685) 엡 4:29
686) 갈 5:15, 빌 2:14-16

형제의 간증이 한순간에 훼손될 수도 있습니다.[687] 이러한 교정이나 비판은 대부분 기도의 부족이나 기도의 부재에서 비롯되고, 또 비판을 받는 당사자에게 직접 말해지지 않는 경우가 많으며,[688] 심지어 겉으로는 대단히 거룩한 것처럼 보이기까지 합니다. 그러나 이러한 유형의 질책과 비난은 대부분 다른 사람들 안에서 비판의 영의 활동을 증가시키는 결과를 가져오게 됩니다.

물론 다른 형제의 교정을 위해서 기도하고 금식하며 주님을 구하는 형제들도 있고, 교정의 대상인 개인을 설득하는 이들도 있으며, 때로는 교정의 대상자가 살고 있는 지역 안에 있는 다른 형제들이나 자매들을 통하여 그러한 사역을 하기도 합니다.[689] 그들은 주안에서 이 귀한 형제와 자매들을 교정하는 마지막 수단과 방책으로서 공적으로 경계하고 주의를 주는 방법을 택합니다.[690] 계속해서 죄 가운데 있는 이들에게는 사랑 안에서 행해지는 이러한 경계와 주의가 필요합니다.[691] 또한 명백한 거짓 교사들이 활동하고 있는 하나님의 교회들을 경계함에 있어서도 이렇게 하는 것이 성경적입니다.[692]

성경에서 말씀하고 있는 원리에 따르면, 그리스도의 몸 안에서 일어나는 논쟁들은 반드시 먼저 하나님의 집 안에서 해결되어야만 합니다. 마태복음 18장에는 이런 말씀이 기록되어있습니다. "네 형제가 죄를 범하거든 가서 너와 그 사람과만 상대하여 권고하라 만일 들으면 네가 네 형제를 얻은 것이요 만일 듣지 않거든 한두 사람을 데리고 가서 두

---

687) 약 3:6
688) 마 18:15, 마 5:23
689) 마 18:15-17
690) 잠 27:5
691) 딤전 5:20, 엡 5:11
692) 행 20:29-31, 빌 4:14-15

세 증인의 입으로 말마다 확증하게 하라 만일 그들의 말도 듣지 않거든 교회에 말하고 교회의 말도 듣지 않거든 이방인과 세리와 같이 여기라"[693] 또한 누가복음 17장에서는 이렇게 말씀합니다. "너희는 스스로 조심하라 만일 네 형제가 죄를 범하거든 경고하고 회개하거든 용서하라"[694] 갈라디아서 6장에서는 또 이렇게 말씀합니다. "형제들아 사람이 만일 무슨 범죄한 일이 드러나거든 신령한 너희는 온유한 심령으로 그러한 자를 바로잡고 너 자신을 살펴보아 너도 시험을 받을까 두려워하라"[695]

구체적으로 어떻게 그렇게 행할 것인가에 대하여 간단하게 요점을 말하자면,

1) 먼저 당신의 마음과 삶 가운데에 그러한 죄의 징후가 없는지, 혹시 당신은 비밀리에 이런 동일한 죄를 짓고 있지는 않은지 당신 자신을 돌아보아야 합니다.[696]

2) 만약 어떤 사람이 당신과 다른 가르침을 유포할 때에 당신은 자신이 믿음 안에 서 있으며[697] 바르다고 확신합니까?[698] 당신은 '섬김의 지도자'들의 훌륭한 가르침과 삶 속에서 조언을 구해 본 적이 있습니까? 당신이 못마땅해 하고 있는 그 작은 티끌보다 당신의 눈 속에 있는 들보가 더 크지는 않습니까?[699]

3) 당신은 성경의 원리에 따라서 문제를 해결하려고 시도하고 있습니까?

---

693) 마 18:15-17
694) 눅 17:3
695) 갈 6:1
696) 롬 2:22
697) 유 1:3
698) 딤후 2:15
699) 마 7:3, 눅 6:42

4) 그리스도께서는 서로 돌아보고, 온유한 마음으로 서로의 짐을 져 주며, 무엇보다도 사랑이 우선되어야 한다고 권고하십니다.[700]

5) 가장 우선이 되는 목적은 '죄를 범한 사람의 회복'이[701] 되어야 하며 그를 파멸시키는 것이 목적이 아닙니다.

6) 죄를 범한 자들이나 대적하는 자들을[702] 사랑하되 그들의 죄는 사랑하지 말라고 하심이 우리를 인도하시는 성경의 원리입니다. 우리가 관대함과 사랑으로 그들을 회복시키기 위해 애쓰는 그것이 우리가 회복시키고자 하는 형제나 자매에게, 또 교회에게나 세상을 향해서 우리의 믿음을 나타내는 가치 있는 증언이 될 수 있습니다.

7) 오늘날 수많은 교회들 안에서 벌어지고 있는 일들이긴 하지만, 죄를 간과해서는 안 된다는 것 또한 사실입니다. 우리는 여러 종류의 문제들, 불화함, 또는 위법행위들이 발생하는 것을 원하지 않습니다. 그런 일이 발생하면 우리는 "이 문제를 하나님께 맡깁니다"라고 말하지만 이것은 잘못된 일입니다. 성경은 교회 안에서 우리들을 대적하는 죄와 맞서서 싸워야할 의무가 있음을 분명하게 말씀하고 있습니다. 한 개의 썩은 사과가 통속에 있는 모든 사과들을 썩게 할 수 있습니다. 사탄과 그 졸개인 귀신들은 교회 안에 불화와 반감, 분열과 분노를 심기 위해서 분주하게 활동하고 있습니다. 사탄은 악의 씨를 우리 안에 심어서 우리가 서로를 물고 먹게 되기를 꾀하고 있으며,[703] 또한 믿음의 사람들을 파멸시키기 위해서 그

---

700) 갈 6:1-3
701) 약 5:16, 호 6:1, 시 51:12
702) 눅 6:27, 행 7:60
703) 갈 5:15

들이 있는 곳을 찾아다니고 있습니다.

8) 우리는 일곱 번씩 일흔 번이라도 용서해야만 하지만[704] 죄를 범한 형제나 자매가 회개하고 돌이키지 않는다면 그런 사람과는 교제하지 않아야 합니다.[705] 하나님께서는 우리가 다른 사람을 용서하면 하나님께서도 우리를 용서하시겠다고 말씀하셨습니다. 만약 우리가 용서하지 않는다면 하나님께서도 우리를 용서하지 않으실 것입니다.[706]

9) 죄를 범한 형제나 자매가 회개하고 용서를 구하면 변상을 할 수 있는 것들은 변상을 한 후에야 공동체 안으로 다시 받아들여져야 합니다.[707] 사랑으로 경계하는 것과 사랑으로 교정하는 것, 그리고 계속적으로 공공연하게 죄를 짓는 형제나 자매는 정한 기간 동안 공동체로부터 떠나 있게 하는 것이 필요합니다.[708]

그리스도의 몸 안에서 행해지는 어떤 종류의 교정이나 징계도 고라의 반역 앞에서 땅에 무릎을 꿇었던 모세의 본을 따라서 행해져야 할 것입니다.[709] 이 겸손한 섬김의 지도자는 아무에게도 악을 행하지 아니하고 오히려 용서하고 자비를 베풂으로 하나님께 인정을 받았습니다. 결국 고라는 그의 불순종으로 말미암아 하나님의 심판을 받게 되었습니다.[710] 모세는 고라 앞에서 놀라운 방식으로 그 자신을 낮추며 고라가 회개할 수 있는 모든 기회를 주었습니다. 모세는 그 자신의 명예나

---

704) 마 18:22
705) 고전 5:11
706) 마 6:14-15
707) 눅 19-20
708) 고전 5:4-5
709) 민 16:4
710) 민 16:27-33

평판을 높이려하는 대신에 그저 겸손하게 주님께 순종했습니다.[711] 우리는 예수 그리스도의 머리되심 아래에서 모이는 가정 교회들 안에서 이러한 일들이 일어날 경우를 위해 준비되어 있어야만 합니다. 빛이 강하게 비추이는 곳에서 원수는 혼란과 분열을 일으키기 위해 더욱 분주하게 활동할 것입니다.

---

711) 약 4:6, 마 23:12, 벧전 5:6

원리 29
풍성한 긍휼

신약의 많은 서신서에서 사도들은 '은혜와 긍휼'이라는 놀라운 구절을 사용함으로 편지를 시작합니다.[712] 만약 하나님께서 우리에게 보내는 당신의 거룩한 편지들을 이런 방식으로 쓰셨다면 우리 또한 그리스도의 몸 안에서 우리가 속해 있는 공동체 안에 있는 다른 형제자매들에게 동일하게 대해야 합니다. 유다서의 서두는 이런 말로써 시작됩니다. "긍휼과 평강과 사랑이 너희에게 더욱 많을지어다"[713] 다른 사람들에게 긍휼이 풍성하게 임하길 원하는 마음을 우리 안에서 찾는 것이 쉽습니까,[714] 아니면 정죄하는데 빠른 우리 자신을 보는 것이 더 쉽습니까? 만약 다른 사람을 정죄하는 자신의 모습을 찾는 것이 더 쉽다면 그는 하나님께서 그에게 보여 주신 더욱 풍성한 긍휼에 대해서 잊어버린 것입니다.[715]

우리는 하나님의 은혜와 긍휼로 말미암아 하나님의 아들의 피로서 구원을 얻었습니다. 디도서에는 하나님께서 우리가 행한 의로운 행위가 아니라 오직 그의 긍휼하심을 따라 우리를 구원하셨다고 기록되어 있습니다.[716]

우리가 우리 자신의 문제들이 아니라 다른 사람들의 문제들을 주목하기 시작한다면 바로 그 때가 주님과 함께 걷는 우리의 삶에서 우리

---

712) 딤전 1:2
713) 유 1:2
714) 마 5:7
715) 마 18:33, 막 5:19, 딤전 1:16
716) 딛 3:5

가 위태로운 지점에 있다는 표시입니다. 우리 주 예수님께서는 마태복음 18장에서 긍휼에 대한 놀라운 비유를 말씀해 주셨습니다. 안타깝게도 이 비유는 다른 사람들에게 긍휼을 보이지 않고 오히려 억압하는 악한 종이 심판을 받는 것으로 끝이 납니다. "내가 너를 불쌍히 여김과 같이 너도 네 동료를 불쌍히 여김이 마땅하지 아니하냐"[717]

우리는 우리 자신이 성취하지 못한 일을 다른 사람들에게 요구하고 있지는 않습니까?

예수께서 바리새인들에게 말씀하셨듯이 하나님께서는 공의와 긍휼, 신실함 같은 것들을 십일조나 희생적 행위나 사람들 앞에서 바르게 행하는 것보다 더 중요하게 여기십니다.[718] 우리는 하나님께서 긍휼을 얼마나 중요하게 여기시는지에 대한 계시를 받을 필요가 있습니다. 그렇게 되면 우리는 '긍휼'을 다른 사람들과 함께 나눌 수 있는 소중한 선물로 여기게 될 것입니다. "율법의 더 중한 바 정의와 긍휼과 믿음은 버렸도다 그러나 이것도 행하고 저것도 버리지 말아야 할지니라"[719] 우리가 하나님께로 더 가까이 가기를 추구한다면 우리는 그분의 지혜와 그분의 영의 열매를 갈망해야만 합니다. 하나님의 속성들은 긍휼로 가득하며 긍휼로 물들어 있습니다. 예수께서는 우리의 원수들을 사랑하라고 가르치셨습니다.[720] 우리는 우리가 먼저 다른 사람들에게 큰 긍휼을 베푼다면 분열은 일어나지 않는다는 것을 확신해야 합니다. 우리 하나님께서 그리하셨듯이 우리 또한 긍휼에 풍성하게 되기를 바랍니다![721]

---

717) 마 18:33
718) 눅 11:42
719) 마 23:23
720) 마 5:44
721) 약 3:17

우리는 우리가 훨씬 많이 용서받았다는 것을 항상 상기함으로 모든 사람들에게 긍휼을 베풀어야만 합니다. 만약 우리가 그렇게 하지 않고 다른 사람들을 판단하고 비난한다면 주님께서는 우리가 이 땅에서 우리 자신의 마음속의 감옥에 갇혀 있도록 내버려 두실 것입니다. "이에 주인이 그를 불러다가 말하되 악한 종아 네가 빌기에 내가 네 빚을 전부 탕감하여 주었거늘 내가 너를 불쌍히 여김과 같이 너도 네 동료를 불쌍히 여김이 마땅하지 아니하냐 하고 주인이 노하여 그 빚을 다 갚도록 그를 옥졸들에게 넘기니라"[722]

"너희는 자유의 율법대로 심판 받을 자처럼 말도 하고 행하기도 하라 긍휼을 행하지 아니하는 자에게는 긍휼 없는 심판이 없으리라 긍휼은 심판을 이기고 자랑하느니라"[723]

722) 마 18:32-34
723) 약 2:12-13

원리 30

성경 전체를 읽는 것의 중요성

박해가 일어나고 있는 나라들에 있는 우리의 형제자매들은 하나님의 말씀 앞에서 눈물을 흘립니다. 종종 그들은 신약성경의 한 부분만 가지고 있거나 아니면 실제로 그것들 중의 어떤 구절들을 필사한 종이 몇 장을 가지고 있기도 합니다. 우리는 성경이 이 세상에 있는 모든 물질적인 것들 중에서 우리의 가장 위대한 보물인 것을 깨닫지 못하고 있습니다. 영어권의 나라들에 사는 사람들은 실제로 일백 개가 넘는 신구약 번역본들을 언제 어디서든지 자유롭게 접할 수 있습니다.

박해가 없는 나라들에 있는 많은 그리스도인들은 신구약의 말씀 전체가 들어있는 성경 한권을 가지고 있는 것에 대해서 그다지 감사해 하지 않습니다. 어떤 그리스도인들은 성경의 번역본들 중에서 킹 제임스 번역본이나 다른 특정한 번역본을 구분하여 다른 번역본들보다 우위에 놓기도 합니다. 번역본들 중에서 원문에 충실한 훌륭한 번역본들이 있는 것은 사실이지만 우리는 다른 많은 번역본들, 심지어는 The Living Bible과 같이 다른 문체로 바꾸어 쓴 성경을 통해서도 현대적인 일상 언어들로 성경말씀의 문맥을 이해할 수 있도록 도움을 받을 수 있습니다. 우리는 어떤 번역본을 다른 것들보다 우위에 두거나 특정한 번역본을 선호함으로 그리스도의 몸 안에 분열을 일으키는 요인을 제공하지 않도록 이 문제를 주님께 맡겨드림으로 분열과 혼란으로 인해 다른 형제들이 실족하지 않도록 해야만 합니다. 단순히 어떤 번역본이 더 좋다고 주장만 하는 것보다는 그 번역본의 말씀에 순종하는 것이 더 낫습니다. 그렇지 않으면 우리는 말씀을 읽기만 하고 순종하지는 않음으로 우리 자신을 속이는 자가 될 수 있습니다.[724]

예수 그리스도께서 당신의 피로 그분을 따르는 사람들을 사셨으므로 우리의 생명은 우리 자신들의 것이 아닙니다.[725] 그러므로 우리는 날마다 하나님의 말씀 안에 거하기를 갈망해야만 합니다.[726] 다른 어떤 것보다도, 심지어는 음식을 먹기 원하는 우리의 본능적 식욕보다도[727] 성경말씀은 우리의 매일의 삶에서 우선시 되어야만 합니다.[728] 성경은 우리가 빵만으로는 살 수 없으며 하나님의 입에서 나오는 모든 말씀으로 살아야 한다고 말씀합니다.[729] 우리에게는 육신의 양식과 영적인 양식이 모두 필요합니다. 만약 우리가 하루에 세 번 육신의 양식을 섭취하는 데에 시간을 소비하는 만큼, 하루에 세 번을 영적인 양식인 하나님의 말씀을 읽는 일에 동일하게 시간을 사용한다면 우리는 개인적인 부흥을 경험하게 될 것입니다.

집중적으로 성경을 연구하는 일에 열심을 내지 않는 이유들 중 한 가지는 우리가 성경에 쓰여 있는 말씀들을 진심으로 믿고 있지 않다는 사실입니다. 만약 우리가 진심으로 성경의 말씀들을 믿고 죽음 이후의 삶이 지금의 삶보다 중요하다고 믿는다면,[730] 우리는 하나님께서 현재 우리에게 원하시는 일들을[731] 행하는 것과 영원한 삶을 위한 일에 더욱 열심히 전념하게 될 것입니다.[732]

---

724) 약 1:22
725) 고전 6:20
726) 시 1:2, 수 1:8, 벧전 2:2
727) 욥 23:12
728) 마 4:4
729) 마 4:4
730) 골 3:1-3
731) 딤후 3:16-17
732) 마 24:35, 사 40:8

성경을 읽는 여러 방법들 중에서 우리에게 크게 유익이 되는 방법 한 가지는 성경말씀 전체를 한 구절 한 구절, 한 장 한 장, 그리고 성경의 각 권을 훑어보듯이 읽는 것입니다. 그 후에는 연대순으로 성경을 읽는 것이 언제 어떤 사건이 일어났는지를 정확하게 알 수 있는 큰 유익이 있습니다. 만약 수많은 지역교회의 성도들이 하나님의 말씀을 앞뒤 문맥을 고려하면서 지속적으로 변함없이 읽는 사람들이 된다면, 반드시 그리스도의 몸인 교회가 대단히 강건하게 될 것입니다. 하나님의 말씀을 읽기 전에는 항상 성령께서 여러분이 읽을 말씀을 조명해 주셔서 깨닫게 해 달라는 기도를 간결하게 드리십시오. 때로는 말씀속의 한 단어가 마음속에 깊이 깨달아질 때까지 천천히 읽는 것도 도움이 됩니다. 이렇게 천천히 읽으면서 깨달음을 위해서 성령께 간구한다면 여러분은 진리의 말씀을 더욱 많이, 그리고 밝히 깨닫게 되고 또한 매일의 삶을 살아가는 데에 도움을 얻게 될 것입니다.

성경을 읽을 때에 자신이 좋아하는 몇 구절의 말씀만, 아니면 많은 구절들이라 할지라도 자신의 개인적인 관점이나 신조 같은 것들을 지지하기 위해 성경의 말씀들을 취하여 내어서는 안 됩니다. 우리는 하나님의 말씀 안에 있는 모든 권고를 우리의 규범과 법도로서 받아들여야만 하며, 하나님의 말씀 속에 있는 깊은 신비와 비밀스러운 것들을 깊이 탐구하려고만 해서는 안 됩니다. 그보다는 기록된 말씀을 읽고 믿으며[733] 매일의 삶 속에서 그것들을 행함으로써 말씀이 실제가 되도록 해야 합니다.[734]

거룩하신 하나님의 말씀은 지속적으로 읽혀지고, 암송되어지며,[735]

---

733) 고후 11:3
734) 행 1:1
735) 시 119:11

금과 은에 비교할 수 없이 더욱 귀하게 여김을 받아야만 합니다.[736] 우리는 우리의 매일의 양식보다도 하나님의 말씀을 중히 여겨야만 하며, 말씀이 우리의 기쁨이요 즐거움이 되어야만 합니다.[737] 우리들이 매일 여러 시간씩 하나님의 말씀을 읽는 여러 다른 나라의 지하교회의 사랑하는 형제들을 본받기를 원합니다.

우리는 성도들이 성경 속의 베뢰아 사람들처럼[738] 되어 날마다 체계적인 방식으로 성경을 읽는 일에 전념할 것을 장려합니다. 모든 구성원들이 날마다 같은 부분의 말씀을 읽는 것은 매번 가정교회가 모일 때마다 서로의 믿음을 함양시키는 토론을 할 수 있도록 도움을 줍니다. 그러나 그것은 각 개인이 경건하게 천천히 말씀을 읽으며 묵상하는 것보다 중요하게 여겨져서는 안 됩니다. 많은 교리적 오류들이 단순히 진리를 취하고는 그것이 균형을 잃게 함으로 인해 생겨났습니다. 그러므로 좀 더 균형 잡힌 성경 읽기에 다가가는 것은 진리의 다양한 양상들이 하나님의 말씀의 완전한 계시의 조명 안에서 그 중요함에 따라 적합하게 정렬되도록 도움을 줄 수 있습니다. 우리는 이것이 어떤 사람들에 의해 고수되고 있는 많은 교리적인 오류들을 물리치고, 우리가 우리의 인생길에 빛이 되시는 거룩한 하나님의 말씀에 더욱 정통하게 만들 것이라고 믿습니다.[739]

---

736) 시 119:72
737) 시 119:1
738) 행 17:11
739) 시 119:105

원리 31
회중을 위한 경건의 훈련

　교회가 가지고 있는 숨겨진 보물 중의 하나는 경건의 훈련입니다.[740] 현대의 복음주의 안에는 경건의 훈련, 이를테면 금식, 하나님을 기다림, 이른 시간에 일어나는 것, 머리를 가리는 것, 강청하는 기도, 체계적인 성경 읽기, 성경 암송, 무릎을 꿇고 기도하는 것, 그 외에도 교회의 역사 속에 전해 내려오는 여러 가지의 경건의 전통들을 가르치고 권하는 데에는 부족함을 보여 왔습니다.

　많은 사람들은 그러한 것들이 형식에 매이는 것이며 가능하다면 피해야 될 것들이라고 가르침 받아 왔습니다. 그러나 신약 성경을 보면 초기 사도들에 의해서 그 모든 것들이 가르쳐 지고 행해졌습니다. 우리 주님 자신께서도 금식을 가르치시고 행하셨습니다.[741] 초기 사도들은 하나님의 임재 안에서 그분을 기다리며 주님을 섬겼습니다.[742] 우리 주님께서는 당신의 아버지를 구하고 기도하기 위해서 다른 사람들보다 일찍 일어나셨습니다.[743] 성경은 여자들이 기도할 때에 그 머리를 가릴 것을 권합니다.[744] 초대교회의 어떤 사람들은 중보기도의 사역을 했습니다.[745] 사도들은 주의 깊게 성경을 연구하는 일에 자신들을 헌신하였습니다.[746] 신약과 구약을 통틀어서 말씀을 암송하는 것은 하나님

---

740) 딤전 4:7-8
741) 마 6:16-18, 마 4:1-11
742) 행 13:2, 사 40:30-31
743) 막 1:35, 막 16:9
744) 고전 11:2-16
745) 살전 3:10
746) 행 6:4, 딤후 2:15

의 사람들의 원칙이 되어 왔습니다.[747] 사도 야고보는 낙타의 무릎처럼 될 만큼 무릎을 꿇고 기도했습니다.[748] 이 외에도 자신들의 믿음을 따라 행한 수많은 사람들의 예가 셀 수 없이 많이 있습니다.[749]

경건의 훈련은 다만 우리가 영적으로 성장할 수 있도록 도울 뿐만이 아니라 주님께서 우리의 속사람을 만지시도록 내어 드리고 또 우리가 그리스도의 영을 의지하도록 하는 데에도 중요한 수단이 될 수 있습니다. 우리의 영적인 삶을 위해서 훈련을 받는 것은 육신의 삶을 위해서 육체적 훈련을 받는 것보다 더욱 더 중요합니다. 많은 사람들이 자신들의 직업이나 자신들이 좋아하는 일들을 성공적으로 해내기 위해서는 돈과 시간, 그리고 잠자는 시간을 희생하는 것도 견딥니다. 그러나 많은 사람들이 주님과 함께 하는 그들의 영적인 삶에서 성장할 수 있도록 훈련받는 것을 견디려고는 하지 않을 것입니다.

예를 들자면, 기도할 때에 여자들이 머리를 가리는 것을 '속박'으로 여겨서는 안 되며 오히려 그것이 그리스도 안에 있는 자매로서 주님을 영화롭게 하는 것이며 또한 특권이라고 여겨져야 합니다. 사실상 모든 교단들과 운동들, 그리고 기독교의 모임들이 넓게 보면 바로 전의 세대 까지도 교회 안에서 이 전통을 행해 왔습니다. "머리에 쓰는 것은 성경적이며 신약성경에서 가르치고 있는 다른 모든 것들과 마찬가지로 가르쳐지고 순종되었습니다. 그렇다고 해도 그것이 그리스도의 몸 안에 분열과 불일치가 일어나는 원인이 되게 해서는 안됩니다."[750] 자매들 개인이 고린도전서 11장을 주의 깊게 읽고 주님의 인도하심을 따라 자

---

747) 신 11:18, 골 3:16, 시 119:11
748) 엡 3:15, 시 95:6
749) 계 14:13, 약 2:17
750) K.P. Yohannan

발적으로 적절하게 적용하게 하십시오. 다만 주님에 의해서 확신을 받은 자매들만이 모임들에서 이 전통을 시행하는 것이 좋습니다.

교회 안에는 주님과의 동행을 위한 개인적인 훈련들이 있는가하면 회중 전체를 위한 훈련들도 있습니다. 또한 우리가 본받을 수 있도록, 초대교회에서 행해지던 전통들과 관습들에 대한 성경적인 지시들이 있습니다. 이것에 대한 확신을 가지고 있기에 우리는 2,000년이 넘게 지난 지금도 교회로서 모여 초대교회와 동일한 훈련들과 전통들을 시행할 수 있습니다.[751]

---

751) 살후 2:15, 행 2:42

복종을 통해 경건하여짐

성도의 삶 속에서 경건의 가장 중요한 영역들 중의 하나는 복종의 영역입니다. 만약 어떤 사람이 영적으로 불복종하고 반역적이라면, 그에게는 교만해 지거나 아니면 다른 죄에 빠질 큰 위험성이 있습니다. 성경에는 성도의 삶 가운데 나타나는 반역이나 복종하지 않음에 대하여 경고하고 있는 많은 말씀들이 기록되어 있습니다. 우리는 하나님의 주권과 그분께서 우리의 생명과 교회와 모든 창조세계를 다스리신다는 사실을 깨달아야만 합니다. 우리는 우리의 영이 하나님께 복종하는 것처럼 반드시 우리의 마음 또한 성경의 권위에 복종해야만 합니다. 하나님께서 우리를 소유하고 계시기 때문입니다.[752] 우리는 그리스도의 몸을 인도하도록 하나님께서 부르시고 은사들을 주셔서 준비시키신 사람들에게 반드시 복종해야만 합니다.[753] 하나님께서는 이제까지 그러하셨듯이 앞으로도 그리스도의 몸 안에 목자들을 두셔서 목자장 되시는 우리 주 예수 그리스도 아래에서 하나님의 양떼를 감독하고 보호하는 일을 함으로 돕게 하실 것입니다.[754]

우리가 불복종의 길을 따라 가며 우리 자신들을 높일 때에, 우리는 가장 먼저 하나님을 대적하여 반역했던 루시퍼, 또는 사탄의[755] 영에 의해 지배받는 자리로 떨어지게 됩니다. 그렇게 되면 사탄은 우리가 하

---

752) 고후 1:22
753) 엡 4:11-12
754) 벧전 5:1-4
755) 사 14:12-15

나님과 또 하나님께서 위임하여 세우신 권위들을 대적하여 반역하도록 우리에게 영향을 끼칠 것입니다.[756]

우리가 인간의 추론과 육신의 욕망들을 거절하고[757] 하나님의 뜻과 방법들에 복종한다면 우리는 자유를 찾게 될 것입니다. 때로는 우리가 하나님께 복종하기 위해서 종교적인 권위자들의 뜻에 복종할 수 없을 때도 있습니다.[758] 그러나 만약 우리가 계속적으로 우리 자신을 낮추지 못하여 다른 형제들로부터의 교정과 지도, 가르침들을 받아들일 수 없다면 우리는 우리 자신에게 속임을 당하고 있는 상태에 빠진 것일 수 있습니다.[759]

우리가 아담으로부터 물려받은 반역적인 속성은 우리 자신이 지혜로우며 하나님의 인도하심이나 어떤 복음 사역자에게도 복종할 필요가 없다고 생각합니다. 하나님이야말로 궁극적 권위자이시며 전능하신 분이십니다. 그러므로 우리는 토기장이의 손에 있는 진흙처럼[760] 우리의 삶의 통제권을 하나님의 뜻에 전적으로 맡겨드려야 합니다. 우리가 그리스도의 몸 안에서 다른 사람들에게 즐겁게 복종할 때에 우리는 하나님 자신께 순종하는 것입니다.

예수님 자신께서도 아버지 하나님께 복종하셨습니다.[761] 그러므로 그분은 하나님의 영의 인도하심을 따라 다른 모든 권위에 복종하셨습니다. 이것은 우리가 축복으로 받은 하나님의 나라를 인하여 부당하게 대우받거나 학대를 당할 때 따라야 할 모본입니다.[762]

---

756) 딛 3:1, 벧전 2:13, 마 22:21
757) 렘 17:9, 갈 5:17
758) 행 5:29
759) 갈 6:3-7, 마 23:12
760) 사 64:8, 렘18:6
761) 눅 22:42, 고전 15:27-28, 히 5:7-8
762) 마 5:11

어떤 경우에, 우리는 하나님의 명령에 순종하기 위해서 하나님께서 임명하여 세우신 권위를 거부해야 할 때가 있습니다. 하지만 우리는 우리의 궁극적 권위이신 하나님께 불복종[763] 하라고 명하지 않는 한, 권위들에게 순종해야만 합니다. 성경에는 시민 불복종에 관한 몇 몇 예들이 있습니다.[764] 어느 경우에 저항해야 하고, 어느 때에 학대와 부당한 처사에도 불구하고 온전히 복종해야 할 것인지를 분별하기 위해서는 성도들의 지혜와 성령의 인도하심이 요청됩니다.

참된 복종은 오직 하나님의 영에 의해서 인도함 받을 때에 일어날 수 있습니다. 많은 사람들이 겉으로는 복종하지만 그들의 마음속에는 권위에 복종하는 것에 대한 비통함과 분노를 가지고 있습니다. 하나님께로부터 말미암은 복종은 각 사람이 하나님의 은혜로 어떤 상황에서든지 하나님께 순복하고 복종할 때에 가능하게 됩니다. 이것에 대하여 구약에서 한 가지 예를 찾아보면 다윗이 하나님께서 사울왕의 삶에 더 이상 함께 하시지 않을 때에 조차 사울왕의 권위에 복종했던 것을 볼 수 있습니다. 사울왕이 다윗에게 창을 던져서 그를 죽이려고 했던 상황에서도 다윗은 여전히 사울에게 복종했습니다.[765]

우리는 바울이 에베소 교회에 보낸 편지 속에서 복종에 대한 성경적 선례를 분명하게 볼 수 있습니다. "아내들이여 자기 남편에게 복종하기를 주께 하듯 하라 이는 남편이 아내의 머리됨이 그리스도께서 교회의 머리됨과 같음이니 그가 바로 몸의 구주시니라 그러므로 교회가 그리스도에게 하듯 아내들도 범사에 자기 남편에게 복종할 지니라"[766]

---

763) 행 5:29
764) 출 1:17, 단 3:12
765) 삼상 18:11
766) 엡 5:22-24

남편들이 복종하는 아내를 원한다면 그들은 먼저 반드시 그들 자신을 하나님께 복종시켜야 하며 또한 자신들의 아내들에게 예수께서 교회에게 행하신 대로 행해야 할 것입니다. 예수께서는 교회를 위해서 자신의 생명을 내려놓으실 만큼 교회를 지극히 사랑하셨습니다.

이와 같이 남편은 자기의 아내를 위해 자신의 생명을 내려놓아야 합니다. 바울은 에베소서에서 "남편들아 아내 사랑하기를 그리스도께서 교회를 사랑하시고 그 교회를 위하여 자신을 주심같이 하라"고 말씀합니다.[767]

아내가 자신의 남편의 사랑과 희생을 볼 때에 아내는 자신의 남편에게 복종하는 데에 아무런 문제가 없게 되며 이것이 그들을 아름다운 연합으로 인도하게 됩니다. 복종의 문제는 우리의 일상 가운데 존재하며 정치적 지도자나 경찰에게 복종하는 것까지도 적용됩니다. "각 사람은 위에 있는 권세들에게 복종하라 권세는 하나님으로부터 나지 않음이 없나니 모든 권세는 다 하나님께서 정하신 바라"[768] 그러나 복음의 좋은 소식을 믿고 나누는 것이 금지된 곳에서는 우리는 베드로와 요한이 권력자들 앞에서 대답했던 것과 동일하게 대답해야 합니다.

"베드로와 요한이 대답하여 이르되 하나님 앞에서 너희의 말을 듣는 것이 하나님의 말씀을 듣는 것보다 옳은가 판단하라 우리는 보고 들을 것을 말하지 아니할 수 없다 하니"[769]

성경은 또한 서로에게 복종하라고 가르칩니다. 우리는 항상 옳을 수만은 없습니다. 하지만 우리는 화평하기 위해서 우리 자신을 낮출 수

---

767) 엡 5:25
768) 롬 13:1
769) 행 4:19-20

있습니다. "그리스도를 경외함으로 피차 복종하라"[770] 고린도전서는 말씀합니다. "이같은 사람들과 또 함께 일하며 수고하는 모든 사람에게 순종하라"[771] 또한 사도 베드로는 이렇게 말합니다. "젊은 자들아 이와 같이 장로들에게 순종하고 다 서로 겸손으로 허리를 동이라 하나님은 교만한 자를 대적하시되 겸손한 자들에게는 은혜를 주시느니라"[772]

히브리서는 이렇게 우리들을 권면합니다. "너희를 인도하는 자들에게 순종하고 복종하라 그들은 너희 영혼을 위하여 경성하기를 자신들이 청산할 자인 것 같이 하느니라 그들로 하여금 즐거움으로 이것을 하게 하고 근심으로 하게 하지 말라 그렇지 않으면 너희에게 유익이 없느니라"[773]

무엇보다도 중요한 복종은 하나님께 대한 복종입니다. "그러나 더욱 큰 은혜를 주시나니 그러므로 일렀으되 하나님이 교만한 자를 물리치시고 겸손한 자에게 은혜를 주신다 하였느니라 그런즉 너희는 하나님께 복종할지어다 마귀를 대적하라 그리하면 너희를 피하리라"[774] 만약 우리가 우리자신을 온전히 하나님께 내어 맡기고 복종하지 않는다면 승리하는 그리스도인의 삶을 사는 것은 불가능합니다. 하늘의 아버지께 복종하면서 그분께 승리를 달라고 간구한다면 우리는 그 싸움에서 승리할 수 있습니다. 그리스도께서 승리자이시기 때문입니다.[775] 예수께서는 우리를 죄의 형벌에서 자유하게 해주신 것 뿐 만이 아니라 죄의 권세로부터 우리를 자유하게 해 주셨습니다.[776]

---

770) 엡 5:21
771) 고전 16:16
772) 벧전 5:5
773) 히 13:17
774) 약 4:6-7
775) 고전 15:57
776) 마 1:21, 롬 6:14

이렇게 복종에 관한 경건의 훈련에 대하여 새롭게 배우는 것은 성도들이 그들의 삶과 교제 가운데 하나님께서 주시는 복 아래에서 연합되는 일에 도움이 될 것입니다.

원리 33

침례에 관한 성도들의 순종

기독교 안에는 침례의 교리에 관한 이견들로 말미암은 큰 분열이 지금까지도 존재합니다. 수많은 참된 성도들이 성도의 침례에 관한 진리를 지키기 위해서 순교자가 되었습니다.[777] 그들은 카톨릭교회의 체제 속에서 오랫동안 자행되어 온 유아세례의 잘못된 사상에 대항하여 일어섰습니다. 1,500년대에 재침례교도(Anabaptist)들은 유아세례나 카톨릭교회에서 받은 세례는 효력이 없으며 죄를 사함 받고 거듭난 사람들은 다시 침례를 받아야 한다고 주장함으로서 '재침례파'라는 이름으로 불리어졌습니다. 그들 중 많은 이들이 핍박자들에 의해서 '세 번째 침례'라는 명목 하에 물에 빠뜨려져 죽임을 당함으로써 생명으로 값을 치르고 순교자가 되었습니다.

교회의 역사를 통하여 반복되어 온 이러한 간증들은, '한 신자가 우리 주 예수 그리스도를 믿는 믿음을 고백하게 되면 그는 침례를 받음으로 주님께 순종하고자 하는 열망을[778] 갖게 된다'는 것을 확증합니다.[779] 그러나 완전히 물속에 잠기는 것이나 물을 뿌리는 것, 아니면 다른 어떤 방법이든지간에 그것들이 결코 성도들이 분열되게 하는 요인이 되어서는 안 됩니다. 가정교회들 안에서 여러분은 욕조 안에서 사람들에게 침례를 줄 수도 있고, 아니면 그릇에 물을 담아 그들의 머리 위에 부을 수도 있지만 반드시 성령의 인도하심을 따라야 합니다.

---

777) 마 28:19, 행 2:38, 막 16:16
778) 행 8:35-38
779) 행 16:31-33

어떤 사람들은 '침례'를 '첫 번째 순종'이라고 말하는데 이것은 맞는 말입니다. 왜냐하면 새로운 성도에게 처음으로 주어지는 명령들 중의 하나이기 때문입니다. 또 어떤 사람들은 침례가 하나의 작은 명령이기 때문에 중요하지 않다며 침례의 중요성을 깎아 내리려고 애를 씁니다. 그러나 우리는 하나님께서 주신 가장 작은 명령이라 할지라도 심판의 날에는 매우 중요하게 여겨질 것이라는 마음의 자세를 가져야만 합니다.

주 예수 그리스도께서는 장성한 어른으로서 요단강에서 침례요한에게 친히 침례를 받으심으로 우리에게 본을 보이셨습니다. 하나님 아버지께서는 이것을 기뻐하셔서 하늘을 여시고 목소리로 말씀하셨습니다. "하늘로부터 소리가 나기를 너는 내 사랑하는 아들이라 내가 너를 기뻐하노라 하시니라"[780] 마태복음에는 우리에게 침례를 받으라고 명령하시는 말씀이 있습니다. "아버지와 아들과 성령의 이름으로 침례를 베풀고"[781] 또한 마가복음에는 "믿고 침례를 받는 사람은 구원을 얻을 것이요 믿지 않는 사람은 정죄를 받으리라"[782]고 기록되어 있습니다. 사도행전 전체를 통해서 오순절에 구원받은 3,000명을 포함한 수많은 성도들이 침례를 받음으로 그리스도께 순종했습니다.[783]

우리가 침례를 받을 때 우리는 예수 그리스도에 대한 우리의 믿음, 곧 우리가 예수 그리스도와 함께 그분의 죽음 안으로 침례를 받을 때에 우리의 죄가 우리와 함께 죽었으며 예수 그리스도의 부활과 함께 우리도 살아나서 이제 그리스도를 옷 입고 있다는 믿음을 세상 가운데 선

---

780) 막 1:11
781) 마 28:19
782) 막 16:16
783) 행 2:41

포하는 것입니다.[784] 우리는 한 영이신 아버지와 아들과 성령에 의해서 한 몸 안으로 침례를 받았습니다.[785]

(그리스도를 구주로 영접한 후에 침례를 받기 위해 따로 교육을 받아야 할 필요는 없습니다.) "길 가다가 물 있는 곳에 이르러 그 내시가 말하되 보라 물이 있으니 내가 침례를 받음에 무슨 거리낌이 있느냐 빌립이 말하되 네가 전심으로 믿으면 받을 수 있느니라 이에 명하여 수레를 멈추고 빌립과 내시가 둘 다 물에 내려가 빌립이 세례를 베풀고"[786]

여러분의 가정교회 안에서는 누구라도 다른 사람에게 침례를 줄 수 있습니다. 어떤 가정교회의 지도자는 한 개인을 주님 앞으로 인도한 그 사람이 침례를 주어야 한다고 제안합니다. 이것은 그리스도의 몸 안에 있는 지체들이 주님의 사역을 할 수 있게 준비되도록 돕기 위한 좋은 과정이 될 수 있습니다.

---

784) 롬 6:3-6, 갈 3:27, 벧전 3:21
785) 고전 12:13
786) 행 8:36-38

원리 34
복음전도자들의 군대인 그리스도의 몸

중국 시골의 지하교회의 증언에 따르면, 복음을 전하고 새로운 제자를 만드는 것은 교회의 가장 우선적인 의무입니다. 가서 새로운 제자들을 만들라는[787] 그들의 부르짖음은 그들의 삶 자체로 입증되고 있습니다. 많은 경우에, 만약 그들이 적합하지 않은 사람에게 복음을 전한다면 그들은 감옥에 갇히고 고문을 당하고 심지어는 죽임을 당하게 될 수도 있습니다. 그러나 그러한 일이 발생하여 자신의 생명을 내어 주고 순교자가 되어야 한다 할지라도 복음을 나눠야 할 책무는 모든 그리스도인들에게 주어져 있습니다.[788] 중국의 그리스도인들은 생명의 씨, 곧 그들의 생명이 땅에 떨어져 죽을 때에 그 생명이 번식하여 더욱 많은 열매를 맺게 된다는 것을 우리에게 분명히 가르쳐 줍니다.[789] 교회는 그들이 흘린 피로 인해서 새롭게 성장하게 되는 것입니다. 생명의 씨, 곧 그들의 육체의 죽음으로 말미암아 이제 100배, 1,000배, 아니 그 이상의 열매가 맺어지고 있습니다.[790]

우리가 한사람의 죄인이 회개하면 하늘에서 천사들이 기뻐한다는[791] 사실을 숙고해 본다면 우리는 하나님의 마음 또한 감동되고 기뻐하신다는 것을 알 수 있습니다. 현대의 그리스도인들은 '그리스도인들의 가장 우선적인 직무는 하나님을 사랑하고 경배하는 것입니다.'라고 말합

---

787) 행 6:7, 행 14:21
788) 행 11:19, 롬 1:16, 막 8:38
789) 요 12:24
790) 마 13:8
791) 눅 15:7

니다. 그렇다면 여러분이 얼마나 주님을 사랑하고 경배하는지 행동으로 보여 주십시오. 복음을 증거함으로 하나님 아버지께 기쁨을 드리십시오. 복음을 증거하지 못하는 것에 대한 많은 변명들이 있습니다. '나는 복음전도의 은사를 받지 못했어요' '복음전도는 목사들이나 선교사들의 사역이에요' '나는 사람들의 감정을 상하게 하고 싶지 않아요' '나는 성경을 충분히 알지 못해요' '나는 다른 종교들을 존중하고 싶어요' '사람들이 나에 대해서 어떻게 생각할지 걱정이 됩니다' '나는 극단주의자가 아니에요' 등등..... 이 모든 변명들은 사탄과 세상, 그리고 죄성으로 가득한 우리 자신의 육신에서부터 비롯된 것들입니다.[792] 우리는 하나님께서 우리를 도우시고 우리에게 힘을 주실 것이라는 것을 믿지 않습니다. 사도행전 1장 8절의 말씀을 좀 읽어보십시오. "오직 성령이 너희에게 임하시면 너희가 권능을 받고 예루살렘과 온 유대와 사마리아와 땅 끝까지 이르러 내 증인이 되리라 하시니라"

가정교회들이 정기적으로 만나서 몸 안에 있는 다른 지체들이 하나님의 성령으로 준비되어지도록 서로를 위해 기도하는 것은 매우 바람직한 일입니다. 이 시대는 직장에서 일하는 동안에도 자신의 직업과 상관없이 복음을 전하는 일에 전념하고자 하는 성도들로부터 비롯되는 급진적인 복음운동을 필요로 하고 있습니다. 그들은 자신들의 주변에 있는 잃어버린바 된 세상을 향해 복음을 증거하는 일에 끊임없이 전념하는 성도들의 군대입니다! 세상에 복음을 전하여 제자 삼는 일은 선택이 아니라 우리 주 예수님의 명령입니다.[793] 사람들은 복음의 메시지에

---

792) 요 8:44, 요일 2:16
793) 마 28:16-20

대하여 무지하며 성경이나 그리스도에 대해서 알지도 못합니다.[794] 우리는 반드시 우리의 삶과[795] 목소리를 통하여[796] 그들에게 복음과 성경의 메시지를 선포함으로 성령께서 사람들을 회개로 이끄실 수 있도록 해야만 합니다.[797] 성령께서는 쉬지 않고 일하고 계시지만, 그럼에도 우리 또한 복음을 전해야만 합니다. 그렇게 할 때에 주께서 그들이 죄를 깨닫고 변화 되게 하실 것입니다. 우리 자신들은 결코 누군가를 변화시키거나 죄를 깨닫게 만들 수 없습니다. 우리는 다만 메시지를 전달하는 사람들일 뿐입니다.

우리가 우리의 이웃들에게 자유롭게 복음을 전할 수 없게 될 때가 다가오고 있습니다. 우리는 반드시 지금 그 일을 행해야 합니다. 중국교회가 이례적으로 성장 하게 된 한 가지 원인은 가정교회 운동에 속해 있는 모든 성도들이 복음전도자로 간주된다는 것입니다.

"그런즉 그들이 믿지 아니하는 이를 어찌 부르리요 듣지도 못한 이를 어찌 믿으리요 전파하는 자가 없이 어찌 들으리요 보내심을 받지 아니하였으면 어찌 전파하리요 기록된 바 아름답도다 좋은 소식을 전하는 자들의 발이요 함과 같으니라"[798] 하나님께서는 오늘날 이 복음을 전달할 하나의 군대를 일으키고 계십니다.

"우리들 중 많은 사람들이 우리가 누군가에게 복음을 전할 때에 자신이 그 사람에게 복음을 전하는 첫 번째 사람일 것이라고 생각하지만 사실은 그렇지 않습니다. 성령께서 언제나 우리보다 먼저 가 계십니

794) 갈 4:8, 고후 4:4
795) 요 7:38
796) 행 28:31
797) 롬 2:4
798) 롬 10:14-15

다."[799] 그저 성령의 인도하심을 따라서 모든 사람들에게 복음을 증거하는 것이 우리가 해야 할 일입니다. 왜냐하면 우리는 성령께서 어떤 사람에게 죄를 깨닫게 하시고 구원을 얻는 회개에 이르게 하실지 알 수 없기 때문입니다. 우리는 다만 씨를 뿌리는 것이며 주님께서 준비된 사람들의 마음을 예비하신다는 사실을 깨닫는 것은 우리에게 큰 자유와 안도감을 줍니다. 예수께서는 우리에게 자신을 따르라고 하셨으며 또한 사람을 낚는 어부가 되라고 하셨습니다. 우리는 이 두 가지 명령을 모두 따라야만 하며, 만일 그렇게 하지 않으면 우리는 그분의 제자가 될 수 없습니다.[800]

중국 가정교회의 한 지도자는 이렇게 증언했습니다. "성령의 권능을 받고 예루살렘으로부터 땅 끝까지 복음의 증인이 되기 위해서 우리는 사도행전 1장 8절의 말씀을 믿습니다. 우리가 사역할 때에 치유와 축사가 일어납니다. 나는 수많은 마을들을 다니면서 간증을 나누며 복음을 전했습니다. 그 결과, 7년 동안에 대략 삼 만명 정도의 성도들로 구성된 200개 이상의 교회를 개척했습니다.[801] 모든 가정교회들이 이웃들과 지역에 복음을 전하기 위한 전도본부가 되기를 바랍니다! 주님께서 잃어버린 영혼들을 향한 상한 마음과 우리 주님의 복음을 나누고자 하는 열정을 우리에게 주시기를 바랍니다![802] 모든 그리스도인들이 선교사라는 것을 우리가 깨닫게 되기를 바랍니다!

교회는 희생 없이는 결코 확장된 적이 없었습니다. 추수를 원한다면 열심히 일해야 합니다. 씨를 뿌리고, 밭을 경작하고, 그리고 거두어 들

---

799) Ying Kai
800) 막 1:17
801) Zhang Fuheng
802) 렘 8:20, 마 9:36-38

여야 합니다. 우리가 자원함으로 우리 주님을 따르는 자가 되고 우리의 이기적인 삶의 방식들을 부인[803] 할 때에 복음이 계속 전진해 나갈 수 있습니다. 그 때에 우리는 사도들의 시대에 말해졌던 것처럼 우리 또한 말할 수 있게 될 것입니다. "하나님의 말씀은 흥왕하여 더하더라"[804]

---

803) 눅 9:23
804) 행 12:24

그리스도의 죽음을 기념하는 주님의 만찬

주님의 만찬은 초기의 제자들이 지켰던, 그 중요성과 의미가 종말의 시대와 결속되어 있는 명백한 신약교회의 관습이었습니다. 성경은 우리가 주님을 기념하는 것이[805] '주님께서 다시 오실 때까지 그분의 죽으심을 선포하는 것'이라고 선언합니다.[806] 이 죽으심은 매우 중요합니다. 왜냐하면 그리스도의 죽음을 통해서 우리의 죄를 그분 자신이 취하심으로 우리를 위하여 하나님의 진노를 면제받게 하셨기 때문입니다.[807] 이것은 이미 완성된 사역이며,[808] 만약 우리가 예수 그리스도 안에 있고 그분을 따라가는 참된 제자의 삶을 살고 있다면 더 이상 우리의 죄로 말미암은 하나님의 진노로 처벌을 받지 않아도 된다는 이 사실이야말로 우리가 경축해야 할 영광스러운 복음이 아닐 수 없습니다.[809]

주님의 만찬은 단순히 하나의 상징이 아니라 사람의 죄를 사하시기 위해 피를 흘리신 하나님의 거룩한 행위를 기억하게 하는 대단히 중요한 예식입니다. 만약 우리가 이 만찬을 무가치하게 여기거나 우리의 매일의 삶 가운데 주님을 향한 경건한 두려움이[810] 없는 상태에서 이 만찬에 참여한다면 우리 자신이나 교회 가운데에 하나님의 심판을 불러올 수 있습니다.[811] 그러므로 주님의 만찬에 참여함은 예수 그리스도께

---

805) 고전 11:24
806) 고전 11:26
807) 엡 2:3, 고후 5:21
808) 고후 5:18
809) 살전 5:5-10, 벧전 4:4
810) 행 9:31, 잠 3:7, 행 10:35
811) 고전 11:27

서 그분의 교회의 머리되심과 그분께서 친히 당신의 양 무리의 목자가 되시며 그들을 바로잡으시는 분이심을 깨닫는 것입니다. 모든 참된 성도들은 주님의 만찬에 참여하도록 초대되었습니다. "그러나 주님의 이름 안으로 침례를 받지 않은 사람들은 너의 주님의 만찬의 떡과 음료를 먹고 마시게 하지 말라. 이것에 대해서는 주님께서도 또한 말씀하시기를 '거룩한 것을 개들에게 주지 말라'고 하셨다."[812]

고린도 전서는 만찬을 대하기 전에 우리 자신을 살펴보라고 일깨워줍니다. "그러므로 누구든지 주의 떡이나 잔을 합당하지 않게 먹고 마시는 자는 주의 몸과 피에 대하여 죄를 짓는 것이니라 사람이 자기를 살피고 그 후에야 이 떡을 먹고 이 잔을 마실지니 주의 몸을 분별하지 못하고 먹고 마시는 자는 자기의 죄를 먹고 마시는 것이니라 그러므로 너희 중에 약한 자와 병든 자가 많고 잠자는 자도 적지 아니하니 우리가 우리를 살폈으면 판단을 받지 아니하려니와 우리가 판단을 받는 것은 주께 징계를 받는 것이니 이는 우리로 세상과 함께 정죄함을 받지 않게 하려 하심이라".[813]

주님께서는 우리가 주님의 만찬을 대하기 전에 우리자신을 살피고 우리의 삶 속에서 지은 모든 죄를 고백하기를 원하십니다. "만일 우리가 우리 죄를 자백하면 그는 미쁘시고 의로우사 우리 죄를 사하시며 우리를 모든 불의에서 깨끗하게 하실 것이요".[814]

주님의 만찬은 우리가 눈으로 보고 기억나게 함으로써 우리 주님의 위대한 희생을 우리에게 일깨워줍니다. 한 오래된 사도적 기도는 "당신께서는 너그러우심으로 우리에게 영적 양식과 음료를 주셨습니

---

812) Didache (A.D. 80-140)
813) 고전 11:27-31
814) 요일 1:9

다.[815] 그리고 당신의 종을 통하여 영원한 생명을 주셨습니다.[816]

그러므로 우리는 주님의 만찬의 떡을 뗄 때에 우리 자신을 주 앞에서 낮추고 감사함으로 떡을 떼어야만 합니다.[817] 모든 가정교회들은 성령의 인도하심에 따라서 자주 주님의 만찬을 기념하며 축하해야 합니다.[818] 많은 그룹들이 자신들이 모일 때마다 상징적인 '로고'나 '문장'과 같은 것들을 게시하는데, 이렇게 하는 것이 주 예수 그리스도께서 친히 공동체의 모임의 중심에 계시다는 사실을 지속적으로 일깨워주는 데에 도움이 될 수 있습니다.

성령께서는 열정적으로 그리스도의 위격을 높이고 광대하게 하기를 원하시는데[819] 주님의 만찬을 행하는 것을 통해서 그 일이 일어납니다. "태초에 선포된 것은 예수 그리스도이시다. 그분께서 우리에게 온전히 계시되셨으며 그분을 통하여 복음이 제시되었다. 이 하나님의 아들에 관한 것이 바로 하나님의 복음이었다.[820] 여기서 강조된 것은 사람이 얻을수 있는 어떤 것이 아니라 하나님의 권리와 그리스도의 영광이다. 이것이 지나치다고 보여질 수도 있지만 우리는 그리스도의 명예의 수호자이신 성령께서 이 문제를 가장 경계하시며 오직 그리스도를 높이는 일에 전념하신다는 사실을 이해해야만 한다."[821]

주님의 만찬은 또한 우리들이 구원이 필요한 큰 죄인들이라는 사실을 보여줌으로서 우리를 항상 겸손하게 합니다. 이것에 대하여 중세의 재침례교도들은 성도들에게 이렇게 명하였습니다.

---

815) 요 6:53-39
816) Didache (A.D. 80-140)
817) 막 14:22-25
818) 행 20:7
819) 요 15:26
820) 롬 1:3
821) William MacDonald (1917-2007)

"주님의 만찬을 형제들이 모일 때마다 행하십시오. 그렇게 함으로써 주님의 죽으심을 선포하며 어떻게 그리스도께서 우리를 위해서 자신의 피를 다 쏟으시고 당신의 생명을 내어주셨는지를 기억하고 기념할 뿐 아니라 우리들 또한 기꺼이 우리의 몸과 삶을 그리스도를 위하여, 곧 모든 형제들을 위하여 내어줄 것을 자원하게 될 것입니다."[822]

'감사의 잔'은[823] 십자가에서 죽으신 그리스도에 관한 복음의 메시지를[824] 이 세상과 아직 복음이 전해지지 않은 나라들에 있는 잃어버린 영혼들에게 증거해야 한다는 것을 우리에게 다시금 깨우쳐줍니다.

---

822) Schleitheim Brotherly Union(1527)
823) 고전 10:16
824) 고전 1:23

원리 36

성령의 역사하심

사도행전을 보면 교회는 성령의 능력에 의해서 탄생되고, 인도하심을 받으며, 유지되고 성장했음을 알 수 있습니다.[825] 그럼에도 많은 사람들이 성령의 역사를 철저하게 의지해야 한다는 사실에 대해서 말하기를 망설이며 주저합니다. 오늘날, 진지하게 성경을 믿는 수많은 신실한 그리스도인들에게 '성령의 역사'라는 용어는 지나치게 부정적인 현상들을 머리에 떠올리게 합니다. 그것들은 자신의 감정적인 충족을 위한 이기적 동기로 하나님의 성령께 다가가는 것이나[826] 우리 자신의 기쁨을 위한 기름 부으심을 구하는 것,[827] 치아가 금으로 변하는 것과 같은 종류의 기적이나 비성경적이고 하나님을 근심케 하는 다른 표적들을 구하는 것과 같은 것들입니다.[828] 우리의 원수인 마귀는 항상 사람들을 속이고 훼방하기 위하여 진짜를 모방하여 위조해냅니다.[829] [830] 어떤 사람들은 중국교회도 동일한 비성경적인 현상들을 경험하고 있다고 주장하지만 결코 그렇지 않습니다.

"성령의 은사들은 중국 시골의 가정교회들안에 널리 받아들여지고 또 실행되고 있습니다. 그러나 방언을 말하는 것이나 예언을 하는 것들이 강조되지는 않습니다. 중국교회 안에 나타나고 있는 성령의 역사의

---

825) 행 16:5, 행 17:28
826) 딤후 3:4
827) 행 8:18-19
828) 요일 4:1, 고후 11:13-15, 살후 2:8-12
829) 고후 11:15
830) 마 24:24

특이한 점은 무질서하지 않다는 것입니다."[831]

중국 시골의 지하교회에서는 주 예수 그리스도의 복음이 선포될 때에 큰 표적과 기사가 나타남으로 선포된 복음을 확증해 주실 것을 성령께 의존하며 기대합니다.[832] 이렇게 성령께서 역사하시고, 지시하시고, 인도하시고, 복음을 확증해 주실 것에 대해 성령께 의존하는 것은 성경적일뿐만 아니라 이 시대의 교회들에게 다른 어느 때보다도 필요한 것입니다. 중국 가정교회 운동의 선구자들이 박해로 말미암아 중국 전역으로 흩어졌을 때, 그들이 들어간 모든 마을들에서 치유가 일어난 것은 특별한 일이 아니었습니다.[833] 우리는 우리의 일상 가운데에서 자신이 얼마나 진심으로 성령을 의지하고 있고 또 필요로 하는지 스스로에게 질문해 보아야만 합니다.[834]

"그들은 주 예수 그리스도와 함께 역동적으로 동행하는 열정적인 그리스도인들입니다. 시골 지하교회들은 감리교나 장로교, 침례교와 같은 교단들에 속해 있지 않습니다. 그들은 그저 그리스도를 따르는 사람들일 뿐입니다. 중국 지하교회에는 신학교에서 훈련받은 사람은 한 사람도 없습니다. 그들은 다만 성령께서 자신들을 가르쳐 주시도록 성령께 의존합니다."[835]

"아마도 그것은 우리들이 아무것도 가진 것이 없기 때문에 하나님께서 우리에게 특별한 긍휼을 베풀어 주신 것이라고 믿습니다. 하나님께서는 우리에게 어린아이같이 단순하게 하나님을 의지하는 겨자씨만한 믿음을 주셨습니다. 중국 그리스도인들은 단순하게 하나님과 그분의

---

831) Brother Zhu
832) 롬 15:19
833) 행 4:16, 행 8:13, 행 19:11
834) 요 14:26
835) E.A. Johnston

말씀을 믿습니다. 우리는 하나님께서 우리를 위해 위대한 일들을 행하기를 원하시며 또 그분은 그렇게 하실 수 있다고 믿습니다."[836] 강력한 제도나 계급적인 구조가 없는 가정교회들은 인도하심을 받기위해 성령님을 전적으로 의존할 수밖에 없습니다. 성령께서 초대교회의 성도들을 인도하셨던 것처럼, 가정교회들도 성령님으로부터 직접적인 인도하심을 받습니다.[837]

중국에서 극심하게 교회를 박해할 당시의 상황에 대해서 한 동역자는 이렇게 말했습니다. "그러나 이러한 불같은 고난과 시험 가운데에서 하나님께서는 당신의 자녀들을 지켜주시고 교회를 보호해 주셨습니다. 하나님께서는 또한 이 고난과 시험을 당신의 교회를 정결하게 하고 당신의 자녀들의 믿음을 깨끗하게 하는 기회로 삼으셨습니다. 이것이 이 박해의 시간들을 견디어 낸 수많은 그리스도인들의 간증입니다. 이 시험의 한 가운데에서 그들은 자신들의 약함과 부패함을 깨달았으며 결점 투성이인 자신들의 믿음을 볼 수 있었습니다."[838]

중국의 공산당 문화혁명기간 동안에 성경은 희귀하고 소유하기 어려운 책이었습니다. 한 가정교회는 자신들에게 하나님의 말씀을 주실 것을 주 예수 그리스도께 기도했습니다. 그들 중에 나이가 팔순이 넘은 연로한 집사님이 계셨는데 그분은 19일 동안 음식은 물론 물도 마시지 않는 금식을 하면서 하나님께 기도했습니다. 마침내 그녀가 성령으로 충만함을 받고 교회의 회중들 가운데 앉자 사람들이 그녀 곁으로 다가왔습니다. 성령의 감동하심에 이끌려서[839] 그녀가 성경의 말씀들을 분

---

836) Wang Mingdao (1900-1991)
837) 행 13:2, 행 15:28, 행 21:11
838) Brother Jianguo
839) 요일 2:20

명하고 큰소리로 낭송하기 시작하자 모든 회중들이 자신들의 노트에 그것을 받아 적었습니다. 중국 땅 전체에서 성경을 거의 찾아보기 힘든 때에, 그녀가 낭송하는 말씀 한마디 한마디가 하나님의 말씀이었습니다. 하나님께서는 한 자매에게 기름을 부어 성별하시고 성경의 구절들을 낭송하는 특별한 성령의 은사를 주신 것입니다.

하나님께서 우리에게 주신 성령은 단순히 우리를 위로하시고 인도하시는 것[840] 뿐만이 아니라 우리의 삶을 뒤바꿀 수 있는 능력을 가지고 계십니다.[841] 성령께서 함께 하심이 없이 행한 공적은 그것이 아무리 대단한 것처럼 보여도 육신적이며 무익한 것입니다.[842] 스가랴서에는 이 진리에 대해서 이렇게 기록되어 있습니다. "그가 내게 대답하여 이르되 여호와께서 스룹바벨에게 하신 말씀이 이러하니라 만군의 여호와께서 말씀하시되 이는 힘으로 되지 아니하고 능력으로 되지 아니하고 오직 나의 영으로 되느니라"[843] 인간의 삶을 변화시키는 하나님의 능력과 그분의 성령을 부인하는, 곧 '경건의 모양은 있지만 그 능력은 부인하는'[844] 수많은 사람들이 있지만 성령께서는 오늘날에도 여전히 사도행전 1장 8절에 기록된 대로 증인의 삶을 살 수 있는 능력을 우리에게 주십니다. 그러나 우리는 반드시 성령을 구해야 하며, 반드시 성령께 복종해야만 합니다.

중국 한 지역의 지하교회 조직에 있는 한 형제는 이렇게 증언합니다. "우리는 중국 전역에서 가장 박해받는 교회들 중의 하나였습니다. 경찰이 정기적으로 우리 지역을 휩쓸고 지나가면서 우리를 괴롭혔고 매

---

840) 요 14:26
841) 롬 8:12-13, 행 3:26
842) 요 6:63
843) 슥 4:6
844) 딤후 3:5

년 백 명이 넘는 지도자들이 검거되었습니다. 우리 지역에 있는 그리스도인들은 그리스도인이 된 지 얼마 되지 않아서 경찰에 체포되었습니다. 그들 중 한 성도는 그리스도인으로 살았던 6년 동안에 5년 반의 시간을 감옥에서 복역해야 했습니다. 그 때에는 그리스도께 대한 자신들의 믿음을 지키기 위해 순교한 성도들 중에서 구원받은 지 겨우 몇 달 되지 않은 초신자들을 보는 것이 특이한 일이 아니었습니다. 이것이 그 당시의 삶이었습니다. 정말 어려운 시간들이었지요!"[845]

만약에 우리가 복음을 선포하는 것 때문에 위협당하고 매를 맞는다고 가정해 봅시다. 우리는 저들처럼 할 수 있겠습니까? 오늘날, 우리들 중 많은 사람들은 거의 복음을 증거하고 있지 않습니다. 초기 그리스도인들은 복음 때문에 위협을 당했을 때에 자신들의 안전과 보호하심을 위해서나 자신들을 해치기 위해 위협하고 있는 자들을 벌해달라고 하나님께 기도하지 않았습니다. 대신에 그들은 이렇게 기도했습니다. "주여 이제도 그들의 위협함을 굽어보시옵고 또 종들로 하여금 담대히 하나님의 말씀을 전하게 하여 주시오며 손을 내밀어 병을 낫게 하시옵고 표적과 기사가 거룩한 종 예수의 이름으로 이루어지게 하옵소서 하더라 빌기를 다하매 모인 곳이 진동하더니 무리가 다 성령이 충만하여 담대히 하나님의 말씀을 전하니라"[846] 하나님 아버지께서는 그들의 기도를 기쁘게 받으셔서 그들이 모인 곳을 흔드시고[847] 그들에게 담대함을 주셨습니다. 하나님과 그분의 성령의 능력이 그들과 함께 계셨습니다.[848]

---

845) Brother Zhu
846) 행 4:29-31
847) 행 4:31
848) 행 10:38

사랑하는 형제자매 여러분! 여러분도 그렇게 되길 원하십니까? 그렇다면 하나님께 구하십시오. 하나님께서는 성령을 당신에게 주시길 원하고 계십니다. 사도행전의 형제와 자매들이 기도했던 것처럼 그렇게 하나님께 기도하십시오! 중국의 형제자매들이 자신들이 핍박받던 어느 곳에서든지 기도했던 것처럼 그렇게 기도하십시오! 하나님께서는 여러분과 나를 통하여, 당신의 아들 예수의 거룩한 이름으로 말미암는 (이적과 기사들을 동반하는)[849] 복음이 전달되어지기를 원하십니다!

---

849) 행 2:43, 행 4:30, 행 5:12

주님이시며 머리가 되시는 예수 그리스도

    중국교회의 성도들은 자신들의 삶의 모든 부분에서 예수께서 죽으시고 부활하신 복음을 인식합니다. 이 구세주에 대한 큰 사랑 때문에 그들은 그분께 이야기 하고 또 자신들이 만나는 모든 사람들에게 종종 그분에 대해서 이야기합니다. 단순하고 명쾌한 그리스도의 십자가의 복음이[850] 그들을 사로잡았으며 '박해'는 오히려 이 십자가의 복음을 가장 중요한 메시지로서 자신들이 지켜야 할 전부가 되게 하였습니다. 지하교회의 모든 집회 가운데에서 예수 그리스도께서 모임의 머리로서[851] 마땅한 위치를 차지하셨으며 그들 중에 실제로 함께하시는 분으로 인식되었습니다.[852]

    중국교회의 많은 성도들이 예수님의 십자가를 지는 삶을 살고 있습니다. 그들은 성경의 말씀들을 문자 그대로 받아들입니다. "누구든지 자기 십자가를 지고 나를 따르지 않는 자도 능히 내 제자가 되지 못하리라"[853] "이에 예수께서 제자들에게 이르시되 누구든지 나를 따라오려거든 자기를 부인하고 자기 십자가를 지고 나를 따를 것이니라"[854]

    많은 사람들이 수감되고, 매 맞고, 고문당하며, 심지어는 죽임을 당하기까지 하는 중국 땅에서 중국교회의 형제와 자매들이 십자가를 지

---

850) 고전 2:2
851) 골 1:18
852) 고전 5:4
853) 눅 14:27
854) 마 16:24

는 삶을 살고 있습니다.[855] 그들은 이렇게 말합니다. "십자가를 지는 삶을 살기 위해서 우리는 예수님 곁에서 함께 걸어야만 하며, 그렇게 할 때에 우리를 구원하시기 위해 베푸신 그분의 사랑에 대해서 증언할 수 있습니다. 우리는 히브리서 11장에 나오는 핍박에 대해서 잘 이해하고 있는 상태에서 주님과 동행하고 있습니다. 그렇기 때문에 그분께서는 우리에게 자신의 능력을 주시며 우리와 함께 하십니다. 우리는 오직 주님만 신뢰하며 주님은 우리가 인내할 수 있는 힘을 주십니다.[856] 우리는 세상 가운데에서 소금이며 빛입니다.[857] 만약에 우리가 말하지 않는 다면 어떻게 사람들이 복음을 알 수 있겠습니까?[858] 우리는 반드시 예수님의 명령에 복종하여 복음을 증거함으로 예수께서 속히 재림하실 수 있도록 해야만 합니다. 온 세상은 반드시 예수 그리스도의 구원의 복음을 들어야 하며, 그렇게 될 때에 예수께서 우리에게 다시 오실 것입니다.[859] 우리들 중 많은 사람들이 여러 차례 수감되었고 지금도 수감되어 있습니다. 우리는 내일 우리에게 어떤 일이 닥칠지 모릅니다. 우리가 감옥에 갇히고, 매 맞고, 전기 고문을 당하고, 또 다른 고문들을 당할 때에 우리는 예수께서 우리와 함께 계심을 느낄 수 있습니다. 그분께서는 우리가 감당할 수 없을 만큼의 고난은 당하게 하지 않으십니다.[860] 우리는 예수께서 우리의 죄를 담당하시기 위해 십자가에 못 박히셔서 얼마나 고난을 당하셨는가 하는 것을 경험하며 죄의 대가의 엄중함을 깨닫습니다. 그것이 우리가 그분을 그토록 사랑하는 이유입니

855) 계 2:13, 히 11:37
856) 살후 1:4
857) 마 5:13-16
858) 롬 10:14
859) 마 24:14
860) 고전 10:13

다. 우리는 우리의 죄를 대속하시기 위해 그분께서 행하신 일이 어떤 것인지 깨닫고 있습니다. 우리는 우리를 고문하는 자들을 불쌍히 여깁니다. 우리는 예수께서 십자가에서 기도하셨던 것과 같이 기도합니다. "아버지 저들을 사하여 주옵소서 자기들이 하는 것을 알지 못함이니이다 하시더라"[861]

우리는 또한 그 사람들이 예수 그리스도를 알게 되길 원하여 그들에게 그분을 전하려고 애씁니다. 우리는 매일 죽을 준비를 합니다. 그것은 우리가 하늘에 계신 하나님을 대면하기 위해 날마다 준비되어 있어야 하기 때문입니다. 우리는 온 세상에 예수 그리스도의 복음을 전하기를 원합니다. 왜냐하면 온 세상에 복음이 전파되기 전에는 예수께서 재림하시지 않으시기 때문입니다. 모든 그리스도인들은 다른 사람들에게 복음을 전하는 것이 자신들의 책임인 것을 잘 알고 있습니다. 우리는 중국 전체에 복음을 전하고 또 중국에서부터 예루살렘에까지도 복음을 전파하기를 원합니다. 주님께서 재림하시면 영원토록 모든 것을 통치하실 것입니다. 그 때가 될 때까지 만약 우리가 고난을 당해야만 한다면 주님께서 우리에게 힘을 주시고 우리의 눈물을 닦아주실 것입니다. 우리가 받는 고난은 잠시 잠간이면 지나갑니다.[862]

부디 주님께 순종함으로 자기의 십자가를 지고 예수님과 함께 걸어가십시오!

"어느 날 밤, 나는 중국 서부에 있었는데 주의 성령께서 방 안에 충만하게 임하셨습니다. 모든 사람들이 자신의 얼굴을 바닥에 대고는 큰소리로 울며 주님을 외쳐 부르기 시작했습니다. 그 집회 기간에 나는 이

---

861) 눅 23:34
862) 롬 8:18

틀 밤과 낮 동안을 잠을 잘 수 없었습니다. 나는 기도를 멈출 수가 없었습니다. 성령의 임재가 너무나 강력했기 때문입니다. 젊은이들은 이렇게 외치기 시작했습니다. '예, 주님! 나는 당신을 위해서 그 나라에서 죽기를 원합니다!'[863] 주의 복음을 증거하기 위해서 아직 복음이 전해지지 않은 특정한 나라들로 가라는 말씀은 교회의 머리되시는 예수께서 마지막 때를 살고 있는 성도들에게 주시는 엄중한 소명입니다.

근사한 성경학교나 신학교의 건물 대신에, 이 귀한 중국 성도들은 동굴과 같은 장소들에서 모임을 가집니다. "최근의 중국 방문 때에, 그들은 우리에게서 중국의 지하신학교를 소개받았습니다. 그리고 중국에서 주님을 따른다는 것이 얼마나 큰 대가를 지불해야 하는 일인지를 중국의 성도들이 직접 겪은 일들을 통해 증언하는 것을 들었습니다. 어느 날 밤, 그들은 한 비밀 신학교를 방문했습니다. 어두운 색의 옷을 입고 그들은 조용하게 들판을 가로 질러서 입구가 숨겨져 있는 작은 동굴 속으로 기어들어갔습니다. 거기서 그들은 그 학생들의 일상이 진정한 희생제사임을 볼 수 있었습니다. 육 개월 동안 학생들은 그 동굴 안에서 살면서 야음을 틈타서만 간혹 동굴을 떠날 수 있습니다. 그들은 아침 6시에 기도와 묵상으로 하루를 시작합니다. 아침 8시에 약간의 간 고기와 빵 한쪽으로 아침식사를 하고 보통은 저녁식사 때까지 음식을 먹지 않습니다. 저녁식사도 아침식사와 거의 같은 음식입니다. 그리고는 아침식사 후부터 저녁식사 전까지 집중적인 교육이 이루어집니다. 이렇게 엄격한 하루의 학습이 끝나면 학생들은 동굴 바닥에 있는 밀짚을 넣은 깔개에서 잠을 잡니다."[864]

---

863) Brother Ezekiel
864) World Serve Missionary Report

이런 성도들의 마음속에는 예수 그리스도의 복음을 속히 세상에 전해야 한다는 것과 함께 이제 곧 주님께서 정말로 재림하신다는 것을 믿는 믿음, 그리고 그 것들을 선포해야 한다는 긴박함으로 가득합니다.[865] 우리는 그리스도께 향한 우리의 헌신의 순수함을 지키기 위해서 이러한 실례로부터 많은 것들을 배울 수 있습니다.[866] 예수 그리스도께서 진정으로 교회의 중심이 되시고 머리가 되시면 메시지가 간결해지고 복음전파의 사명을 완수하기 위한 성령의 능력이 주어집니다.[867] [868]

865) 계 22:12-13, 벧후 3:10-11
866) 고후 11:3
867) 행 1:8
868) 마 28:16-20

원리 38
순교의 영

중국의 지하교회는 극심한 박해의 불 가운데에서 침례를 받음으로 인해 그리스도와 함께 고난을 받는다는 '고난의 신학'을 낳았습니다.[869] 그들은 모든 고난을 '그리스도 때문에', 그리고 '그리스도를 위해서' 당하는 것이라고 인식하고 있습니다.[870] 사도 바울이 회심하기 전 초대교회 성도들을 핍박할 때에 그것이 곧 예수 그리스도를 핍박하는 것임을 주님께서는 명백하게 그에게 말씀하셨습니다.[871] 중국교회 안에는 그리스도를 위해서 기꺼이 고난당하고자 하는 '자원함'이 있으며 고난은 성도가 되기 위해 치러야 하는 통상적인 대가라고 여겨집니다. 그들은 고난의 시간이 닥쳤을 때[872] 이것을 하나님의 뜻이라고 받아들일 뿐만 아니라 더욱 심한 핍박조차도 당연한 것으로 여깁니다. 이러한 고난은 그들에게 기쁨을 주었을 뿐 아니라[873] 자신들을 구원하신 존귀한 주님과 기꺼이 함께 하는 사람들로 여겨지는 것을 특권으로 여기게 했습니다.[874]

고난과 핍박은 중국과 중국 정부에 대하여 분개하는 마음을 일으킨 것이 아니라 오히려 하나님의 위대한 구원의 은혜가 필요한 죄인들일 뿐인 모든 중국 사람들에 대한 사랑이 더욱 깊어지게 했습니다.[875] 여

---

869) 벧전 4:1-2
870) 요 15:18-20
871) 행 9:5, 엡 5:30
872) 벧전 4:19
873) 벧전 4:13-16
874) 행 5:41
875) 요 3:16

러 다른 나라들에 살고 있는 우리들은 우리 주님께서 가르치셨듯이 우리의 원수까지도 사랑해야 한다는 이 교훈을 깊이 깨닫고 이해할 수 있도록 노력해야 할 필요가 있습니다.[876] 적그리스도의 영과 핍박의 때가 우리에게 다가오고 있는 이때에, 우리는 짧은 역사를 가진 중국 지하교회가 이처럼 깊이 깨닫고 습득한 것과 같은 '순교의 신학'을 배워야만 합니다.

그렇게 혹독한 핍박 가운데서도 그들이 품고 있는 이러한 소망과 확신에 관한 아름다운 예를 지하교회에서 불리어지는 찬양의 가사에서 찾아 볼 수 있습니다. "캄캄한 밤에 꽃들은 더욱 향기를 발합니다. 캄캄한 밤에 우리의 발걸음은 더욱 결연하고 단호합니다. 어둠속의 여정은 이제 목적지에 점점 가까워져갑니다. 하나님 앞에서 끝까지 신실해야 할 것을 기억하십시오!"[877] 이와 같은 핍박의 어두운 밤이 많은 성도들에게, 서방세계의 성도들에게까지도 다가오고 있습니다. 우리가 하나님의 아들의 성품을 다른 사람들에게 나타내 보이게 될 때에 환호하며 우리의 심장이 기쁨으로 고동치기를 바랍니다.[878]

"교회는 핍박아래에서 번영합니다. 그것이 바로 교회의 탄생이었습니다. 그들은 예루살렘과 다른 모든 지역들에서 박해를 받았습니다. 성경에, 특별히 사도행전에는 그들이 체포되어 매를 맞고 풀려난 후에 그들은 자신들이 예수의 이름을 위해 고난 받기에 합당한 자로 여겨진 것으로 인해 기뻐한 것이 기록되어 있습니다. 나는 이것이 엄청난 특권이라고 생각합니다. 그러나 여러분 자신이 스스로 고난을 추구하는 것

---

876) 마 5:44
877) Canaan Hymn Book
878) 눅 6:23

은 잘못된 태도입니다."[879] 종말의 때에는 단지 여러분이 예수 그리스도를 숭배하고 경배한다는 것 때문에 그리스도의 이름으로 인한 박해의 압력과 정당하지 않은 증오가 여러분에게 닥칠 것입니다. 여러분은 그날에 굴복하지 않고 맞설 준비가 되어 있습니까?[880]

많은 사람들이 돌이켜 믿음에서 떠날 것이며 그러한 다수의 사람들을 따라가는 것이 쉬운 일일 것입니다.[881] 그러나 우리 주님께서는 우리가 그분의 은혜로 말미암아 그분의 이름과 부르심 가운데 충성스럽게 머물러 있기를 원하십니다. 주님께서는 빌라델비아 교회에게 이렇게 말씀하셨습니다. "내가 네 행위를 아노니 네가 작은 능력을 가지고서도 내 말을 지키며 내 이름을 배반하지 아니하였도다"[882] 또한 버가모 교회에게도 말씀하셨습니다. "네가 내 이름을 굳게 잡아서 내 충성된 증인 안디바가 너희 가운데 곧 사탄이 사는 곳에서 죽임을 당할 때에도 나를 믿는 믿음을 저버리지 아니하였도다"[883] 하나님께서 우리가 하나님의 나라를 위해서 소망 가운데에서 기꺼이 인내하며 고난을 견디어 내었던 그 신실한 교회들과 함께 있는 것을 보게 되시기를 원합니다. 그들은 주의 이름을 위하여 담대하게 맞서지 못하게 만드는 '타협'과 '미지근한 신앙'을 용납하지 않았습니다. 이 '배도'에 대해서 데살로니가 후서는 이렇게 말합니다. "누가 어떻게 하여도 너희가 미혹되지 말라 먼저 배교하는 일이 있고 저 불법의 사람 곧 멸망의 아들이 나타나기 전에는 그 날이 이르지 아니하리니"[884] 하나님께서 그 날에 우리

---

879) Brother Andrew
880) 엡 6:11
881) 마 24:10, 딤전 4:1
882) 계 3:8
883) 계 2:13
884) 살후 2:3

를 지켜주시고 우리의 소망과 구원되시는 예수 그리스도께 신실하게 붙어있게 해 주시기를 간절히 바랍니다. 우리가 주님의 이름을 위하여 모든 것을 잃게 된다 하여도 기꺼이 그것을 감내할 수 있게 되기를 바랍니다.[885] 우리가 날마다 그리스도 안에 지속적으로 거하는 한, 그분 안에 있는 우리의 '안전'은 결단코 위험에 빠지지 않습니다.

중국교회의 아버지처럼 여겨지는 한 형제는 자신의 회중에게 이렇게 경고했습니다. "형제들이여! 로마서는 말씀하기를 '핍박과 고난이 우리를 그리스도의 사랑으로부터 끊어지게 할 수 없다'고 했습니다. 그러나 계시록은 '부요함과 안락함은 그리스도를 향한 우리의 사랑을 잃어버리게 하는 원인이 된다'고 경고합니다."[886] [887]

그리스도께서 원수들 앞에서 우리에게 상을 차려 주실 때에 우리는 그분의 발 앞에 앉을 수 있습니다.[888] 양들의 목자장께서 우리를 지켜주실 것이니 앞에서 언급한 그 어느 것들도 우리를 제압하지 못하도록 우리의 주인 되시는 주님께 더욱 가까이 나아갑시다. 다음의 말씀은 다가오는 환란의 날들을 대비하는 우리의 영혼에 힘을 주며 또 아버지의 뜻을 행하고자 하는 갈망을 우리 안에 불러일으킬 것입니다.

"예수의 복음을 전하는 자들은 이 세상이 끝날 때까지 미움을 받을 것입니다. 그들은 모든 도시들과 가정들을 어지럽히고 분열시키는 자들이라는 누명을 쓰게 될 것입니다. 예수님과 그분을 따르는 제자들은 가족의 삶을 훼손시키며 나라를 잘못된 길로 나가게 한다는 등 모든 면에서 정죄를 받게 될 것입니다. 그들은 광신자들, 평화를 훼방하는 자

---

885) 빌 3:8
886) 계 3:14-22
887) Wang Mingdao (1900-1991)
888) 시 23:5

들로 불리게 될 것입니다. 제자들은 또한 그들의 주님을 버리라는 극심한 유혹과 시험을 받게 될 것입니다.[889] 그러나 종말의 시간 또한 가까워질 것이므로 그때까지 굳건하게 견뎌야만 할 것입니다.[890] 주님께서는 오직 끝까지 예수님과 그분의 말씀에 충성하는 사람들에게 복을 주실 것입니다.[891] 그러나 종말의 때가 되면 예수님과 그분의 제자들을 향한 적개심이 온 세상을 덮게 될 것이므로 전도자들은 아직도 복음을 듣지 못한 사람들을 찾아내어 복음을 증거하기 위해서 이 도시에서 저 도시로[892] 도망 다녀야만 할 것입니다. 그러나 그때에 그들이 도망치는 것은 말씀으로부터 도망치는 것이 아니라 오히려 말씀을 굳게 붙잡고 있기 때문입니다."[893]

일 세기 때에 사도 요한은 "형제자매들이여, 만약 세상이 여러분들을 미워하여도 그것을 이상히 여기지 마십시오"라고 기록했습니다.[894]

2,000년이 지난 지금, 예수 그리스도의 이름을 믿고 따르는 우리들도 온 세상이 우리를 미워할 때에 놀라거나 이상히 여기지 말아야 할 것입니다. 용감하게 복음의 증인이 되십시오! 곧 다가올 고난과 순교는 단순히 추상적인 신학이론이 아니라 현실이며 실제입니다. 이제 우리는 곧 우리에게 닥칠 고난의 시간을 어떻게 견뎌야 하는지를 주님으로부터 배우기를 원합니다. 그분의 은혜는 부족함이 없으므로[895] 그 때가 되면 그분 자신의 영광을 위해서 우리를 견고하게 지탱해 주실 것입니다.

---

889) 살후 2:3, 마 10:33
890) 마 24:13
891) 약 1:12
892) 마 10:23
893) Dietrich Bonhoeffer (1906-1945)
894) 요일 3:13
895) 고후 12:9

열정적인 기도 모임들

교회 안의 많은 사람들에게 기도는 하나님 앞에서 행하는 일들 중 가장 중요하지 않은 일인 것처럼 여겨져 왔습니다. 많은 경우에 우리는 우리자신들의 육신적 필요와 계획의 성취를 위해 하나님께 요청하는 방법으로써 기도를 사용해 왔습니다. 기도에 관해 저술된 수천 권의 책들이 있지만, 우리들 중 많은 이들이 아직까지도 기도를 그리스도인이 개인적으로[896] 또 성도들과 연합하여[897] 행해야 하는 가장 중요한 활동으로 여기지 않고 있습니다. 우리는 어쩌다 한 번씩 특별히 시간을 내어 기도하면서 하나님께서 우리의 기도를 들으실 것을 기대합니다. 그리고는 기도를 통하여 하나님을 깊이 의존하는 대신 곧 우리의 일상생활로 돌아가 버리는 경향이 있습니다.

중국 가정교회 운동의 성장은 열렬하고 진지한 기도의 뿌리에 기인합니다.[898] 모든 회중들이 중국 땅에 있는 잃어버린 영혼들과 자기들을 핍박하는 자들을 위해서 눈물을 흘리며 하나님께 부르짖습니다.[899] 이러한 격정적인 기도는 우리들 중 많은 사람들을 놀라게 하고 불편하게 할 것이지만 그들은 하나님께서 순전한 기도에 응답하신다는 것을 진심으로 믿습니다.[900] 마치 재판관에게 강청하였던 성경 속의 과부처럼

---

896) 마 6:6
897) 행 4:23-24
898) 약 5:16
899) 빌 3:18
900) 마 21:22, 마 9:29

[901] 이 가정교회들은 밤낮으로 하나님께 부르짖어 기도하며 하나님께서는 그들의 기도를 들으십니다. 우리가 하나님께서 그러한 기도를 들어 주신다는 것을 알게 된다면, 우리는 교회로서 기도와 중보의 복된 자리에서 더욱 많은 시간을 보내게 될 것입니다. 수많은 지하교회들의 모임에서 종종 한 번에 서너 시간 이상 계속되는 끈질긴 중보기도가 드려집니다.

중국에 있는 지하교회 성도들은 그들 중 80% 이상이 기적이나 표적을 보았거나 경험하였기 때문에 주 예수 그리스도를 믿게 되었다고 주장합니다. 여러분은 무신론자들에게 오직 한 분뿐이신 참 하나님에 대해서 확신시킬 그 외의 다른 방법이 있습니까? "하나님도 표적들과 기사들과 여러 가지 능력과 및 자기의 뜻을 따라 성령이 나누어 주신 것으로써 그들과 함께 증언하셨느니라"[902]

어떤 지하교회의 한 목사는 미국 방문 후 중국으로 돌아와서 자신의 교회에서 이렇게 말했습니다. "서방에 있는 우리의 형제들은 계획을 어떻게 세우는지를 잘 알고 있습니다. 하지만 우리는 어떻게 기도하는지를 압니다." 거의 대부분의 기도 모임에서 모든 사람이 큰 소리로 수없이 '아멘!'과 '할렐루야!'를 외치며 함께 기도합니다.

지하교회의 많은 성도들에게는 그들의 일상적인 일들을 시작하기 전에 예배와 기도를 드리기 위해서 매일 새벽 5시에 일어나는 큰 헌신이 있습니다. 그들의 기도모임들은 종종 이렇게 이른 아침 시간에 모이는데 심지어 '중국의 새벽 5시'라는 제목을 붙인 찬송도 있습니다. 그 가사 중 일부를 보면 이렇습니다. "중국 땅에 새벽이 오면 당신은 사람들

---

901) 눅 18:7
902) 히 2:4

이 기도하는 것을 들을 수 있습니다. 그들은 세상의 모든 사람들을 하나가 되게 하는 위대한 사랑 안에서 기뻐합니다. 이 기도들은 가장 높은 산들보다 더 높이 날아오르며 가장 냉랭한 마음들도 녹여 버립니다."[903]

이것이 당신의 자녀들의 기도소리 듣기를 간절히 바라시는 우리의 하늘 아버지와 함께 더 많은 시간을 보내도록 우리의 마음을 움직이지 않습니까? "여호와께서 내 음성과 내 간구를 들으시므로 내가 그를 사랑하는도다 그의 귀를 내게 기울이셨으므로 내가 평생에 기도하리로다"[904] 가정교회 네트워크에 속해 있는 오십만 명 이상 되는 지하교회 성도들이 매주 금요일 저녁 여섯시부터 다음날 새벽 여섯시까지 계속되는 철야 기도모임에서 이렇게 기도합니다.

주님께서는 우리가 날마다 그분의 얼굴을 구하며 부르짖을 때에, 또한 그분의 아들의 이름으로 우리가 구한 것을 받았음을 믿을 때에 우리의 간구를 들어 주실 것입니다.[905] 기도는 지역교회 안에서 재고해 볼 만한 한 가지 의식이 아니라 가장 중요한 요소가 되어야만 합니다. 기도는 모든 것들에 대해 우리가 주님을 얼마나 의존하는가 하는 것을 입증합니다.

---

903) Xiao Min
904) 시 116:1-2
905) 요 14:13-14

원리 40
그리스도의 지체는 교회이다

많은 경우에 우리는 우리가 예배드리는 건물을 교회라고 생각하는 오류에 빠져있습니다. 그러나 초대교회와 성경의 기록은 '복음의 증인 된 성도들'이 곧 교회라고 말합니다.[906]

참된 하나님의 사역은 물질이나 현대적인 성장 이론에 의존하는 것이 아니라 우리 주의 복음에 감동된 사람들에 의해서 이루어지는 것입니다. 만약 우리가 예배당과 같은 건축물에 초점을 둔다면 우리는 사람들로 하여금 살아 계시는 주님 대신에 그러한 건축물들을[907] 중요하게 여기도록 그들을 교묘하게 속일 수 있습니다.[908]

중국 시골의 지하교회에는 그리스도의 몸인 '살아있는 성전' 외에는 건물이 없으며 필요하지도 않습니다. 전체적으로 그들은 건물을 소유하는 대신에 들판이나 동굴들,[909] 그리고 가정들을 모임장소로 사용합니다. 그들에게 있어서 가장 중요한 것은 '하나님의 사람들'입니다.[910] 이것이 바로 '성도들이 곧 교회'이며 자신의 상급인 면류관이라고 말했던 바울의 주요한 가르침이었으며[911] 또한 모든 성도들을 제사장으로 인식했던 초대교회가 가지고 있던 인식이었습니다.[912] 몸의 각 부분들은 각자가 맡은 직분과 고유의 기능을 가지고 있습니다. 그들은 그리스

---

906) 엡 4:12, 엡 2:19-22
907) 마 24:2
908) 시 2:12
909) 히 11:38
910) 벧전 5:2, 히 13:17
911) 살전 2:19
912) 벧전 2:5-9

도의 지체 위에 군림하는 지도자를 신뢰하지 않으며 오히려 지체들을 섬기며 돕는 지도자를 신뢰합니다.[913]

그러나 이런 말을 하는 것은 교회건물의 유용성을 깎아내리려는 것이나 교회의 모임을 위해 건물을 사용하는 것을 반대하려는 것이 아닙니다. 중국 시골의 가정교회 네트워크에 속한 어떤 지도자들은 그들이 기도할 때에 주변을 돌아다니는 동물들과 함께 헛간에서 모임을 가집니다. 그리고 그들은 수백만의 성도들을 위해 주님께로부터 지시를 받습니다. 헛간에서든 또는 오래되고 버려진 교회건물에서 모임을 가지든 그것 자체는 잘못된 것이 아닙니다. 우리는 다만 성도들이 건물 자체를 교회로 여기는 잘못을 범하지 않기를 바라며 성도들 자신을 그리스도를 위해 구별된 하나님의 참교회로 보는 바른 시각을 갖게 되기를 바랍니다.

중국의 지하교회는 다른 나라들에서처럼 다양한 유형의 건물들에서 모임을 가질 수 있는 자유를 가지고 있지 못함에도 교회는 여전히 성장하고 있으며 주님의 사역 가운데 풍성한 열매를 맺고 있습니다. 그들 중에는 성경을 소유한 교회가 거의 없었기에 마치 초대교회가 그러했듯이 성경의 구절들과 서신서들을 손으로 베낀 필사본을 모임에서 사용하는 것이 일반적인 일이었습니다.

중국 성도들은 성경을 대단히 사랑하며 마치 성경이 자신의 소유물 중에서 가장 소중하게 간직해야할, 그리고 세상에서 가장 귀한 물건인 것처럼 다룹니다. 초기의 중국 시골 지하교회의 평범한 지도자들은 단지 성경을 빌려서 읽을 수만 있다면 편도로 하루 온종일이 걸리는 여행이라 해도 기껍게 여겼습니다. 대부분의 설교는, 특히 지하교회 운

---

913) 벧전 5:2-4

동 초기의 설교는, 그들이 암송하는 성경의 말씀들에서 비롯되었습니다.[914]

"성령께서 중국교회에 가르치신 것처럼, 그들은 자신들이 배운 것을 그저 간직하고 지키려는 '저수지'와 같은 이기적인 사람들이 아닙니다. 오히려 그들은 그들이 배운 것을 다른 사람들에게 흘려보내는 깨끗하고 막힌 것이 없는 '수로'가 되기를 원합니다. 성도들은 무조건적이면서도 굳건한 서로를 향한 사랑을 가지고 있습니다.[915] 그들은 그리스도의 명령에 순종하여 서로를 사랑합니다.[916] 우리의 중국형제들은 수많은 성경의 구절들을 암송하고 있어 마치 '걸어 다니는 성경'과 같습니다. 서방세계에 살고 있는 우리들도 그들처럼 말씀을 암송해야만 합니다. 만약 우리의 모든 성경을 압수당하는 때가 왔는데 우리가 성경의 말씀들을 기억하지 못한다면 어떻게 양떼들을 먹이며 사역할 수 있겠습니까?"[917]

중국 지하교회의 성도들은 이처럼 주님과 그분의 말씀에 대한 경외함을 가지고 있으며 또한 자신들을 하나님의 거룩하신 말씀의 조명 안에서 바라봅니다. 자신들은 구세주가 필요한 죄인들이었다는 그들의 겸손한 마음의 인식을 반영하는 짧은 중국 찬양이 있습니다.[918]

"주여! 당신은 크고 위대하십니다! 당신은 우리를 내버려 두지 않으셨습니다. 우리는 티끌과 같으며 벌레와 나방보다 나을 것이 없는 존재들입니다. 그러나 당신은 우리를 불쌍히 여기셔서 우리에게 주의를 기울이사 우리를 택해주셨습니다." 이 고백들은 우리가 생명과 인도하심

---

914) 시 119:11, 렘 15:16
915) 갈 5:13
916) 요 13:34
917) E.A. Johnston
918) Canaan Hymn Book

과 진리를 얻기 위해 하나님의 말씀 앞에 나아갈 때에 가져야 할 겸손한 태도를 보여줍니다.[919]

중국의 지하교회는 마치 하나의 몸인 것처럼 기능하며 어떤 한 지체가 다른 모든 지체들보다 더 우위에 있음을 인정해 달라고 요구하지 않습니다. 수백만 명의 성도들을 자신 이외의 7명의 지도자들과 함께 감독하는 한 지도자에게 그들에게 주어진 어떤 직함이 있느냐고 묻자 이렇게 대답했습니다. "아니요, 우리는 그렇게 생각하지 않습니다. 우리는 다만 형제들이며 자매들일 뿐입니다." 그럼에도 그들의 가정교회 네트워크에 속해 있는 모든 성도들은 자신들의 지도자가 누구인지 알고 또 그들을 존경합니다. 하지만 지도자들은 어떤 직함이나 다양한 높은 직분들로서 자신들을 인정해 줄 것을 요구하지 않습니다. 오히려 지하교회의 지도자들은 하나님의 나라의 가족들을 위해서 자신들이 희생해야만 한다고 믿습니다.[920]

"중국 지하교회는 마치 신약교회(초대교회)와 같습니다. 그들 중 어느 누구도 '박사'나 '목사'라고 불리는 사람은 없습니다. 그들은 서로를 '형제' '자매'로 호칭합니다. 그들이 하는 일들은 직함이나 지위가 아닌 역할이나 은사들에 따라서 정의됩니다. 만약 어떤 성도가 교사의 은사를 받았다면 그는 지체들 중에서 가르치는 일을 합니다. 사람들을 대접하는 은사를 받은 또 다른 성도는 할 수 있는 한 섬기는 사역을 합니다. 그들에게 주어진 은사가 그들이 그 은사들을 사용해서 성도들을 섬길 수 있게 합니다. 그들은 직급이 공동체를 분리시킨다는 느낌을 가지고 있습니다. 그들에게 있어서 교회는 가족과 같은 존재이며 그렇기에 구

---

919) 딤후 3:16
920) Sister Liu

성원 모두가 극히 중요하게 여겨집니다. 중국 성도들은 교회를 그리스도의 몸으로서 가정의 역할을 하는 공동체로 생각합니다."[921]

---

921) E. A. Johnston

원리 41

대사명의 완수

주님께서 "너는 '간쑤' 성에서부터 시작하여 서쪽으로 진행하여, 예루살렘에서 시작된 복음의 빛이 이 어두운 세상을 완전히 한 바퀴 돌아 예루살렘으로 되돌아오기 까지, 모든 길에서 복음을 전파해라"하고 말씀하셨을 때 나는 이렇게 대답했습니다. "오, 주님! 우리가 누구이기에 이렇게 막중한 사명을 감당할 수 있겠습니까?" 그러자 주님께서 말씀하셨습니다. "나는 아무런 힘과 능력을 가지고 있지 않은 사람들을 통해 나의 능력을 나타내 보이기를 원한다."[922]

이것은 1920년대에 중국 지하교회의 한 귀한 사역자에게 주어진 사명입니다. 복음이 '땅 끝까지'[923] 전해져야 한다는 것을 깨닫게 해 준 이 비전은 주님에 의해서 오랜 세월동안 지하교회들 안에 생생하게 전해져 내려왔으며 마침내 수백 명의 사역자들이 파송됨으로써 성취되기 시작했습니다. 주님께서 수많은 가정교회의 지도자들에게 보여주신 것은 복음이 예루살렘에서부터 동쪽, 서쪽, 남쪽, 북쪽으로 퍼져나가는 것이었습니다. 이 복음의 전진으로 인해 유럽의 모든 지역과 남아프리카, 그리고 마침내는 미국 땅에도 복음이 침투하게 되었습니다. 이제 복음은 중국에까지 뻗어 나갔으며 마침내는 지구를 한 바퀴 돌아서 예루살렘으로 귀환할 때까지 계속해서 서쪽을 향해 나아갈 것입니다. 이 귀한 형제들이 가지고 있는 복음전파에 대한 부담감이 10,000명이 넘

---

922) Mark Ma
923) 행 1:8

는 선교사들을 지하 가정교회들로부터 파송하게 했습니다. 아직은 이 숫자가 그들이 목표로 하는 선교사들의 숫자에 한참 미치지 못합니다. 왜냐하면 그들의 목표가 중국에서부터 예루살렘까지 가는 길의 주변에 있는 모든 나라들을 주 예수 그리스도께서 재림하시기 전까지 완전히 복음화 하는 것이기 때문입니다.[924]

"우리가 보낸 선교사들 중 많은 사람들이 체포되고, 고문당하고, 심지어는 복음을 위해서 순교하게 되겠지만, 그러한 것들이 우리를 멈출 수는 없을 것입니다. 중국교회는 기꺼이 값을 치르길 원하고 있습니다."[925] 이 귀한 성도들은 우리 주님께서 가르치셨던 성경의 진리를 철저하게 믿고 있습니다. "내가 진실로 진실로 너희에게 이르노니 한 알의 밀이 땅에 떨어져 죽지 아니하면 한 알 그대로 있고 죽으면 많은 열매를 맺느니라 자기의 생명을 사랑하는 자는 잃어버릴 것이요 이 세상에서 자기의 생명을 미워하는 자는 영생하도록 보전하리라"[926] 그들은 투옥되거나 죽임을 당하는 것이 실패를 의미하는 것이 아니며 오히려 복음은 종말시대의 고귀한 순교자들 속에 있는 예수 그리스도에 대한 증언을 통해서 조금씩 조금씩 앞으로 나가게 될 것이라고 믿습니다.

그들은 이 사역을 하면서 교회 건물을 건축하거나 커다란 선교본부들을 세우지 않고 주님께서 자신들을 통해서 중국에서 일하셨던 것과 같은 지하 가정교회 방식으로 사역을 해 나갑니다. 이러한 방식은 가정교회들이 급속히 퍼져나가게 하고 유연성이 있게 만듦으로서 복음이 전파되는 데에 따르는 모든 문제들을 해결할 수 있는 역량을 제공하였습니다.

---

924) 마 24:14
925) Brother Yun
926) 요 12:24-25

"사람의 관점에서 보면 중국교회는 강하지 않습니다. 우리는 물질도 별로 가지고 있지 않으며 어떤 대단한 계획들도 없습니다. 그러나 우리는 땅속에서 어떻게 일해야 하는지 잘 알고 있는 작은 개미들과 벌레들, 흰개미들의 군대와 같습니다. 왜냐하면 그것이 바로 우리가 중국에서 수십 년 동안 배워온 것들이기 때문입니다. 하나님의 말씀은 우리에게 어떻게 영적 전쟁을 해야 하는지 가르쳐 주시고 우리와 같은 작은 자들을 크게 격려해 주십니다."[927] '버러지 같은 너 야곱아, 너희 이스라엘 사람들아 두려워하지 말라 나 여호와가 말하노니 내가 너를 도울 것이라 네 구속자는 이스라엘의 거룩한 이이니라 보라 내가 너로 이가 날카로운 새 타작기로 삼으리니 네가 산들을 쳐서 부스러기를 만들 것이며 작은 산들을 겨같이 만들 것이라 네가 그들을 까부른즉 바람이 그들을 날리겠고 회오리바람이 그들을 흩어 버릴 것이로되 너는 여호와로 말미암아 즐거워하겠고 이스라엘의 거룩한 이로 말미암아 자랑하리라'[928]

"우리는 중국교회가 계속해서 강건한 상태를 유지하기 위한 최선의 길은 세상의 여러 나라들로 복음을 가지고 나아가도록 끊임없이 동기를 부여하는 것이라고 믿습니다. 만약 성도들이 주님을 섬기는 것과 잃어버린 영혼들을 찾아가는 일에 초점을 맞춘다면 하나님께서 그들에게 복을 주시고 또 교회가 활발하고 깨어 있는 상태에 있게 하실 것입니다. 그러나 우리가 자기중심적이며 서로를 비판한다면 사탄이 우리를 속여 교회가 우둔하고 깨어 있지 못하게 되어 쓸모없게 되고 말 것입니다. 중국의 가정교회 그리스도인들이 체포되어 수감되는 이유는

---

927) Enoch Wang
928) 사 41:14-16

그들이 입을 다물고 조용히 있을 수가 없기 때문입니다. 그들은 자신들이 만난 예수님으로 인해 그들의 삶이 안팎으로 완전히 변화되었기 때문에 자신들의 입을 조용히 닫고 있을 수가 없습니다.

서방의 그리스도인들은 종종 서방세계에는 핍박이 없는데 왜 중국에는 핍박이 있는지 우리에게 묻습니다. 이 질문에 답할 수 있는 몇 가지의 가능한 답변이 있지만 우리는 이 한 가지 질문을 함으로 그들에게 되묻고 싶습니다. '당신은 당신의 교회 안에서나 밖에서 담대하게 하나님의 진리의 말씀을 죄인들에게 선포하고 있습니까?' 만약에 당신이 그렇게 하고 있다면 당신이 어느 곳에 살든지 간에 곧 핍박을 경험하게 될 것입니다. 이슬람이나 불교국가들이 우리를 구금하거나, 고문하거나, 굶길 수 있겠지만 우리들이 이미 수십 년 이상 중국에서 경험했던 것들보다 더 심하게 할 수는 없을 것입니다. 예수 그리스도를 위해서 죽기를 두려워하지 않는 수천 명의 젊은 남녀 그리스도인들이 선교사로 파송될 것입니다. 그들은 자신들의 육신이 다만 주님을 섬기기 위해서 사용되는 일시적인 장막일 뿐이며 언젠가는 더 이상 고통이나 눈물이 없는 낙원에 있게 될 것임을 알기에 피 흘리는 것을 두려워하지 않습니다. 그들은 단지 복음을 위해서 죽을 준비가 되어 있을 뿐 아니라 그렇게 되기를 기대합니다.

예루살렘을 향해 진군하는 군대는 하나님의 도우심과 성령의 능력이 없이는 하나님의 왕국을 위한 성공적인 결과를 얻을 수 없다는 것을 알기에 날마다 순간마다 무릎으로 나아가는 겸손한 군대일 것입니다. 하나님께서 이 전쟁의 진로를 지시하시고 인도해 주실 것입니다. '여호와께서 집을 세우지 않으시면 세우는 자의 수고가 헛되다'[929]

---

929) 시 127:1

우리는 어떻게든 교단주의의 영에 빠져드는 것을 거부합니다. 우리는 다만 복음을 증거 할 것이며 죄인들이 예수님의 발 앞에 나아와 주께서 그들을 위해서 십자가 위에서 획득하신 생명을 얻는 것을 보게 될 것입니다. 우리는 그 어느 교단을 높이거나 선전하기를 원치 않으며 다만 예수 그리스도만이 널리 알려지고 높임 받으시기를 원하며 예수께서만 참으로 살아 계신 주님이신 것을 성령께서 확증해 주실 것을 구합니다. 하나님의 말씀의 어느 부분에서도 우리가 우리의 교회나 어떤 방식, 또는 교리를 높이고 칭송하면 성령께서 우리에게 복과 부흥을 주실 것이라고 말씀하신 적이 없습니다. 오히려 예수께서는 우리가 높여 드려야만 할 분이 누구신지를 분명하게 말씀해 주셨습니다. '내가 땅에서 들리면 모든 사람을 내게로 이끌겠노라'[930] 우리 또한 교회 건물을 높이 세우는 일에는 관심이 없습니다. 우리는 세상이 또 다른 하나의 교회건물을 필요로 한다고 믿지 않습니다. 그들에게는 다만 예수 그리스도가 필요하며 신약성경의 초대교회 모범을 따라[931] 자신들의 가정에서 다른 성도들과 함께 예배하며 하나님의 은혜 안에서 성장해 나가야 할 필요가 있을 뿐입니다."[932]

중국교회의 이 강력한 사례가 미국과 다른 나라들에 있는 교회들을 각성시켜 분발하게 함으로써 이 세상에 있는 잃어버린 영혼들, 아직도 복음을 듣지 못한 사람들에 대한 부담을 갖게 되기를 바랍니다. 우리 모두가 '모든 그리스도인들은 선교사들'이라는 사실을 깨닫게 되기를 바랍니다. 또한 우리 모두가 '세상으로 파송된 자들'로서[933] 성령의 능

---

930) 요 12:32
931) 행 5:42, 행 20:20, 롬 16:5
932) Paul Hattaway
933) 행 1:8

력 안에서 살아가기를 바랍니다. 우리 모두 주님의 이 '마지막 날들의 선교사역'을 위해서 함께 기도하며 힘을 모으길 바랍니다. 하나님께서 이 사역을 사람들, 그리고 인간적인 방법과 이론들로부터 지켜 주셔서 이 선교사역이 이슬람교와 힌두교, 그리고 불교와 같은 영적인 어둠의 덫에 걸린 사람들에게 빛을 비추기를 원하시는 성령의 순전한 사역이 되게 하시기를 바랍니다.

교회의 진정한 사명

예수 그리스도께서 당신의 초기 제자들에게 마지막으로 남기신 말씀은 '열방을 제자 삼으라는 명령이었으며 그 명령은 또한 중국교회의 사명이 되었습니다.[934] 중국의 지하교회에서는 가장 최근에 회심한 새 신자들조차 중국과 이 세상을 구원하시는 위대한 구속자에 대해서 모든 사람들에게 전해야 한다는 부담감을 회심하는 즉시 갖게 됩니다. 모든 그리스도인들은 날마다 전도자의 일을 하며 증인의 삶을 살도록 격려 받습니다.[935] 그러므로 그들은 특별한 소수의 선교사들을 의지하지 않고 중국 지하교회 전체가 우리 주님의 영광스러운 복음을 전파하기 위한 선교사로서의 삶을 살려는 자세를 가지고 있습니다.

우리는 많은 나라들에서 예수 그리스도의 복음을 전파하는 선교의 필요성을 깨우치기 위한 특별한 시간들을 갖고 있습니다. 하지만 과연 우리는 초기의 제자들이 가지고 있었던 것과 같은 '선교에 대한 부담감'을 가지고 있는지 의문을 갖게 됩니다. 그리스도의 교회, 곧 우리 개개인 모두가 열방가운데 있는 모든 사람들에게 이 복음의 좋은 소식을 전하기 위한 선교사로서 부르심을 받았다는 것을 깨닫게 되기를 원합니다.[936]

중국의 지하교회는 하나님의 성령의 역동적이고 지속적인 인도하심 아래 성장하고 번성해왔습니다. 하나님께서 어떤 특정한 교단이나 교

---

934) 마 28:16-20
935) 딤후 4:5
936) 막 16:15

회뿐만이 아니라 온 세계 가운데에 이와 같은 일을 일으키시기를 원합니다. 하나님께서 그리스도의 지체 안에 있는 모든 성도들을 일으켜 세우사 부활하신 우리 주님의 복음 안에서 역동적일뿐 아니라[937] 연합하여[938] 성장해[939] 갈 수 있게 해 주시기를 원합니다.

중국교회 안에는 다른 사람들에게 복음을 나누어야 한다는 절박함이 있습니다. 그것은 단순히 그들이 '이렇게 좋은 복음을 받았는데 어떻게 이것을 다른 사람들과 나누지 않고 입을 닫고 있을 수 있느냐'라고 생각하기 때문입니다. 여러분은 그들이 이렇게 말하는 것을 거의 들을 수도 있습니다. "서둘러요! 서두릅시다! 어서 모든 사람들에게 이 복음을 전합시다!" 그러므로 하나님께서 중국 서쪽방향의 닫혀 있는 모든 나라들에게 복음을 전하기 위해서 이 단순한 중국 시골 농부들의 마음 가운데에서 전략이 나오게 하시는 것이 전혀 놀랄 일이 아닙니다. 어떤 중국 성도들은 어떠한 '공급'이나 돈도 없이, 다만 주님만을 신뢰하며 복음을 다른 사람들에게 나누기 위해서 길을 떠납니다.

우리는 하나님의 아들 안에서 우리에게 주어진 이 복음을 나누기 위해서 중국교회가 본을 보여준 '복음전파의 긴박성과 절박함'을 배워야만 합니다. 성령께서는 중국교회로부터 배우라고 우리를 일깨워 주시며, 또한 우리 각 사람에게 복음을 증거하는 일을 시작하라고 격려해 주십니다.

여러분은 성경이 말씀하시는 것과 같이 '살아있는 혼'에게 복음을 증거하는 것임을 기억하십시오. "사람이 만일 온 천하를 얻고도 자기 목

---

937) 고전 10:31-33
938) 고전 12:12-14
939) 엡 2:19-22

숨을 잃으면 무엇이 유익하리요"[940] 사람의 혼은 이 세상에 있는 모든 금과 다이아몬드, 석유, 그리고 돈보다도 더 큰 가치가 있습니다. 게다가 한 사람의 죄인이 하나님께 돌아오면 하늘에 있는 모든 천사들이 기뻐한다고 말씀하셨습니다.[941] 뿐만 아니라 사람들의 영혼을 구원한 이들을 위한 면류관이 영생을 위한 큰 상급으로서 하늘에 준비되어 있다고 하셨습니다.[942]

이제 기도하면서 예수 그리스도에 대해서 알지 못하는 다섯 사람을 머리에 떠올리시고 성령께서 그들 중 한 사람이나 몇 사람에게 그리스도에 대해서 증거할 기회를 주시도록 간구하십시오. 성령께서 그 길을 예비해 주실 것입니다.

"가서 오지 마십시오! 주님께서 주신 대사명은 우리에게 우리를 초대하지 않은 사람들에게 찾아가라고 하셨습니다. 우리는 잃어버린 영혼들이 있는 곳에 가야만 하며, 또 새롭게 성도가 된 이들을 훈련시켜서 그들 또한 잃어버린 영혼들을 찾아서 공장이나 가정들, 가게들, 그리고 이웃들 속으로 가도록 해야만 합니다. 우리는 그들 중 몇몇이 아니라 그들 모두를 제자삼아야만 합니다. 일반적으로 우리는 누가 복음을 받아들일지를 스스로 판단하여 우리가 복음을 나누고자 하는 사람들을 선택하는 경향이 있습니다. 그러나 하나님께서는 모든 사람들과 복음을 나누라고 하셨습니다. 우리는 누가 복음을 믿게 될지, 또 하나님께서 누구를 사용하셔서 새로운 일을 시작하실지 예측할 수 없습니다."[943]

---

940) 막 8:36
941) 눅 15:7
942) 단 12:3, 계3:11
943) Ying Kai

여러분이 복음을 증거하면 사탄은 즉시로 다가와서 여러분이 실패했다고 말할 것입니다. 사탄은 여러분을 낙담시키고 용기를 잃게 해서 다시는 복음을 전하려고 시도하지 못하도록 만들기를 원합니다. 우리는 사람들의 마음 밭에는 '좋은 토양'과 '나쁜 토양'이 있다는 것을 반드시 이해하고 있어야 합니다.[944]

또 한 가지 이해하길 바라는 것은 여러분이 씨를 심는 일을 하거나, 아니면 심겨진 씨에 물을 주고 있는 사람일 수도 있으며, 어떤 때에는 하나님께서 여러분이 영혼을 추수하도록 허락하실 수도 있다는 사실입니다.[945]

여러분은 사람의 마음을 바꿀 수 없으며 오직 성령께서만 사람의 마음을 바꾸실 수 있습니다. 여러분은 사람을 거듭나게 할 수 없으며 오직 성령께서만 사람을 거듭나게 하십니다.

누가복음 10장에서 주님께서는 우리가 따라야 할 분명한 단계들을 제시하십니다. "그 후에 주께서 따로 칠십 인을 세우사 친히 가시려는 각 동네와 각 지역으로 둘씩 앞서 보내시며 이르시되 추수할 것은 많되 일꾼이 적으니 그러므로 추수하는 주인에게 청하여 추수할 일꾼들을 보내 주소서 하라 갈지어다 내가 너희를 보냄이 어린 양을 이리 가운데로 보냄과 같도다 전대나 배낭이나 신발을 가지지 말며 길에서 아무에게도 문안하지 말며 어느 집에 들어가든지 먼저 말하되 이 집이 평안할지어다 하라 만일 평안을 받을 사람이 거기 있으면 너희의 평안이 그에게 머물 것이요 그렇지 않으면 너희에게로 돌아오리라 그 집에 유하며 주는 것을 먹고 마시라 일꾼이 그 삯을 받는 것이 마땅하니라 이 집에

---

944) 막 4:3-9
945) 고전 3:6

서 저 집으로 옮기지 말라 어느 동네에 들어가든지 너희를 영접하거든 너희 앞에 차려놓는 것을 먹고 거기 있는 병자들을 고치고 또 말하기를 하나님의 나라가 너희에게 가까이 왔다 하라"946)

우리는 예수께서 하나님의 인도하심을 받아 사역자들을 둘씩 짝을 지어 보내신 것을 말씀 속에서 볼 수 있습니다.947) 예수께서는 또한 당신의 제자들에게 영혼을 추수할 일꾼들을 보내주실 것을 위해 기도하라고 격려하셨습니다.948) 그뿐 아니라 예수께서는 하나님께서 일하시는 지역에서 '열린 문'의 역할을 하는 '평화의 사람'에949) 대해서 언급하셨습니다. 그저 하나님께서 인도하시는 곳을 향해 마음을 열고 나가십시오. 그곳은 이미 성령께서 일하고 계신 곳이기 때문입니다. 마지막으로 병든 자들과 사람들의 필요를 위해서 기도하십시오, 예수께서는 하나님 나라의 복음이 전파되는 곳에 그 복음을 나타내는 하나의 도구로서 이것을 주셨습니다. 하나님께서 사람들의 필요에 개입하시고 기적을 베푸시는 것을 통해 많은 사람들이 주님께 마음을 열게 될 것입니다.

우리는 사랑을 가지고, 그리고 우리의 말과 삶을 통해 복음을 증거해야 하는 하나님의 종입니다. 여러분은 어두운 밤이 우리를 덮치기 전에 종으로서의 삶을 시작하지 않겠습니까?950) 이것은 예수님의 명령이며 그분은 또한 우리에게 이렇게 말씀하셨습니다. "너희가 나를 사랑하면 나의 계명을 지키리라"951) "또 이르시되 너희는 온 천하에 다니며 만민

---

946) 눅 10;1-9
947) 눅 10:1
948) 눅 10:2
949) 눅 10:6
950) 요 9:4
951) 요 14:15

에게 복음을 전파하라"[952] 한 젊은 중국 성도는 이렇게 말했습니다. "나는 모든 사람들에게 예수 그리스도에 대하여 증거하는 것을 기뻐합니다. 우리는 우리에게 아직 기회가 있을 때에 그 일을 해야만 합니다. 왜냐하면 예수께서 곧 재림하실 것이기 때문입니다."

　(편집자 주): 중국의 부흥은 아직도 계속되고 있습니다. 많은 지하교회들 가운데 계속해서 수많은 새로운 성도들이 더해지고 있습니다. 사람들의 부족함과 불완전함에도 불구하고 중국 시골의 지하교회 가운데에는 하나님의 성령의 엄청난 역사하심이 명백하게 나타나고 있습니다. 과거에 여러 번 큰 부흥이 일어났었지만 사람들이 그 부흥을 주도하려고 하였기 때문에 성령의 불을 꺼뜨리게 되었습니다. 그 꺼졌던 불씨들 중의 하나가 중국의 지하교회 가운데에서 다시 타오르기 시작한 것입니다. 전반적으로 볼 때에 중국교회는 서구의 교회에서는 찾아 볼 수 없는 열정과 순수함을 아직도 간직하고 있습니다. 그렇다고 해서 중국교회가 완전하다고 말할 수는 없음을 이해해야만 합니다. 중국교회의 어떤 지도자들은 이제 가정교회 네트워크들이 분리되는 것을 용인하고 있습니다. 한 가지 분명하게 해야 할 것은, 이 부흥이 '하나님의 역사하심'이며 따라서 우리는 이 성도들 가운데에서 역사하시는 하나님께로부터 배워야 할 것들이 많이 있다는 것입니다. 또 한 가지는, 하나님께서 행하고 계신 일에 사람이 무언가를 더하기 시작할 때에 '분열'과 '불화'가 시작된다는 것입니다. 주님께서 중국의 모든 지역에서 대 부흥이 계속되게 하시고 인간의 부족함과 불완전함에도 불구하고 성령께서 떠나가시지 않도록 함께 기도해 주십시오.

---

952) 막 16:15

중국 가정교회들과의 대담

편집자 주:

이 대담은 중국 시골의 지하교회 네트워크와 연관된 사역을 하고 있는 두 형제와 함께 진행되었습니다. 하나님께서는 마치 사도행전을 연상시키는 순수하고 초기 교회의 모습이 잘 보존된 공동체를 중국의 시골 전역에 걸쳐 존재하는 가정교회 네트워크 안에 세워오고 계십니다. 하나님께서 하시는 사역은 단순해 보이지만 이 성도들의 마음속에 열정과 사랑, 그리고 거룩한 갈망이 생겨나게 하셨습니다. 우리는 오늘날, 고작 한 시간 남짓 동안 진행되는 교회의 모임형태를 벗어나야만 할 필요가 있습니다. 그리고 주님 안에 있는 이 귀한 형제와 자매들처럼 전적으로 주님을 섬기기 시작해야만 합니다. 이어지는 대담 내용 가운데 나오는 질문들과 제시된 진리들이, 우리가 여러 지역에서 예수 그리스도의 머리되심 아래 교회로 모일 때에 우리들 중 많은 사람들에게 매우 중요한 영향을 끼치게 될 것입니다. 다음의 내용은 대담의 복사본입니다.

대담자: 이제 다른 중요한 질문으로 넘어가겠습니다. 중국 그리스도인들은 미국의 기독교에 대해서 어떻게 생각하고 있습니까?

형제 1: 그들은 서구의 교회들이 마치 게임을 하고 있는 것처럼 느끼고 있습니다. 그들은 교회 모임을 갖는 중에 웃는다는 것을 받아들이기가 어렵습니다. 서구의 성도들이 모여서 농담을 할 때에, 중국 성도들은 그들의 모임에서 깨어진 마음으로 울며 애통해 합니다.[953] 이 차이는 매우 다른 결과를 가져옵니다. 그들은 서구의 교

---

953) 약 4:9

회들이 전통들과 프로그램들에 묶여 있어서 성령의 인도하심을 따라갈 수가 없다고 느낍니다. 우리는 과연 우리가 성령님과 직접 연결이 되어 있는지 점검해 보고 그분의 음성을 듣기를 구해야만 합니다. 우리가 서방세계와 중국의 그리스도인들 사이의 차이점에 대해서 아무리 강조해서 말한다 해도 결코 지나치지 않을 것입니다. 그리스도를 따르는 중국의 성도들은 그들의 주인의 음성을 듣고 그분을 따릅니다. 이것은 실제로 매우 단순한 신학이론입니다. 서구의 그리스도인들은 그들 가운데에서 그리스도와 그분의 직접적인 임재를 배제해 왔을 수도 있습니다. 때때로 나는 서구의 기독교가 이전에 그들이 오랜 동안 예수께서 그들과 함께 계시지 않으셨다는 사실을 발견했었던 그 때로 돌아갈 수도 있다는 느낌을 받을 때가 있습니다.[954] 그분은 다른 어느 곳으로 가버리셨습니다. 그분은 그들과 더 이상 함께 계시지 않습니다.

형제 2: 내가 Yun형제로부터 개인적으로 받은 메시지는 예수께서 배 안에서 잠드셨던 것에 대한 내용입니다. 그의 말의 요점은 선교지나 교회, 또는 여러 단체에서 사역하는 수많은 사람들이 하나님의 능력과 큰 비전을 가지고 시작하지만 곧 그들은 '이제는 우리 스스로 노를 저을 수 있다'라고 생각하고 주님의 도우심을 구하지 않기 때문에 예수께서 배안에서 주무신다는 것입니다. 큰 풍랑이 일어나자 그들은 너무 늦기 전에 풍랑을 가라앉게 해 달라고 주님을 깨워야만 했습니다.[955] 여러분의 교회와 여러분의 가정, 그리고 여러분의 삶 가운데 주님께서 주무시고 계신 것은 아닌지 확인해 보십

---

954) 계 3:20
955) 막 4:35-41

시오!

[성령에 관하여]

대담자: 중국교회의 성령에 대한 믿음은 무엇입니까? 그들이 능력있는 사람들이라는 것은 매우 확실한 것처럼 보입니다. 성령에 대한 그들의 신학이 어떠하기에 이런 일들이 가능한 것입니까?

형제 2: 그들은 성령으로 침례를 받는 것이 모든 성도들에게 주어진 하나님의 명령이라고 믿고 있습니다.[956] 그들은 또한 주예수 안에서 우리가 살아가는 동안에는 계속해서 성령으로 충만한 상태를 유지해야만 한다고 믿습니다.[957] 이것이 우리가 이 대담 가운데에서 나누었던 모든 놀라운 일들에 대한 가장 중요한 원인이며 근거입니다. 만약 미국의 그리스도인들 중 수백만 명이 성령으로 충만함을 받는다면 미국교회 가운데 어떠한 변화가 일어날 지 상상해 보십시오!

[거룩한 삶에 대해서]

대담자: 중국교회는 거룩한 삶이란 어떤 것이라고 믿습니까? 이 문제는 미국에서는 많이 혼란스러운 영역입니다. 스스로 교회라고 공언하지만 실상은 가짜인 교회들 안에는 세상적인 것들로 가득 차 있습니다.

형제 2: 중국성도들은 보수적인 그리스도인들입니다. 그들은 하나님의 말씀에 따라서 자신들의 삶을 결정하고 관리합니다. 그들 중 많

---

956) 행 1:5
957) 엡 5:18

은 성도들이 성경을 가지고 있지 못하지만 하나님께서 말씀하신 그리스도인의 삶이 어떤 것인지를 알기 위해서 더욱 말씀을 연구합니다. 그들의 여인들은 영적으로 겸손하며[958] 정숙하고 검소하게 옷을 입습니다.[959] 중국의 문화는 미국의 문화와 다르지만 어쨌든 그들이 입는 옷은 검소하고 단정합니다. 그들은 모두 가난하기에 유행하고는 아무런 상관이 없습니다. 그러나 그들이 서방에서 온 그리스도인들과 관계를 맺으려고 할 때에는 이 거룩한 삶에 관한 문제가 그들에게 진짜 문제가 됩니다. 그들은 교단들로부터 자신들과는 너무나 다른 서방의 교회들처럼 될 것을 요구받을 때에 어려움을 겪습니다.

[하나님으로부터의 치유에 관하여]

대담자: 치유에 관한 어떤 간증들은 정말 놀랍습니다. 그 간증들은 내가 그것들을 듣고 있는 동안에 놀라움으로 가득한 채 앉아 있게 만들었습니다. 치유에 관한 주제에 대해서 좀 더 자세하게 말해 줄 수 있습니까? 오늘 밤 우리가 들은 것과 같은 기적들이 얼마나 자주 일어납니까? 치유에 대한 그들의 신학은 어떤 것입니까?

형제 1: 먼저 신학에 대한 질문에 대해서 답변을 드리자면 그들은 치유에 대해서 매우 단순한 신학을 가지고 있습니다. 그들은 하나님께서 치료자이심을 믿습니다.[960] '치유'는 그저 그분의 거룩하심을 드러내는 여러 가지 속성 중의 하나일 뿐입니다. 미국의 그리스도인들은 하나님께서 치유하실 수 있다고 믿습니다. 그러나 중국의

---

958) 딤전 2:9
959) 딤전 2:11-15
960) 출 15:26

그리스도인들은 하나님께서 '항상' 치유 하신다고 믿습니다. 치유는 우리의 믿음을 따라옵니다. 당신은 당신이 믿는 것을 받습니다. 그들은 가난하여 의사에게 찾아갈 수가 없습니다. 그렇기 때문에 그들은 하나님을 믿고 의지 할 수밖에 없습니다. 미국사람들은 그렇게 하지 않지요. 치유는 항상 일어나는 일이지만 그들 또한 자신들이 감당하고 해결해야만 하는 질병이나 아픔들을 가지고 있습니다. 빈곤과 핍박이 그들의 삶을 더욱 고통스럽게 만들기 때문에 그들은 더 자주 아프고 병에 걸립니다. 어떤 때에는 하나님께서 치유해 주시지만 어떤 때에는 치유해 주시지 않습니다. 하나님께서 주권을 가지고 계시니까요![961]

대담자: 오늘 밤에 나누어 주신 다른 기적들에 대해서도 말씀해 주실 수 있습니까? 우리들에게는 그렇게 많은 초자연적 사건들을 받아들이는 것이 쉽지 않은 일입니다. 이러한 일들이 중국의 교회에 끼치는 영향은 어떻습니까?

형제 2: 그들은 기적을 행하시는 하나님을 믿습니다. 처음에 부흥이 시작되었을 때에는 그들도 모두 매우 놀라워했습니다. 그러나 하나님께서 더욱 많은 기적들을 행하시기 시작하자 교회는 그저 기적이 일어날 것을 기대하기 시작했습니다. 하지만 이것은 서방교회에서 나타나는 현상처럼 격앙되거나 정신을 혼란스럽게 하는 그런 것이 아닙니다. 그들의 모임 중에 기적들이 발생합니다. 그러나 설교자는 곧바로 복음을 선포합니다. 그들 가운데에는 하나님께서 당신의 말씀을 기적을 통하여 확증해 주실 것을 기대하는 마음

---

961) 욥 1:21

이 있습니다.[962] 80%의 중국 성도들이 어떤 형태로든 기적을 경험했으며, 그렇게 때문에 그들은 기적이 일어날 것을 기대합니다. 하지만 그들은 결코 기적 자체에 영광을 돌리지 않으며 다만 하나님께만 영광을 돌립니다. 기적을 일으킬 수 있는 은사는 성경에 기록되어 있으며 하나님께서는 이 은사를 통하여 역사하심으로 당신의 이름을 경외하게 하십니다.

대담자: 혹시 죽었다가 살아난 사람에 관해서 들어 본 적이 있으신가요?

형제 1: 물론입니다. 여러 번 그런 일이 일어났습니다. 특히 누군가가 살해당했을 때나 박해로 말미암아 죽임을 당했을 때에, 지도자들은 그들의 시체가 있는 곳으로 가서 기도합니다. 혹시 하나님께서 그들을 다시 살아나게 하실 지도 모르니까요!

[진정한 통합에 관하여]

대담자: 나는 설교할 때에 종종 이렇게 말합니다. "핍박이 올 때에는 진정한 통합도 함께 올 것입니다. 왜냐하면 그때에는 더 이상 세상과 혼합된 것이 없을 것이기 때문입니다." 이 말에 비추어 보았을 때, 중국성도들의 통합에 대한 믿음은 어떤 것입니까? 우리는 미국의 기독교계 안에 교회일치에 관한 큰 혼란이 있는 것을 보고 있습니다.

형제 2: 다시 말하지만, 그들의 신학은 매우 단순합니다. 그들의 통합은 믿음의 본질과 진정한 제자도의 증거에 기반을 두고 있습니다. 그들은 "제자들은 복음을 증거하는 사람들입니다. 우리가 핍

---

962) 롬 15:19

박을 받는 것은 우리가 복음을 증거하기 때문입니다."라고 말합니다. 이것이 그들이 가지고 있는 통합의 기준입니다. 그들 가운데에도 여러 가지의 차이점들이 있지만 그들은 그 차이점들이 '영혼들을 얻기 위한 영적전쟁' 중에 있는 자신들을 분리시키도록 허용하지 않습니다. 그들은 자신들을 분리되게 하는 것들보다는 하나가 되게 하는 요인들이 더 많다고 믿습니다.

대담자: 그러한 중국 성도들을 일컫는 명칭에 대해서 말씀해 주실 수 있습니까? 제 말은 '가정교회'라는 명칭에 대한 것을 뜻합니다. 이 명칭이 뜻하는 의미는 무엇입니까?

형제 1: 그 명칭은 몇 가지의 의미를 가지고 있습니다. 첫 번째로, 이 명칭은 그들이 가정들에서 모이기 때문에 붙여진 명칭입니다. 이것에 대해서는 몇 가지 이유가 있는데 조금 후에 말씀드리겠습니다. 두 번째로, 그들은 가정이 아닌 건물들에서 모이는 정부에 등록된 교회들과 자신들을 구별 짓기 위해서 가정교회라는 명칭을 사용합니다. 마지막으로 가장 중요한 것은 그들이 확신을 가지고 자신들을 '가정교회'라고 칭한다는 사실입니다. 그들은 가정들에서 모임을 갖는 것이 더욱 성경적이라고 생각하기 때문에 그렇게 합니다.[963] 박해 때문에 그들이 그렇게 할 수 밖에 없다는 것 또한 사실입니다. 그러나 더 중요한 이유는 그것이 가장 복음주의적이라는 것입니다. 만약에 중국 정부가 그들에게 자유롭게 모임을 가질 수 있도록 허용한다고 해도 그들은 여전히 가정에서 모임을 가질 것입니다. 가정에서 모임을 갖는 것이 중국교회를 그렇게 엄청난 부흥으로 이끈 가장 큰 요인들 중의 하나입니다. 더 많은 모임 장소

---

963) 몬 1:2

들이 생겨날수록, 그들은 더욱 많은 영혼들을 그리스도께로 돌아오게 할 수 있습니다. 덧붙여서 그들은 가정에서 모이기 때문에 불필요한 경비를 지출할 필요가 없습니다. 재정적인 문제들은 종종 교회의 성장을 방해합니다.

[교회의 모임들에 관하여]

대담자: 중국성도들이 모여서 자유롭게 예배드릴 때의 모습에 대해서 말씀해 주시겠습니까? 나는 그들이 예배 중에 조용히 해야만 할 때가 있다는 것을 알고 있습니다. 그러나 그들이 그런 것에 매이지 않고 자유로울 때에는 어떻게 예배합니까?

형제 1: 중국의 그리스도인들이 감시의 눈을 의식할 필요 없이 자유롭게 모였을 때에, 그들은 매우 역동적으로 반응하는 회중입니다. 그들은 온 마음을 다해서 찬송가들을 부르며 후렴들을 반복해서 노래합니다. 설교시간이나 간증을 나누는 시간에는 수도 없이 '아멘'과 '할렐루야'를 외칩니다. 그들은 이러한 소리가 들리지 않도록 숲속이나 동굴들에서 모임을 가집니다.[964]

[부흥에 대한 신학에 관하여]

대담자: 당신은 중국교회의 부흥이 수십 년째 계속되고 있다고 말씀해 주셨는데, 이 부흥이 멈추거나 식지 않는 이유들에 대해서 말씀해 주시겠습니까?

형제 2: 제가 보기에는 두 가지의 이유가 있습니다. 첫 번째 이유는 중국교회가 하나님의 목적을 이 땅위에서 이루어드리기 위해서 부지

---

964) 히 11:38

런히 일한다는 것입니다. 그 하나님의 목적은 복음전파입니다. 하나님의 사람들이 하나님의 일을 할 때에 하나님께서는 그들 위에 당신의 성령을 계속해서 부어주십니다. 이것이 바로 부흥이 지속되게 하는 비결입니다. 중국교회는 땅 끝까지 복음을 전파하라고 명하신 '대 사명'에 대한 강력한 비전을 가지고 있습니다.[965] 그들은 자신들과 같은 시대를 살고 있는 사람들에게 복음을 전파하는 것이 교회의 책임이라고 믿고 있습니다.[966] 두 번째 이유는 첫 번째 이유로부터 나왔습니다. 복음전파에 대한 그들의 불굴의 의지로 인해 그들은 반복적으로 박해를 받습니다. 이 박해로 인해 그들은 정결케 되고, 정결케 됨으로 인해서 더욱 기름부음이 임하게 됩니다. 이 두 가지 이유가 합쳐져서 부흥이 일어날 환경이 조성되는 것입니다.

형제 1: 중국교회 안에 아직까지도 부흥이 지속될 수 있게 하는 이유가 한 가지 더 있습니다. 그것은 교회의 지도자들이 성령께서 모든 사역을 지도하시도록 그분께 자리를 내어드리는 것에 매우 주의깊고 신중하다는 것입니다. 그들은 하나님의 성령께서 그분의 뜻대로 자유롭게 운행하시도록 해드립니다. 그들은 미국교회가 너무나 조직화 되었다고 생각합니다. 중국교회의 지도자들이 부흥에 관하여 한 말들이 있는데 저는 이것이 도움이 되리라고 생각합니다. 그들은 '사람들이 어떻게 할 때에 부흥이 소멸될 수 있는가'에 대해서 이렇게 말합니다.

- 사람들이 부흥을 자신의 이해와 생각에 맞게 조직하고 체계화하

---

965) 눅 24:46-47
966) 막 16:15

기를 원한다.

- 부흥을 체계화한다, 그리고는 자신이 그 안에서 확고한 위치를 차지한다.

- 한번 그렇게 되어 버리면, 성령께서는 몹시 슬퍼하시면서 점차적으로 뒤로 물러나신다.

- 이제 그 부흥은 역사속의 한 사건이 되어 모든 사람들은 과거에 있었던 부흥에 대해서 이야기하게 된다.

[종말신학에 관하여]

대담자: 중국 가정교회가 가지고 있는 종말론에 대해서 말씀해 주시겠습니까? 그들의 종말에 대한 신학은 무엇입니까?

형제 2: 다시 말하지만, 그들의 신학은 매우 단순합니다. 그들은 예수 그리스도께서 이 땅에 다시 오실 것을 믿습니다. 그리스도께서는 신부로서의 준비를 마친 당신의 신부를 위해서 다시 오실 것입니다. 어떻게 이 모든 일이 일어날 것인가에 대한 구체적인 설명에 관해서는 몇몇의 다른 견해가 있습니다만 그러한 견해의 차이가 그들을 분리시키지는 않습니다. 그들의 신학의 가장 뛰어난 강점은 '복음전파'와 관련이 있습니다. 그들은 반드시 모든 민족에게 복음이 전파되어야만 하며, 그 이후에야 종말이 온다고 믿습니다. 그들이 갖고 있는 이러한 믿음의 근거는 마태복음 24장에서 비롯된 것입니다.[967] 이 믿음으로 말미암아, 그들은 복음전파에 대한 강한 확신을 가지고 있습니다. 그들은 만약에 여러분이 다른 사람들에게 복음을 전하는 일에 열심을 내고 있지 않다면, 여러분은 그리스도

---

967) 마 24:14

의 재림을 방해하고 있는 것이므로 회개할 필요가 있다고 믿습니다.

[제자훈련에 관하여]

대담자: 마지막 질문입니다. 이제 이 부흥운동의 지도자들에 대해서 이야기해봅시다. 중국교회는 그렇게 빠른 속도로 성장을 하고 있는데도 불구하고 아직도 지하교회의 형태를 고수하고 있습니다. 그로인해 지도자들에게 정규적인 교육이나 훈련을 시키는 것이 어려우리라고 생각됩니다. 미국인의 관점으로는, 많은 사람들이 만약 어떤 성도가 충분한 정규적인 과정을 마치지 않았다면 교회를 인도하는 목회자가 될 수 없다고 생각합니다. 중국에서는 분명히 이러한 훈련을 할 수 없음에도 불구하고 교회는 여전히 번성하고 있습니다. 어떻게 이런 일이 있을 수 있습니까? 중국 교회의 지도자가 되기 위해서는 어떠한 준비와 훈련을 받아야 하는지 설명해 주시겠습니까?

형제 1: 중국교회의 핵심이 되는 지도자들 중 대부분은 배우 가난합니다. 그들의 인격에서 가장 뛰어난 장점은 바로 '사랑'입니다. 그들은 중국에서 핍박을 당하고 있는 양들을 위해서 자신들의 생명을 쏟아 부음으로, 수고하고 애쓰며 감옥에 갇힐 위험도 감수합니다. 한번 잘못 움직이면 그들은 5년이나 10년을 감옥에서 지내게 됩니다. 이것이 바로 미국에 있는 많은 사람들은 결코 알지 못하는 '사랑'입니다. 그들도 자기들의 지도자들을 훈련시킵니다. 하지만 그 훈련은 매우 단순합니다. 그들은 세 가지에 중점을 두고 지도자들을 훈련시키는데 그것에 대해서 제가 간단하게 설명하겠습니다.

- 그들은 성도들에게 어떻게 예수 그리스도의 제자가 되고 그분과 함께 날마다 동행하는 삶을 살 수 있는지를 가르칩니다. 그렇게 주님을 따르는 삶 가운데에서 그들은 자신들이 처해있는 위험하고 적대적인 환경가운데에서 그리스도를 증거할 수 있는 방법을 배워야만 합니다.

- 그들은 성도들에게 어떻게 날마다의 삶에서 죽어야 하는지,[968] 그리고 실제로 어떻게 죽어야 하는지에 대해서 가르칩니다. 중국교회의 지도자들이 직면하고 있는 핍박 때문에 지도자들이 성도들에게 이 두 가지에 대해서 가르치는 것은 매우 중요한 일입니다.

- 그들은 또한 경찰이 덮쳤을 때에 빠져나가는 방법이나, 만약 감옥에 갇혔는데 하나님께서 도망치라고 말씀하시면 어떻게 탈출해야 하는지를 가르칩니다. 중국교회의 지도자들에게 '하나님의 말씀'은 대단히 중요하게 여겨집니다. 그들은 말씀을 암송하며 성경의 수많은 장들을 자기의 것으로 내면화합니다. 그들은 성경을 손에 들고 돌아다닐 수가 없기 때문에 자신들의 마음속에 확실하게 담아서 가지고 다닙니다. 그들의 사역 가운데에서는 '성령의 불' 또한 대단히 중요하게 여겨집니다.[969] 이 사람들은 끊임없이 성령에 의해서 힘을 공급받습니다. 이것이 중국교회의 지도자들의 모습이며, 중국교회가 그렇게 급속도로 확장되는 방법입니다.

대담자: 시간을 내주셔서 우리에게 귀한 말씀을 나누어 주셔서 감사합니다. 제 질문에 답해 주신 말씀들로 인해 깊이 도전을 받았습

---

968) 고전 15:31
969) 마 3:11, 살전 5:19

니다. 저는 나중에 이 글을 읽게 될 사람들의 마음을 알 수 있습니다. 그들의 마음은 놀라움과 감동으로 두근거리게 될 것이며 우리의 중국형제들로 인해서 겸손하게 될 것입니다. 하나님께서 우리를 도와주시길 바랍니다! 우리는 여러 면에서 너무나 부족합니다. 하지만 이제 우리는 변화되길 원합니다. 이제 중국 가정교회에 관한 대담의 결론을 맺으려고 합니다. 제가 무엇이라고 말할 수 있을까요? 미국의 교회는 중국의 교회를 보며 많은 것을 깨달아야 합니다. "이 하나님은 영원히 우리의 하나님이십니다."[970] 1949년 중국에 공산주의 혁명이 일어났을 당시에, 중국에는 백만 명의 그리스도인들이 있었습니다. 그러나 50년이 지난 지금, 중국에는 팔천만 명이 넘는 예수 그리스도의 제자들이 있습니다. 그중에는 정부에 등록된 교회들에 속해 있는 참된 그리스도인들도 많이 있습니다. 그리스도께서는 중국 땅에 당신의 교회를 세우고 계시며 음부의 권세가 결코 교회를 이기지 못할 것입니다.[971] 주님을 찬양합니다! 사랑하는 형제와 자매들이여, 우리의 미지근함과[972] 불신앙을 [973] 회개하고 하나님께서 놀랍고 광대한 일을 행하실 것을 믿읍시다! 핍박은 반드시 닥쳐 올 것입니다. 우리는 그것에 대해서 준비되어야만 합니다.

---

970) 시 48:14
971) 마16:18
972) 계 3:16
973) 히 3:12

북한의 지도자, 적그리스도의 형상

북한 땅에서 한 무리의 그리스도인들이 발견되었습니다. 그들은 하나님과 그의 아들 예수님께 예배를 드리고 있었는데 그들의 자녀들도 그들과 함께 있었습니다. 그들을 붙잡은 사람들은 그 어른들을 향해 이렇게 말했습니다. "너희들이 만일 경애하는 우리 지도자 동지를 신으로 여기지 않고 그리스도로 여기지 않는다면 너희 새끼들의 목을 매달 것이다!" 그중 한 자녀가 머리를 들어 엄마를 바라보았습니다. 과연 그 엄마는 어떻게 했을까요? 그날 이른 아침에 28명의 다른 그리스도인들이 시끄럽게 소리치고 있는 북한 인민들 앞으로 포박되어 끌려나갔습니다. 보위부원이 분명하게 말했습니다. "너희들의 그리스도를 부인하지 않으면 너희는 다 죽는다!" 그 어머니는 자기의 아이에 대해 생각했지만 결코 자신의 주님을 부인할 수 없었습니다. 다른 그리스도인들 또한 침묵 속에서 그녀와 같은 결정을 내렸습니다. 그들이 믿는 하나님은 허상이 아닌 실재였습니다. 보위부원이 다시 소리쳤습니다. "너희들의 그리스도를 부인하라. 그러지 않으면 너희 새끼들을 매달 것이다!" 아이들은 자신의 부모들을 바라보았습니다. 그들은 자녀들을 사랑했지만 자신들의 주님을 부인할 수는 없었습니다.[974] 그들은 자신들을 위하여 영원한 천국이 준비되어 있음을 알고 있었습니다.[975] 한 어머니가 자신의 자녀에게 몸을 낮추어 확신에 찬 음성으로 평화롭게 속

---

974) 요일 2:22-23
975) 골 1:5

삭였습니다. "오늘 우린 천국에서 만날 거야. 사랑하는 아가야."

그날 모든 아이들이 다 매달려 죽임을 당했습니다. 어른들은 묶인 채 바닥에 내동댕이쳐졌고 도로 공사에서 바닥을 평평하게 다질 때 사용하는 거대한 증기롤러차가 준비되었습니다. 그리고 그들에게 다시 한 번의 기회가 주어졌습니다. 보위부원이 소리쳤습니다. "만일 너희가 그리스도를 포기하면 살고 끝까지 고집하면 죽는다!" 그 그리스도인들은 천국에 먼저 가 있을 자신의 자녀들을 생각하며 조용히 찬송가를 부르기 시작했습니다. 증기롤러차가 그들을 덮쳐 짓뭉개기 시작했습니다. "내 구주 예수를 더욱 사랑... 숨질 때 하는 말... 더욱 사랑"

북한의 그리스도인들은 우리가 상상할 수조차 없는 공포와 말로 다 할 수 없는 독재정권의 횡포 아래에서 살고 있습니다. 공개적이든 개인적이든 예배하다 발각되면 체계적인 고문과 감금, 그리고 처형으로 이어집니다. 성경을 가지고 있거나 예수 그리스도에 관해 전하다 발각되면 참혹한 죽음을 당하게 됩니다. 만약 북한에서 한 그리스도인이 신앙을 가지고 있는 것이 발각되면, 이것은 자녀들을 포함한 집안의 3대에게 영향을 끼치게 됩니다. 자신의 부모, 배우자, 삼촌, 숙모 그리고 자녀들에 이르기까지, 그들이 당사자와 같은 믿음을 가졌든 안 가졌든 상관없이 모두가 다 죽음의 수용소로 넘겨집니다.

북한의 그리스도인들은 그리스도를 믿는 신앙 때문에 죽임을 당할 때에 평범한 방법으로 죽도록 허용되지 않습니다. 그들은 도로 건설용 장비에 깔려 죽거나 다양하게 준비된 잔인한 고문 도구들로 고문을 당합니다. 그 죽음의 수용소에서 어떤 그리스도인들은 생화학무기를 만들기 위한 생체실험의 대상이 되어 죽임을 당하기도 하고, 어떤 사람들은 굶주려 죽거나 견딜 수 없이 가혹한 노동으로 인해, 또는 총살을 당하거나 전기 고문으로 죽기도 합니다. 또 어떤 사람들은 자신의 자녀들이 보는 앞에서 총살을 당하며 신생아들은 뇌가 꺼내어져 짓뭉개지기도 하고 엄마가 보는 앞에서 척추에 바늘이 꽂히기도 합니다. 온 세상이 "이제 더 이상 그런 일은 없어야 한다!"고 선언하게 했던 아우슈비츠에서의 반인륜적인 잔인한 범죄가 끝난 지 얼마 지나지 않아서, 온 세계가 방관하고 있는 가운데 북한의 그리스도인들에게 그러한 범죄가 다시금 저질러지고 있는 것입니다.

김일성 일가의 독재자들은 1950년대부터 대를 이어 북한을 통치하고 있다. 그들은 마치 신과 같은 왕으로서 북한 땅 위에 군림하고 있습니다. 그들의 지배는 절대적이고 비밀스러우며 상상할 수 없을 만큼 잔인한 독재입니다. 김일성은 그 일가를 시작한 장본인으로서 1994년에 죽었습니다. 하지만 그는 신격화되어 숭배되고 있으며 그의 몸은 방부처리 되어 영원한 신으로서 추앙받고 있습니다. 그의 통치는 김정일이라는 신의 아들에게로 이어졌는데 그는 2011년에 죽었습니다. 그의 뒤를 이은 자가 김일성의 손자이며 현재의 지도자인 김정은입니다.

그는 2500만의 인구에 전 세계에서 네 번째로 숫자가 많은 1,100만의 군인을 가진 군대를 통솔합니다. 북한 땅에서는 그 어떤 외부 소식도 차단되고 텔레비전과 신문은 철저히 통제되고 있으며, 인터넷은 물론이고 휴대전화조차도 공공장소에서는 사용할 수 없습니다.

그들의 종교인 "주체"는 첫 지도자인 김일성을 신으로 선언합니다. 국가에서는 그를 이은 두번째 지도자도 역시 신성한 사람이라고 주장합니다. 그들의 말에 의하면, 김정일은 중국과 국경을 맞대고 있는 신성한 산인 백두산에서 태어났으며 그의 출생은 새들과 쌍무지개, 그리고 새별의 탄생으로서 세상에 공표되었다고 말합니다. 물론 사실은 그

것과 다릅니다.

북한의 헌법 제1조 1항에 따르면, '북한에 있는 모든 사람들은 온 마음과 힘을 다해 김일성을 숭배하되 그가 죽은 이후에도 김일성을 숭배해야만 한다'고[976] 되어 있으며 북한 주민들은 심지어 김일성의 사진과 동상까지 숭배해야만 합니다.[977]

한 북한 주민은 이렇게 증언합니다. "우리는 김일성의 사진을 꼭 집에 붙여야만 합니다. 김일성과 함께 김정일의 초상화도 의무적으로 모든 가정마다 다 걸어야 합니다. 집에서 가장 좋은 장소에 걸어야 하고 그 초상화들 밑에는 그 어떤 것도 걸려 있어서는 안됩니다. 그것은 김일성이 신이라는 것을 말해줍니다. 우리는 그를 믿고 의존한다는 것을 마음에 늘 새기기 위해 그 초상화들을 벽에 붙입니다." 북한에서는 김일성만이 유일한 신입니다.

모든 북한 주민들은 그들의 신과 현재의 지도자를 숭배하도록 요구됩니다. 주민들은 정기적으로 열리는 자아비판 집회에 참석해서 600곡에 달하는 김일성 찬양집에 나오는 노래들을 부르고, 김일성의 저작들(십계명을 연상케 하는 김일성의 '10대 원칙'을 포함)을 읽으며, 김일성의 지도력에 대한 믿음에 관한 감동적인 고백을 해야만 합니다. 모든 사람은 태어난 이후부터 그들의 친애하는 지도자 동지를 신으로서 사랑하고 숭배하도록 훈련되어집니다. 그 세뇌 교육은 유치원 때부터 시작되는데, 신성하며 최고의 존재인 친애하는 지도자에게 전적으로 복종하고 충성을 바쳐야 한다고 가르칩니다. 한 탈북자는 이렇게 말했습니다. "우리는 그를 숭배해야 합니다. 그리스도인들은 그들의 하나

---

976) 출 20:4-5. 〈역자 추가〉 '조선민주주의인민공화국 사회주의헌법' 서문을 검색해보라.
977) 사 42:8

님께 감사를 합니다. 그러나 우리는 우리의 신인 김정일께 감사해야 합니다."

북한에서 하나님을 믿는 믿음을 갖는다는 것은 마치 간첩 활동을 하는 것과 같습니다. 성경을 읽거나 기독교에 관련된 문서를 배포하는 일, 전도를 하는 것을 포함하여 참 하나님을 예배하는 어떠한 행위도 잔혹하게 처형되거나 죽음의 수용소에 보내지는 원인이 됩니다. 만약 어떤 그리스도인이 발각되면 3대에 걸친 가족들이 죽음의 수용소로 보내지거나 잔혹한 처형으로 이 땅에서 사라지게 됩니다. 북한의 그리스도인들은 세계에서 가장 혹독한 고난을 당하고 있습니다.

김일성과 김정일은 장차 나타나게 될 적그리스도, 그 역시 자신을 하나님이라고 선언하게 될 세계 지도자의 그림자입니다.[978] 성경은 장차 나타날 적그리스도에 관해 이렇게 말하고 있습니다.

"누가 어떻게 하여도 너희가 미혹되지 말라 먼저 배교하는 일이 있고 저 불법의 사람 곧 멸망의 아들이 나타나기 전에는 그 날이 이르지 아니하리니 그는 대적하는 자라 신이라고 불리는 모든 것과 숭배함을 받는 것에 대항하여 그 위에 자기를 높이고 하나님의 성전에 앉아 자기를 하나님이라고 내세우느니라."[979]

적그리스도[980]는 자신을 하나님이라고 내세우며 그리스도인들을 박해할 것입니다.

"짐승이 입을 벌려 하나님을 향하여 비방하되 그의 이름과 그의 장막 곧 하늘에 사는 자들을 비방하더라 또 권세를 받아 성도들과 싸워 이기

---

978) 마 24:15
979) 살후 2:3-4
980) 요일 2:18

게 되고 각 족속과 백성과 방언과 나라를 다스리는 권세를 받으니."[981]

"또 내가 보좌들을 보니 거기에 앉은 자들이 있어 심판하는 권세를 받았더라 또 내가 보니 예수를 증언함과 하나님의 말씀 때문에 목 베임을 당한 자들의 영혼들과 또 짐승과 그의 우상에게 경배하지 아니하고 그들의 이마와 손에 그의 표를 받지 아니한 자들이 살아서 그리스도와 더불어 천 년 동안 왕 노릇 하니."[982]

요한계시록 20장 4절은 그리스도인들이 적그리스도를 경배하지 않는 그들의 '믿음'과 '그리스도를 증거함'으로 인해서 전 세계에 걸쳐 목 베임을 당하게 될 것을 우리에게 일깨워 줍니다. 머지않은 장래에 이 땅에 살고 있는 그리스도인들에게 이 일이 닥칠 것입니다. 북한에 있는 우리의 형제자매들이 예수를 증언함으로 박해를 받고 죽임을 당하는 이러한 일들은 오늘날에 실제로 일어나고 있는 일들입니다. 우리는 우리 스스로에게 이렇게 질문해야만 합니다. "과연 우리는 그러한 순간을 마주하게 될 때에 우리의 믿음을 부인할 것인가, 아니면 예수님을 위해 죽을 것인가?"[983] 만약 우리가 예수님을 위해 죽을 것이라고 말할 수 있다면, 오늘날 우리는 박해가 없는 나라들에 살면서도 왜 그렇게 예수님을 증거하지 못하는가?

---

981) 계 13:6-7
982) 계 20:4
983) 마 10:33

교회의 일원이 되기 위한 대가

나중에 그리스도인이 된 한 전직 북한군의 증언을 들어봅니다. "군인들은 고속도로 확장건설에 투입되었습니다. 한 폐가를 허는 중에 그들은 그 집에서 성경책 한 권과 25명의 명단이 들어 있는 작은 노트를 찾아냈습니다. 명단에는 목사 한 명, 두 명의 전도사, 두 명의 장로들, 그리고 20명의 그리스도인들의 이름이 있었습니다. 보위부가 이것을 조사하여 그 25명을 잡아들였습니다. 그들은 바로 도로 공사 현장으로 끌려갔습니다. 구경꾼들이 4줄로 모여 있었습니다. 다섯 명의 그리스도인들이 손과 발이 묶인 채 도로를 고르기 위해 사용되는 스팀롤러차 앞에 뉘어졌습니다. 나머지 20명은 그 광경을 보도록 그 옆에 세웠습니다. 명령이 주어졌습니다. '너희가 너희의 신앙을 버리고 김일성 수령과 김정일 지도자 동지만을 섬기겠다고 하면 너희를 살려주겠다!' 하지만 그 다섯 명은 침묵을 지켰습니다. 증기롤러차가 움직여 다섯 명의 몸을 깔아뭉개기 시작했습니다. 자신의 형제들이 증기롤러에 의해 뼈가 부서지는 소리들이 들리는 그 처형 장면을 지켜보던 그리스도인들 중 몇몇이 울부짖으며 소리를 질렀고, 어떤 사람은 실신하기도 했습니다."

왜 이런 일이 일어나야만 하느냐고 질문할 수 있습니다. 순교자들의 피가 땅을 흠뻑 적셨습니다. 그 처형을 증언한 그 군인은 왜 그들이 죽음을 택했는지 이해할 수 없었습니다. 그는 나중에 자신의 신앙을 위해 죽음도 두려워하지 않았던 그 25명의 성도들의 증언을 통해 예수님을 만나고 영원한 생명을 얻었습니다. 모든 사람은 각각 하나님의 형상대로 지음 받았으며,[984] 이 세상에서 귀하게 여겨지는 금이나 은, 다이아몬드, 석유를 전부 다 합친 것 보다 더욱 귀한 존재들입니다. 예수님은 이 세상의 모든 죄인들을 위해 자신의 생명을 주셨습니다.[985]

그렇다면 우리도 우리를 통하여 다른 사람이 영생을 얻도록 우리의 생명을 내려놓아야 하지 않겠습니까?

그 군인은 그 자리에서 처형당하지 않은 20명을 포로수용소, 정확히 말하자면 죽음의 수용소로 끌고 갔습니다. 3대 연좌제 법으로 그들의 부모, 형제, 삼촌, 이모와 자녀들도 조사를 받고 감금되었습니다. 일반적으로 그 가족들은 그들의 신앙과 상관없이 죽음의 수용소로 보내져 15년간 갇혀 있게 됩니다. 한 사람이 그 죽음의 수용소에서 생존하는 평균 기간은 5년입니다. 한 수감자가 자신이 겪었던 일에 대해 이렇게 증언했습니다.

"나는 북한에 있는 죽음의 수용소에서 경험했던 잔인함을 세상에 알리기 원합니다. 나는 요덕수용소에 강제로 끌려갔습니다. 나는 거기서 9년이란 긴 시간을 보냈습니다. 그들은 나를 짐승처럼 취급했습니다. 아니, 짐승들이 우리보다 더 잘 살았습니다." 그 여인은 그와 자신의 가족들이 매일 밤낮으로 강제노역에 시달렸다고 말했습니다. 그녀의 아버지는 육체가 견딜 수 없을 만큼의 노역을 감당해야 했습니다. "저는 아버지를 그 요덕수용소에서 먼저 잃었습니다." 그녀는 말을 이었습니다. "나는 아버지의 시신을 관에 넣는다는 것은 생각도 할 수 없었으므로 가마니로 덮어야만 했습니다. 얼마 안 있어서 어머니도 극한 굶주림

---

984) 창 1:27
985) 롬 5:8

으로 돌아가셨습니다. 마침내 내 아이들을 먼저 보내야만 했을 때, 내 마음은 슬픔과 애통함으로 찢어졌습니다. 그것은 나를 너무나 고통스럽게 했습니다. 요덕수용소의 들과 산 주위에 굶주림으로 죽어서 쌓여 있던 그 많은 시신들의 모습을 저는 결코 잊을 수 없습니다. 나는 이 참상을 온 세상에 알리기 원합니다."

또 다른 증인은 이렇게 말했습니다. "우리는 늘 불안에 떨어야만 했습니다. 아주 하찮은 작은 위반에도 그들은 식량배급을 줄였습니다. 늘 배가 고픈 것이 가장 견디기 힘들었습니다. 그곳에서 저는 처음으로 쥐를 잡아먹었습니다. 도망치다 잡히면 사형을 당했습니다. 할당된 일을 하지 않아도 총살되었습니다. 도둑질을 하거나 음식을 훔쳐 먹는 사람도 총살되었습니다. 그들의 말에 복종하지 않으면 죽음으로 대가를 치러야합니다. 탈출을 시도하다가 잡힌 사람뿐 아니라 다른 사람이 탈출을 시도하는 것을 고발하지 않았다는 죄목으로도 죽임을 당했습니다."

그곳에서 생존해 나온 한 사람이 증언했습니다. "할머니, 삼촌과 작은 동생 등 한 가족이 3대 연좌제법에 따라 죽음의 수용소로 끌려왔습니다. 모두가 갈비뼈가 다 보이고 뼈들이 밖으로 튀어나올 정도로 신체가 허약한 분들이 추위에 와들와들 떨었지요. 먹을 것이 없어서 그들은 결국 모두가 서서히 죽어갔습니다."

"이것은 당신이 그리스도를 믿을 뿐만이 아니라 그리스도를 위해 고난도 받아야 함을 보여줍니다."[986] 그리스도를 위해 고난을 감수하는 것은 특권입니다. 하나님은 그들 각자에게 영생을 위한 상급으로서 생명의 면류관이라[987] 불리는 순교자의 면류관을 주실 것입니다.

---

986) 빌 1:29
987) 약 1:12

"너는 장차 받을 고난을 두려워하지 말라 볼지어다 마귀가 장차 너희 가운데에서 몇 사람을 옥에 던져 시험을 받게 하리니 너희가 십 일 동안 환난을 받으리라 네가 죽도록 충성하라 그리하면 내가 생명의 관을 네게 주리라."[988]

"또 우리 형제들이 어린 양의 피와 자기들이 증언하는 말씀으로써 그를 이겼으니 그들은 죽기까지 자기들의 생명을 아끼지 아니하였도다."[989]

복음을 받아들이고 믿으라는 부르심은 모든 사람에게 값없이 주어졌습니다.[990] 예수 그리스도께서는 우리에게 그분의 구원의 메시지 앞으로 거저 나오라고 말씀하셨습니다. 그러나 우리자신이 예수 그리스도와 연합하여 그분을 따르기 위해서는 반드시 대가를 치러야 합니다.[991] 그러나 이 말은 그리스도를 믿게 되어도 즉시 박해를 당하게 되는 일이 없는 나라들에서 선포되어지거나 이해되어지는 말씀은 아닙니다. 사도행전에 기록된 초대교회는 교회가 시작된 첫날, 성령의 역사로 말미암아 3,000명이 넘는 사람들이 주님께 돌아오는 놀라운 일을 경험했습니다.[992] 그 뒷부분의 기록에는 이렇게 적혀 있습니다. "주께서 구원 받는 사람을 날마다 더하게 하시니라."[993] 그러한 부흥 가운데에서 그들은 솔로몬 행각에 공개적으로 모였지만[994] 성경은 어느 누구도 그들의 모임에 함께하려고 하지 않았다고 기록했습니다. "나머지는 감히

---

988) 계 2:10
989) 계 12:11
990) 엡 2:8
991) 딤후 3:12
992) 행 2:41
993) 행 2:47
994) 행 5:12

그들과 상종하는 사람이 없으나 백성이 칭송하더라."[995] 사실 당시의 교회의 모임이 모든 사람들에게 받아들여지든지 아니든지 간에 교회의 모임에 참여한다는 것은 당시의 종교적 체제를 부인하는 것으로 여겨져 박해와 오해를 받고 심지어는 죽음을 당할 수도 있는 상황이었습니다.

예수 그리스도께서는 회심한 사람들의 무리보다는 제자들에게 더 관심을 가지셨습니다.[996] 엄청난 군중이 모였었지만 예수께서는 그들이 받아들이기 어려운 말씀을 하셨기 때문에 그들 중 대부분의 사람들이 예수님을 떠났습니다.[997] 사도 바울은 젊은 장로였던 디모데와 여러 교회의 사도들에게 이같이 편지했습니다. "무릇 그리스도 예수 안에서 경건하게 살고자 하는 자는 박해를 받으리라."[998] 그러므로 우리는 우리의 가정교회들 안에서 그리스도를 따르기 위해 기꺼이 대가를 치를 준비가 된 강력한 제자의 삶을 격려하는 것에 목표를 두어야 합니다.[999] "이에 예수께서 제자들에게 이르시되 누구든지 나를 따라오려거든 자기를 부인하고 자기 십자가를 지고 나를 따를 것이니라."[1000] 그렇게 예수님을 따르는 것은 종종 우리에게 큰 대가를 요구합니다.

북한의 한 지하교회 성도의 간증은 우리에게 큰 감동과 도전을 줍니다. 그들에게 있어 사람들 앞에서 드러내놓고 그리스도에 대한 믿음을 고백하는 것은 곧 죽음을 뜻합니다. "서방세계의 많은 사람들은 북한의 형제자매들이 당하고 있는 고난을 알지 못합니다. 북한에서는 만약

---

995) 행 5:13
996) 마 4:19
997) 요 6:66
998) 딤후 3:12
999) 딤후 2:2
1000) 마 16:24

어떤 사람이 하나님을 믿게 되었는데 김정은 정권에 의해 붙잡히게 되면 그의 가족 3대가 같이 몰살당합니다. 하지만 그 성도들은 그것에 대해서 개의치 않습니다. 자신의 신앙이 발각되면 가족 전체가 죽음을 당하게 되기에 많은 성도들이 비밀스럽게 예수님을 믿기 때문에 누가 믿음을 가진 사람인지 알지 못합니다."

최근 북한에는 약 10만 명의 그리스도인들이 있으며, 그들 중 4만 명가량이 죽음의 수용소에 갇혀 있는 것으로 추산되고 있습니다. 그리고 이전에 북한에 있던 30만 명의 그리스도인들은 실종된 것으로 알려져 있습니다. 수많은 사람들이 북한을 떠나 중국, 대한민국, 몽골, 그리고 다른 여러 나라에서 난민이 되어 살고 있습니다. 끔찍한 박해를 통해 수많은 사람들이 그들의 생명을 빼앗겼지만 그 박해는 지금 이 순간에도 여전히 계속되고 있습니다.

기억해야 할 다섯 가지의 도전

북한의 한 젊은 여인이 강가에서 빨래를 하고 있었습니다. 그녀가 옷들을 모으던 중에 그 옷 속에서 작은 성경책이나 신앙서적인 듯 보이는 책 한 권이 떨어졌습니다. 다른 여자가 그것을 보고 보위부에 신고했고, 그 젊은 여자와 60세 된 아버지는 체포되어 보위부 감옥에 3개월 가량 갇혀 있으면서 심문을 당하고 조사를 받았습니다. 그 후에 그들은 마을의 시장으로 끌려가서 인신매매 혐의로 재판에 회부되었습니다. 약식 공개재판에서 그들의 죄목이 열거되었습니다. 그 부녀는 자본주의적인 죄를 저질렀다는 죄목으로 유죄를 선고받았습니다. 국가와 그들의 신을 배신했다는 것이었습니다. 그 자리에 모인 사람들은 그들의 사형의 증인이 되었습니다. 그들은 초등학교 4학년 이상의 학생들과 교사들, 중학생과 고등학생들, 그리고 장을 보러 나온 사람들이었습니다. 7명의 경찰이 각각 세 발씩 발사하여 기둥에 묶인 그 두 사람을 처형했습니다. 그 총격의 힘으로 그들의 머리는 날아가 버리고 피와 뇌 속에 있던 물질들이 흘러나왔습니다.

그 순교자들의 피가 땅을 흠뻑 적셨습니다!

성경은 사도행전을 통해 그 당시에 교회에 가해졌던 박해에 관해 우리에게 말해줍니다. "그 날에 예루살렘에 있는 교회에 큰 박해가 있어 사도 외에는 다 유대와 사마리아 모든 땅으로 흩어지니라."[1001]

여기서 "흩어졌다"라는 말은 그들이 그들의 집을 떠나야만 했다는

1001) 행 8:1

뜻입니다. 그들은 그들의 직업을 버리고 소유물을 포기했으며, 그들의 안전과 친구들을 뒤로 하고 떠나야만 했습니다. 그때에는 전화도 휴대폰도 없어서 그들과 연락할 방법이 없었습니다. 만일 당신의 나라에서 그런 일이 벌어진다면 당신은 그래도 예수님을 따르겠습니까? 사도행전 8장에는 매우 특이한 일이 기록되어 있습니다. "그 흩어진 사람들이 두루 다니며 복음의 말씀을 전할새."[1002] 오늘날에도 우리가 기꺼이 복음을[1003] 전하려고 한다면 먼저 우리의 모든 소유를 버려야만 하는 걸까요?[1004]

예루살렘의 초대 교회에 일어났던 그 큰 박해와 비견한 만한 극심한 박해가 북한의 교회에도 일어났습니다. 전세계로 퍼져 나가고 있는 지하교회운동이 그러한 것과 같이, 북한의 교회에도 교회를 성장하게 하고 지속적으로 존재하게 하는 중요한 원리들이 있습니다. 교회가 외부로부터 여러 경로를 통해서 극심한 박해를 받게 될 때에, 교회가 그 박해를 이겨내고 그 사명을 감당하려면 사도행전에 드러나 있는 성경적인 원리들 위에 그 기초를 두어야만 합니다. 이 성경적인 원리들 외에는 교회의 성장과 조성, 그리고 매일의 삶을 위한 다른 청사진은 결코 없습니다. 종말의 시대를 살아가는 성도들은 이 땅에 존재하고 있는 성경적인 기독교, 다시 말해서 극심한 핍박 아래에 있지만 복음 안에서 풍성한 열매들을 맺고 있는 교회와 성도들로부터 성경적인 교회의 원리들을 다시 배워야만 할 필요가 있습니다.

"북한의 교회는 날마다 부단히 기도하는 일에 힘을 다합니다. 그들에게 있어 기도는 지속적이면서도 깊이 있는 영적 교감 속에서 하나님과

1002) 행 8:4
1003) 히 10:34
1004) 골 1:6

의 교제가운데로 들어가는 것입니다. 이 중요한 영적 훈련은 호된 박해와 시련의 도가니 속에서 정제된 것입니다. 이 지하교회의 성도들은 서방의 기독교인들은 기도할 생각조차 해 보지 않은 것들, 곧 그들이 고문을 당할 때 결코 그리스도를 부인하지 않을 힘을 달라는 기도, 또는 성경책을 소유할 수 있는 복을 구하는 기도를 드립니다. 그들은 마태복음에서 주님께서 주신 명령에 순종하기 위해서 자기들을 핍박하는 사람들을 위해서 기도합니다.[1005] 북한 교회의 기도목록의 맨 위에는 김정일의 구원을 위한 기도제목이 있습니다."[1006]

북한의 어떤 지하교회들은 자신들을 지속적으로 연합시키고 예수 그리스도께 대한 자신들의 믿음을 일깨우기 위해서 몇 가지의 문구를 낭송합니다. 그들은 모임을 가질 때에 먼저 주기도문을 낭송하고 이어서 다음의 5개의 문구를 낭송합니다.

1) 우리가 당하고 있는 고난과 박해는 우리의 기쁨이며 영예입니다.
2) 우리는 비웃음과 경멸, 그리고 불이익을 예수의 이름 안에 있는 기쁨으로 감당하기를 원합니다.
3) 우리는 다른 사람들의 눈물을 닦아주며 고통을 당하고 있는 사람을 위로하기를 원합니다.
4) 우리는 우리의 이웃을 사랑하므로 그들 또한 그리스도인이 될 수 있도록 우리의 삶을 위험 가운데 내 던질 준비가 되어 있기를 원합니다.
5) 우리는 하나님의 말씀에 기록되어 있는 규범에 따라서 우리의 삶을 살기를 원합니다.

1005) 마 5:44-45
1006) Carl Moeller

우리는 주님 앞에서 기꺼이 우리도 그들처럼 살기를 원한다고 분명하게 말씀드릴 준비가 되어있습니까? 하나님께서 우리가 그렇게 할 수 있도록 도와주시기를 바랍니다.

북한의 지하교회는 앞에서 언급한 5개의 도전적인 각성을 주는 문구대로, 교회의 생존과 계속적인 성장을 보장하는 성경적인 원리에 순종하는 삶을 살아갑니다. 신약성경이 큰 박해가 있었던 기간에 기록되었다는 것은 우리에게 격려가 됩니다. 그러므로 이것은 이제 곧, 반드시 닥쳐올 큰 환란의 때인 종말의 시대로 진입하고 있는 성도들인 우리들에게 완벽한 지침이 되어줄 것입니다. 우리는 성경의 말씀 속에서 그리스도의 몸의 한 지체로서 많은 고난을 견뎌내었던 성도들의 놀라운 예들을 발견하게 됩니다. 우리에게는 현세에서 가장 잔인하고, 가장 강력하게 그리스도를 대적하는 나라의 성도들로부터 배워야 할 많은 것들이 있습니다.

원리 46

가정에서 모이는 교회

북한에는 대략 10,000개 정도의 가정교회가 있는 것으로 추산됩니다. 몇 몇 사람의 증언을 토대로 하여 볼 때, 그 지하 가정교회들은 오직 서너 명의 성도들로만 구성됩니다.

이러한 가정교회들은 주로 세 가지의 경로를 통하여 생겨나서 발전되어왔습니다.

1) 첫 번째로 한국전쟁 이전부터 있던 성도들입니다. 오늘날 그분들은 조부모나 증조부모들로서, 충격적인 박해가 이루어지고 있는 60년이 넘는 세월동안 비밀리에 하나님을 예배하며 믿음을 지켰던 분들입니다. 그들은 하나님의 말씀과 예수 그리스도의 복음을 자신의 가족들과 오랜 친분이 있는 사람들과 나누었습니다. 한 예를 들자면, 한 여 성도의 어머니는 1947년도까지 교회에 출석했으며 성경을 간직하고 있었습니다. 그녀에게는 또한 극동방송을 듣는 한 친구가 있었습니다.

2) 또 다른 사람들은 중국이나 남한에서 복음을 듣고 그리스도인이 된 후에 북한으로 돌아간 사람들입니다. 그들은 돌아간 후에 그들의 가족들에게 복음을 증거했습니다. 일례로, 한 여인은 중국에서 성경을 한 권 가지고 북한으로 돌아가서 그녀의 어머니와 함께 이불 속에서 몰래 성경을 읽었습니다. 그녀는 또한 남한으로부터 송출되는 기독교 방송을 듣고 그녀의 남편과 언니에게 복음을 나누었습니다.

3) 또 한 무리는 자신들의 형제나 자매가 목숨을 걸고 증거한 복음을 듣고 그리스도인이 된 사람들입니다.

감옥에 갇혀 있던 어떤 여인은 한 번도 기독교의 예배를 본 적이 없었습니다. 그러나 같은 감옥에 있던 60대의 정신이 온전치 못한 한 여자가 계속해서 자기를 구원해달라고 하나님께 기도하는 것을 보았습니다. 그런데 마침내 하나님께서 기적을 행하셔서 그녀가 풀려나는 것을 보게 되자 그 여인은 이렇게 생각했습니다. "이 하나님은 참으로 능력이 있는 참 신이시구나!"

북한의 성도들은 비밀을 유지해야만 하므로 가정들이나 다른 은밀한 장소들에서 모임을 가질 수밖에 없습니다. 예수 그리스도를 믿는 신앙을 지키기 위해서 그들은 다만 자기 자신의 생명뿐만이 아니라 삼대에 걸친 다른 가족들의 생명까지도 걸어야만 합니다. 북한의 교회들은 가능한 모든 사적인 공간, 대부분은 자신들의 가정에서 모임을 갖습니다. 만약에 그들의 모임이 12명이 넘게 되면 그들은 모임을 분리하여 다른 가정교회를 구성합니다.

"1950년대 초 한국전쟁이 진행되는 동안, 대부분의 그리스도인들은 남한으로 탈출하거나 감옥에 갇히거나 순교를 당했고, 교회 건물들은 모두 파괴되었습니다. 오늘날에도 대략 40,000명이 넘는 그리스도인들이 '관리소'라 불리는 강제 노동 수용소에 수용되어 있으며 200,000명으로 추산되는 정치범들이 재판도 받지 못한 채 수감되어 있습니다. 이 수감자들은 극한 강제 노동에 시달리는 한편 지속되는 기아수준의 굶주림으로 고통을 당하고 있습니다."[1007]

1007) Asia News

북한을 탈출해서 지금은 지하교회 사역을 하고 있는 한 형제로부터 또 하나의 강력한 증언을 들어봅니다.

"북한에 있는 그리스도인들은 이 세상에서 가장 극심한 고통을 당하고 있습니다. 그러나 그러한 고난 가운데에서도 하나님께서는 그들에게 믿음과 힘과 용기를 주셔서 그 고난을 견디어 내게 하십니다. 하나님께서는 그들과 함께 계시며 그들에게 하늘의 소망을 주십니다. 그렇기에 우리가 북한의 성도들을 접촉할 때마다 그들은 우리에게 기도를 요청하며 또 우리가 기도를 통하여 하나님 앞에서 그들과 함께 하는 것의 가치를 깨닫게 되기를 바랍니다."

북한에 있는 성도들처럼, 우리도 소그룹으로 성도들의 가정에 모여서 서로 말씀을 나누고 함께 기도하는 것을 배워서 시작할 수 있습니다.[1008] '주님의 사람들'이야말로 하나님께서 당신의 영으로 임재해 계시는 참된 성전입니다.[1009] 교회의 건물들을 의존하는 건강하지 못한 태도는 핍박이 닥치게 되면 그 문제점들을 드러내게 될 것입니다.

최근에 우리는 미국의 한 목사에 대한 소식을 들었는데 그는 하나님께서 자신의 교회 가운데에서 12명의 사람들을 지명하여 매주 수요일 저녁에 모일 독립된 가정교회들을 돌보는 목사의 일을 맡기게 하라는 주님의 인도하심을 느끼고 그대로 순종했다고 합니다. 그들은 여전히 주일 아침에 담임목사의 가르침을 받기 위해 모이지만 그들이 맡고 있는 소그룹들 또한 여전히 교회로서의 역할을 해 나가고 있습니다. 이 소그룹들을 돌보고 있는 '목사들'은 어쩌면 사람의 눈으로 보기에는 잘 훈련되지 못했거나 유능하지 않을 수도 있을 것입니다. 하지만 그 목

1008) 행 20:20
1009) 고전 3:16

사님은 형제들과 자매들을 일으키시고 그들을 격려하셔서 그리스도의 지체를 인도하게 하시려는 하나님의 마음을 보았던 것입니다.

우리는 이 본보기를 따르는 것이, 규모가 큰 교회들이 자유롭게 넓은 장소에서 교회의 모임을 가질 수 없는 핍박의 때를[1010]

대비하도록 돕는 것일 뿐만이 아니라 그리스도의 지체 안에서 제자도와 복음전파, 그리고 성장을 더욱 독려하게 될 것임을 믿습니다. 이것은 지나친 조직이나 계획을 필요로 하지 않으며 한 사람 이상의 지도자들을 통하여 하나님의 말씀을 공급해 주시도록 주님의 인도하심을 신뢰하는 단순한 믿음의 발걸음입니다.

신약성경에는 성도들이 가정에서 교회로 모였던 여러 예들을 찾아볼 수 있습니다. 우리가 알다시피 주님의 만찬은 가정에서 기념되었으며[1011] 성도들은 가정들에서 모였습니다.[1012] 제자들은 이집 저집으로 다니면서 복음을 선포했고[1013] 사울은 가정교회들을 찾아가 성도들을 핍박하였습니다.[1014] 바울이 세내었던 집은 가정교회가 되었고[1015] 눔바는 그녀의 집에서 교회로 모였으며[1016] 브리스길라와 아굴라도 자기들의 집에서 모이는 교회를 이끌었습니다.[1017]

"너희는 그리스도 예수 안에서 나의 동역자들인 브리스가와 아굴라에게 문안하라 그들은 내 목숨을 위하여 자기들의 목까지도 내놓았나니 나뿐 아니라 이방인의 모든 교회도 그들에게 감사하느니라 또 저의

1010) 마 24:9, 살전 3:4
1011) 마 26:18
1012) 행 2:46
1013) 행 5:42
1014) 행 8:3
1015) 행 28:30-31
1016) 골 4:15
1017) 고전 16:19

집에 있는 교회에도 문안하라"[1018] 바울 사도는 이 말씀 속에서 교회건물이 아니라 그들의 가정들에 있는 교회, 곧 성도들의 몸에 대해서 언급하고 있습니다.

1018) 롬 16:3-5

원리 47

매일 매일이 주님의 날!

한국전쟁이 발발하기 전부터 예수 그리스도를 믿었던 가정에서 자랐던 한 젊은 여인은 자신의 어머니와 어머니의 친구들이 지속적으로 비밀리에 모여서 예배를 드렸다고 말했습니다.

다른 한 성도는 언급하기를 "나의 어머니도 한국전쟁이 일어나기 전부터 그리스도인이었습니다. 그녀는 오래 전에 자신의 할아버지가 일본에서 가지고 온 성경을 가지고 두 사람의 친척들과 함께 지속적으로 비밀예배를 드렸습니다."라고 했습니다.

또 다른 그리스도인이 말했습니다. "나는 12명의 구성원들이 모두 친척들이었던 지하 교회의 일원이었습니다. 우리 모임에는 때때로 중국에서 온 선교사들이 방문하곤 했지요."

북한교회의 형제자매들은 감시를 피하기 위해서 가장 비밀스런 환경에서 모임을 갖습니다. 그들은 단지 주일날 뿐 만이 아니라, 북한에 핍박이 일어나기 전에 그러했듯이 가능한 모든 시간에 모임을 가집니다.

이 그리스도인들은 그들의 상황이 허락하는 한 자신들의 주님을 예배합니다. 오늘날 어떤 복음주의 교회들 가운데에는 어느 날이 주님의 날인지, 초대교회가 예배드리기 위해서 만났던 날이 과연 어느 날인지를 놓고 교리적인 분열이 있습니다. 그러나 만약에 예수 그리스도를 예배하다가 발각되면 체포되어 수감될 뿐만이 아니라 목숨까지도 잃게되는 북한 땅에서는 어떤 특정한 날에 예배를 드리려는 시도를 할 수 있는 자유조차도 가능하지 않습니다. 따라서 그들은 여러 다른 장소들과 다른 시간대에 모임을 가집니다. 우리가 사도행전을 읽을 때에 초대교회가 특별히 핍박에 처해 있을 때에 박해자들의 감시를 피해 여러 다른 집들과 다른 시간에 모였을 것이라고 추정할 수 있는 것처럼 말입니다.[1019]

중국 어느 지역의 지하교회는 성도들이 모여서 두 시간 정도 함께 기도하고 예배드리기 위해서 거의 매일 새벽에 4시 30분에 기상합니다. 그곳에는 안전하게 모이기에 최고의 장소로 여겨지는 동굴이나 감시자의 시야에서 멀리 떨어진 외딴 농장에서 모임을 갖는 교회들이 있습니다.

중국 지하교회에 관한 또 다른 증언이 있습니다. "나는 중국의 지하교회가 미국의 교회와는 크게 다르다는 것을 금방 알게 되었습니다. 한 가지 예로, 그들은 네 시간에 걸친 설교도 별로 길다고 생각하지 않습니다. 하지만 그것 외에도 그들이 드리는 예배는 우리들의 예배와는 큰 차이가 있어 보였습니다. 내 말은, 절박하고 필사적인 사람들이 하나님의 능력과 연결되었을 때에 과연 어떤 일이 일어나는지 여러분이 직접 확인해 보라는 것입니다."

사랑하는 성도들이여! 전 세계에 있는 지하교회의 성도들이 박해를 견디면서도 하나님의 말씀을 갈망하며, 예수 그리스도의 말씀과 그분의 발 앞에서 오랜 시간을 보내고 있는데 여러분은 여러분의 나라에서 어느 날에 모일 것인가 하는 문제로 서로 논쟁하고 있을 것입니까?

어떤 성도들은 안식일이나 일요일이라는 특정한 날에 대해서 강력한 끌림을 받기도 합니다. 사도행전 시대에도 두 번의 예루살렘 공의회에서 '은혜 아래에서의 모세의 법의 적용가능성'에 대해서 사도들이 토론

1019) 행 2:46

하는 일이 있었습니다. 사도행전에 묘사되어 있는 첫 번째 공의회에서 사도들은[1020] 특정한 죄의 행위들을 삼가라는 것 외에는 신약의 이방인 교회가 율법이 아니라 은혜 아래 있다고 선언하였습니다. 14년 후에 열린 두 번째 공의회는 갈라디아서에 묘사되어 있는데[1021] 다시 한 번 우리는 '율법이 아니라 은혜아래 있음'이 선포됩니다. 로마와 고린도 교회에 보낸 서신에서 바울은 율법과 영에 관해서 쓴 편지로 그들을 훈계하였습니다.[1022]

골로새서에서 바울 사도는 안식일 문제에 관해서 매우 분명하게 말하고 있습니다. "그러므로 먹고 마시는 것과 절기나 초하루나 안식일을 이유로 누구든지 너희를 비판하지 못하게 하라 이것들은 장래 일의 그림자이나 몸은 그리스도의 것이니라"[1023] 구약성경의 안식일을 지키는 것은 앞으로 되어 질 일의 그림자, 곧 예수 그리스도께서 친히 우리의 '안식일'(우리의 '안식')이 되시기 전까지의 일입니다. 그리스도께서는 우리와는 상반되고 우리를 불리하게 하는, 손으로 쓴 요구조건들을 깨끗이 지워 버리셨습니다. 그리고 그분께서는 그것들을 취하셔서 십자가에 못 박으셨습니다.[1024] 그러므로 우리가 오직 그리스도 안에 있는 우리의 참된 안식의 모형으로서 의도된 안식일의 의미를 깨닫지 못한 채 그저 안식일이라 정한 '한 날'을 준수해야만 한다고 믿고 고집하는 것은 그분을 부인하는 것과 같습니다. 어떤 한 '날'을 지키는 것이 우리의 구원이라도 되는 것처럼 믿는 것은 오히려 우리를 그리스도 자신으로부터 멀어지게 만들 뿐입니다.

1020) 행 15:1-29
1021) 갈 2:1-10
1022) 롬 7:6, 고후 3:6
1023) 골 2:16-17
1024) 골 2:14

초대교회 성도들은 예수 그리스도의 부활을 송축하기 위해서 매주 같은 시간에 모이기를 힘썼습니다. 그들은 그렇게 하는 것이 더 이상 불가능해 질 때까지, 가능한 한 매주일 첫째 날에 모이기를 원했습니다.[1025] 제자들이 예루살렘에서부터 흩어졌을 때[1026] 그들에게 있어 가장 중요한 관심사는 일요일, 곧 주님의 날에 모임을 갖는 것을 지키는 것이 아니라 주 예수 그리스도의 복음을 증거하고 나누는 일이었습니다.

그리스도를 믿는 믿음 때문에 박해를 받지 않는 나라들에서 살고 있는 성도들로서 우리는 일요일이나 주중의 다른 어떤 날들을 정할 필요 없이 자주, 그리고 정기적으로 모임을 갖는 것에 대해 마음을 열고 배울 필요가 있습니다. 두세 명의 적은 숫자의 사람들이 가정에서 모였을 때, 우리는 함께 성경을 읽고, 토론하고, 기도하며 예배드릴 수 있습니다. 우리가 사랑하는 북한의 형제자매들로부터 배운 바대로 그렇게 행하는 것은 우리가 핍박의 때를 위해 준비되도록 돕는 일이 될 것입니다.

1025) 행 20:7
1026) 행 11:19

원리 48

우리는 함께 그리스도의 몸을 이루는 지체들임

전직 보위부원이었던 한 사람이 이전에 11명의 그리스도인들을 체포했었던 일에 대해서 설명하면서 그들 중 두 명은 조사를 받는 중에 고문으로 인해 죽었고, 나머지 사람들은 사형을 당했다고 말했습니다.

하나님은 사람의 외모를 보시지 않습니다.[1027] 각 사람은 온 세상에 있는 모든 재물보다 더 가치가 있으며 예수께서는 그 한 사람을 위해서 죽으셨습니다.[1028] 우리는 북한의 성도들이 사도의 일을 하는 사람이든, 목사이든, 평범한 성도이든, 그들의 직분과 상관없이 자신들의 생명을 내려놓고 순교자가 되었다는 사실을 알게 되었습니다. 우리는 하나님께서 각 사람에게 주신 은사를 가지고[1029] 각 사람이 행한 대로[1030] 심판과 상을 받게 될 것입니다.[1031] 예수 그리스도를 믿는 사람들로서 우리는 모두가 그분의 제자들이며, 지도자들은 하나님 앞에서 더 큰 책임을 지고 있음에도 불구하고 우리 모두는 하나님 앞에서 동일한 지위를 가지고 있습니다.[1032]

예수께서는 당신의 제자들에게 여러 차례 제자도에 대해서 상기시키셨습니다. "누구든지 첫째가 되고자 하면 뭇 사람의 끝이 되며 뭇 사람을 섬기는 자가 되어야 하리라"[1033] 주님께서는 '사람들 위에 군림하려

1027) 행 10:34, 롬 2:11
1028) 요 3:16, 요일 2:2
1029) 벧전 4:10
1030) 엡 2:10, 딛 2:14
1031) 고후 5:10, 롬 2:6
1032) 약 3:1
1033) 막 9:35

하지 말고 다른 사람들의 발을 씻어주어라'고 말씀하셨습니다. 결국 우리 모두는 그저 주님의 종들일 뿐이기 때문입니다.[1034]

북한의 교회는 다른 많은 나라들에서 볼 수 있는 para-church 사역이나 조직 같은 것들을 가질 수 있는 여력이 없습니다. 그들에게는 교단의 지도자들이나 어떤 특정한 기독교 분야에 재능이 있는 지도자들도 없습니다. 북한의 성도 한 사람 한 사람은 성경에 기초한 정상적인 그리스도인의 삶을 살아가고 있는 일반적인 사람들입니다. 건강하고 성경적인 지역교회들에게는 지나친 교단적 차이들이 존재할 필요가 없습니다. 그리스도의 몸은 하나이며 그들에게 주신 소명과 은사만으로 충분합니다.

하나님께서는 그리스도의 몸인 성도들 개개인이 서로 돕고 서로를 의지하도록 만드셨습니다. 우리가 성령의 인도하심 아래에서 하나님의 말씀을 통해 가르침을 받고 또 다른 성도들을 통해 서로 배운다면, 더 이상 우리들 가운데 있는 사소한 차이점들이 문제로 여겨지지 않게 되고 서로 간에 더욱 조화를 이룰 수 있게 될 것입니다.

북한교회의 성도들은 자신들이 마음으로 깨닫고 암송한 말씀들을 순서를 돌아가면서 서로 가르칩니다. 이 설교의 말씀들은 성령의 능력 가운데에서 귀한 성도들의 마음으로부터 나온 말씀들입니다. 이것은 사도행전의 초기에 학문이 없지만 성령으로 감동되어 하나님의 말씀을 가르쳤던 사람들을 떠올리게 합니다.[1035]

오늘날과 같은 교회시대에 우리는 주께서 고린도 교회에게 주셨던 교훈을 다시 배워야만 할 필요가 있습니다. 고린도 교회는 어떤 특정한

1034) 고전 3:5
1035) 행 4:13

사람이나 은사 받은 지도자들을 지나치게 의존함으로써 그리스도의 몸인 교회 안에 분열이 일어나게 했습니다. "형제들아 내가 신령한 자들을 대함과 같이 너희에게 말할 수 없어서 육신에 속한 자 곧 그리스도 안에서 어린 아이들을 대함과 같이 하노라 내가 너희를 젖으로 먹이고 밥으로 아니하였노니 이는 너희가 감당하지 못하였음이거니와 지금도 못하리라 너희는 아직도 육신에 속한 자로다 너희 가운데 시기와 분쟁이 있으니 어찌 육신에 속하여 사람을 따라 행함이 아니리요 어떤 이는 말하되 나는 바울에게라 하고 다른 이는 나는 아볼로에게라 하니 너희가 육의 사람이 아니리요 그런즉 아볼로는 무엇이며 바울은 무엇이냐 그들은 주께서 각각 주신 대로 너희로 하여금 믿게 한 사역자들이니라 나는 심었고 아볼로는 물을 주었으되 오직 하나님께서 자라나게 하셨나니 그런즉 심는 이나 물주는 이는 아무 것도 아니로되 오직 자라게 하시는 이는 하나님뿐이니라 심는 이와 물주는 이는 한가지이나 각각 자기가 일한 대로 자기의 상을 받으리라 우리는 하나님의 동역자들이요 너희는 하나님의 밭이요 하나님의 집이니라 내게 주신 하나님의 은혜를 따라 내가 지혜로운 건축자와 같이 터를 닦아 두매 다른 이가 그 위에 세우나 그러나 각각 어떻게 그 위에 세울까를 조심할지니라 이 닦아 둔 것 외에 능히 다른 터를 닦아 둘 자가 없으니 이 터는 곧 예수 그리스도라 만일 누구든지 금이나 은이나 보석이나 나무나 풀이나 짚으로 이 터 위에 세우면 각 사람의 공적이 나타날 터인데 그 날이 공적을 밝히리니 이는 불로 나타내고 그 불이 각 사람의 공적이 어떠한 것을 시험할 것임이라 만일 누구든지 그 위에 세운 공적이 그대로 있으면 상을 받고 누구든지 그 공적이 불타면 해를 받으리니 그러나 자신은 구원을 받되 불 가운데서 받은 것 같으리라 너희는 너희가 하나님의 성전인 것과 하나님의 성령이 너희 안에 계시는 것을 알지 못하느냐 누구든지 하나님의 성전을 더럽히면 하나님이 그 사람을 멸하시리라 하나님의 성전은 거룩하니 너희도 그러하니라"[1036]

이 말씀에 따라서 이 책의 독자들에게 상기시키고 싶은 것은 북한의 성도들이 전 세계에 걸쳐 존재하는 그리스도의 몸의 일부라는 사실입니다. 또 성경은 우리들에게 만약 우리, 곧 그리스도의 몸의 한 부분이 고통 받는다면 몸의 모든 부분이 함께 고통을 받게 된다는 사실을 일깨워 줍니다.[1037] 그리스도인들에 대한 핍박이 만연한 나라들에 있는 형제자매들을 위하여 기도하는 것은 핍박받지 않는 나라들에 살고 있는 그리스도인들의 책무입니다.

"만일 한 지체가 고통을 받으면 모든 지체가 함께 고통을 받고 한 지체가 영광을 얻으면 모든 지체가 함께 즐거워하느니라"[1038]

"너희도 함께 갇힌 것 같이 갇힌 자를 생각하고 너희도 몸을 가졌은 즉 학대 받는 자를 생각하라"[1039]

북한 지하교회의 사역을 돕던 한 형제가 미국의 그리스도인들이 북한의 그리스도인들을 위해서 무엇을 어떻게 기도해야할 지를 묻자 그들은 이렇게 대답했습니다. "당신들이 우리를 위해 기도한다고요? 우리가 당신들을 위해서 기도하고 있습니다!" 그 형제가 그렇게 하는 이유를 묻자 그들이 대답했습니다. "왜냐하면 서방세계의 그리스도인들은 종종 자신들의 믿음을 그들이 가지고 있는 '번영'과 '정치적인 자유'에 두고 있기 때문에 하나님만을 완전히 의존해야만 한다는 것이 어

1036) 고전 3:1-17
1037) 롬 12:15, 갈 6:2
1038) 고전 12:26
1039) 히 13:3

떤 것인지를 알지 못하기 때문입니다. 또한 그렇기 때문에 그들은 많은 경우에 하나님께서 우리를 초대하셔서 우리에게 하나님을 계시하기를 원하시는 모든 방법들을 통해 그분을 알아가는 일에 실패하게 됩니다."

강제 노동 수용소에 수감되었던 한 형제는 그러한 수용소 안에서 그리스도인으로 산다는 것을 '가엾고 불쌍한 상황'으로 생각하는 것은 '오산'이라고 말했습니다. "수용소는 마치 신학교와 같았습니다. 나는 매일 다른 사람들을 위해서 기도했으며 그곳에서 나의 믿음은 내 육신이 쇠퇴하는 만큼 날로 성장하고 도약했습니다."

"북한의 성도들은 항상 내게, 자신들이 박해로부터 자유로워질 것을 위해 기도하지 말고 박해 가운데에서도 신실하게 믿음을 지킬 수 있도록, 그리고 번영을 누리고 있는 서방세계의 성도들이 매일 자기의 십자가를 지는[1040] 삶이 아니라 오히려 그런 고통으로부터 차단될 가능성이 농후한 환경 가운데에서도 하나님께 온전히 신실할 수 있도록 기도하라고 부탁 했습니다."[1041]

우리는 성령께서 인도하시는 대로 기도해야 합니다. 그러나 우리는 온 세계에 있는 지하교회의 성도들이 그들에게 진정한 자유를 주지 못하는 '고통이 없는 삶'을 구하는 것이 아니라 고통스럽지만 참된 기쁨과 평화, 그리고 영원한 생명을 주는 '진정한 자유'를 원하고 있다는 것을 알아야만 합니다.

우리가 그들을 위해 특별히 기도해야 하는 것은 그들이 박해의 고통 가운데에서도 믿음을 지키고 예수 그리스도를 부인하지 않게 해달라

1040) 눅 9:23
1041) Eric Foley

는 것입니다. 그들이 인내할 수 있도록 힘과 믿음과 용기를 주시고 환란 가운데 있는 그들을 위로해 주실 것을 위해서 기도해야 합니다.

북한교회의 성도들이 그들을 박해하는 자들을 축복하고 그들을 위해 기도하며 그들에게 선을 행할 수 있도록 기도해 주십시오.

북한교회의 성도들이 믿음에 굳건하게 서서 기적을 행하시는 하나님, 가장 좋은 것을 아시고 인도하시는 하나님을 알게 해달라고 기도해 주십시오.

"주여 이제도 그들의 위협함을 굽어 보시옵고 또 종들로 하여금 담대히 하나님의 말씀을 전하게 하여 주시오며"[1042](성령의 능력으로 충만해짐을 통해)

"손을 내밀어 병을 낫게 하시옵고 표적과 기사가 거룩한 종 예수의 이름으로 이루어지게 하옵소서 하더라"[1043]

1042) 행 4:29
1043) 행 4:30

원리 49
말씀 암송과 나눔

북한의 한 그리스도인 여성이 말했습니다. "어느 날, 한 보위부원이 우리 집에 찾아와서 집안을 뒤지기 시작했습니다. 그들은 내가 손으로 쓴 성경구절이 적힌 종이쪽지를 찾아내었고 내게 큰소리로 고함을 질러 대더니 나의 남편과 아이들을 어딘가로 데리고 가버렸습니다. 우리 가족 모두는 죽을 때까지 강제노동을 해야만 하는 수용소로 보내졌습니다. 지금 나는 그들이 아직도 힘겨운 노동을 견디며 살아 있는지 아니면 죽었는지, 그들의 생사조차도 알 수가 없습니다. 나는 항상 북한의 강제 노동 수용소에 수감되어 있는 성도들을 위해서 기도합니다. 왜냐하면 나는 그곳에서의 삶이 지옥에서의 삶과 같다는 것을 알고 있기 때문입니다."

60대의 한 여성은 서너 명씩 비밀리에 만나서 손으로 쓴 성경구절들을 읽던 8명의 그리스도인들을 알고 있다고 말했습니다.

한 탈북민은 이렇게 증언합니다. "아무런 예고도 없이 아무 때나 관리들이 우리 집으로 들이닥쳤습니다. 그들은 항상 사람들에게 그렇게 합니다. 우리가 그리스도인이기 때문에만 그러는 것이 아니라, 그들은 사람들을 두려워하게 만들어서 문제를 일으키지 않게 하기 위해서 그렇게 하는 것입니다. 이것이 북한의 모든 사람들로 하여금 북한의 지도자를 숭배하게 만드는 그들의 방법입니다. 나는 성경구절들을 손으로 베껴 쓸 때에 들키지 않게 해달라고 계속해서 기도하면서 썼습니다. 만약 들킨다면 우리 가족 모두의 생명을 위험에 빠뜨리게 되기 때문이지요."

북한의 그리스도인들은 언제 발각될지 모르는 끊임없는 두려움 가운데 살고 있습니다. 만약 유죄로 판명되면 극심한 징벌이 따릅니다.

또 다른 증인은 말합니다. "나는 세 명의 그리스도인들이 대중 앞에서 처형되는 것을 지켜보았습니다. 22살 정도 되는 젊은 여자와 23살 정도의 두 남자였는데 그들의 죄목은 북한에 밀수입된 성경을 가지고 있었다는 것이었습니다."

북한에는 성경책이 별로 없기 때문에 북한의 교회에서는 성경말씀들을 서로 나누는 것이 꼭 필요합니다. 일반적으로 지하교회의 성도들은 손으로 쓴 성경구절이나 찬송가들을 서로 나누고 공유합니다. 다른 나라의 수많은 성도들은 자신들의 집에 5권에서 10권 정도의 성경책을 가지고 있지만 북한의 성도 개개인은 거의 성경에 접근할 수 없습니다. 이 성경의 구절들을 적은 종이쪽지들은 매우 귀하게 여겨져서 성도들이 서로 돌아가며 읽고 대부분의 내용들은 말로서 서로 나눕니다. 이곳이야말로 성경이 우리에게 시와 찬송으로 서로 화답하며[1044] 함께 말씀을 읽으라고 하신 권면이 실제로 행해지는 곳입니다.[1045]

우리는 이러한 것들을 그들로부터 배워서 말씀을 암송하고 또 그것을 우리의 가정교회들에서 역동적으로 나눌 수 있습니다. 우리에게 주어진 과학기술을 사용하여 E메일이나 문자 메시지, 또는 편지를 보낼 때에 하나님의 말씀을 덧붙여 보내거나 성도들을 만날 때에 서로 말씀을 나눔으로 하나님의 말씀을 공유하십시오. 이렇게 계속해서 그리스도의 몸 안에서 서로 말씀을 나누는 것이야말로 우리의 '지극히 거룩한

1044) 엡 5:19
1045) 딤전 4:13

믿음' 위에 우리 자신을 세우게 합니다.[1046]

시편 119편은 성경에서 가장 긴 장으로서 하나님의 말씀과 법의 경이로움에 대해서 선포하는 내용으로 가득한 장입니다. 이 시편을 반복하여 읽는 것은 하나님께서 우리 안에 하나님의 말씀에 대한 존경과 사랑을 다시 세우시도록 하는 가치 있는 행위가 될 수 있습니다. 당신은 단지 하나님의 거룩하신 말씀이 기록된 책 한 권을 얻기 위해서 당신의 모든 소유를 상실할 수 있습니까? 시편 기자는 이렇게 선포합니다. "주의 입의 법이 내게는 천천 금은보다 좋으니이다"[1047] 만약 우리도 하나님의 말씀을 우리가 소유한 모든 것 가운데 가장 소중한 것으로 여기고 대한다면 우리의 북한 형제자매들의 신앙을 따라갈 수 있을 것입니다.

우리가 앞으로 다가올 핍박을 마주하게 되었을 때, 말씀 암송은 우리에게 다른 어느 것보다도 중요한 것이 될 것입니다. 지하교회에서는 말씀을 암송하는 일의 필요성이 선택적인 것이 아니라 필수적입니다. 성경이 희귀하고 투옥될 가능성이 높을 때에 성도들은 하나님의 말씀을 자신의 마음속에 쌓아놓음으로 그러한 시험의 때를 대비하기를 원합니다. 또한 그렇게 함으로써 매일의 삶에서 성경책이 없을 때에도 다른 사람들과 말씀을 나눌 수 있게 됨은 큰 축복이 될 것입니다.

이러한 성도들은 하나님의 말씀이 항상 내주하시는 살아있는 성경책이 될 것입니다. 우리는 이 훈련으로부터 많은 것을 배울 수 있습니다. 우리는 하나님의 말씀을 공부하고 암송함으로써 핍박이 없는 나라들에서 풍성하게 소유하고 있는 성경에 대한 우리의 참된 사랑을 나타내 보일 수 있습니다. 여러분은 먹는 것이나 오락을 즐기는 것, 또는 우리

1046) 유 1:20
1047) 시 119:72

의 시간을 점령하고 있는 다른 많은 것들보다도 성경을 읽는 것을 진심으로 원하고 있습니까? 우리에게 아직 자유가 있는 동안에 하나님께서 자신의 교회안에 말씀에 대한 더 큰 사랑과 갈망으로 충만하게 해 주시길 바랍니다!

성경은 하나님의 말씀이 우리의 무기라고 선언합니다. "구원의 투구와 성령의 검 곧 하나님의 말씀을 가지라"[1048] 하나님의 말씀은 우리의 육신의 양식보다 더욱 더 중요합니다. "내가 그의 입술의 명령을 어기지 아니하고 정한 음식보다 그의 입의 말씀을 귀히 여겼도다"[1049] 우리의 즐거움은 하나님의 말씀 안에 있습니다. "오직 여호와의 율법을 즐거워하여 그의 율법을 주야로 묵상하는도다"[1050] 하나님의 말씀은 우리를 죄로부터 지켜줍니다. "내가 주께 범죄하지 아니하려 하여 주의 말씀을 내 마음에 두었나이다"[1051] 주의 말씀은 또한 내 길의 빛이며,[1052] 시험을 받을 때에 도움이 되십니다.[1053] 우리가 하나님의 말씀의 원리들을 신뢰한다면 우리의 삶 속에서 큰 도움을 받게 될 것입니다.[1054]

다음의 간증은 한 성도의 성경말씀에 대한 큰 사랑을 우리에게 보여줍니다.

"윤 형제는 성경을 갖고 싶어서 100일 동안 매일 밥 한 공기만을 먹으면서 기도했습니다. 그는 하나님께 성경을 달라고 부르짖어 기도했고 그의 부모는 그가 미쳐가고 있다고 생각했습니다. 어느 날 아침, 누군가가 문을 두드렸습니다. 형제 두 사람이 그에게 성경을 가져다 준

1048) 엡 6:17
1049) 욥 23:12
1050) 시 1:2
1051) 시 119:11
1052) 시 119:105
1053) 마 4:1-11
1054) 수 1:8

것입니다. 그는 집어 삼키듯이 성경을 읽기 시작했습니다. 그는 글을 잘 읽지 못했지만 날마다 고심하며 한 글자 한 글자씩 성경을 읽어나 가는 동안 점점 더 잘 읽게 되었습니다. 이런 식으로 성경을 다 읽고 난 후에 그는 매일 한 장씩 성경을 암송하기 시작했습니다. 28일 만에 그는 마태복음을 암송했으며 그 다음에는 사도행전을 암송하기 시작했습니다."[1055]

　서구사회의 그리스도인들로서 다가오는 핍박을 대비하기 위해서 우리가 할 수 있는 것들 중 가장 중요한 하나는 바로 하나님의 말씀을 우리의 마음속에 숨겨두는 것입니다. 작은 성경책을 잘 감추어 둘 수도 있고 성경의 몇 장씩을 잘라 내어 일반서적들 속에 풀로 붙이는 것 같은 방법도 좋지만 하나님의 말씀을 암송하는 것을 대신할 수는 없습니다. "성경이 금지된 나라들에서는 종종 성도들에게 성경의 가치가 금보다도 귀하게 여겨집니다. 많은 이들이 성경 한 페이지를 가지고 있는 것만으로도 축복을 받았다고 생각하지요. 그들은 자신이 가지고 있는 페이지를 암송하고 그 후에는 다른 성도들이 가지고 있는 페이지와 서로 바꾸어서 그것도 암송합니다. 그들은 만약 자신들이 감옥에 갇히게 된다면 그들의 마음속에 암송하여 숨겨놓은 말씀들만이 자신들이 소유할 수 있는 유일한 성경이라는 것을 알고 있습니다. 그러므로 할 수 있는 한 많은 성경의 내용을 암송하는 것을 그들의 목표로 삼습니다."

　복음을 인하여 한 무리의 형제들이 감옥에 갇히게 되었습니다. 그러자 그들은 자신들이 암송하고 있는 말씀들을 기록하여 자신들을 위한 성경책을 쓰기로 결정하고 한 형제가 각 사람이 기억하고 있는 모든 말씀들을 종이 한 장에 받아 적기 시작하였습니다. 처음에는 이 사람 저

1055) Paul Hattaway

사람이 앞 다투어 말씀을 암송하였지만 얼마 지나지 않아서 그들은 성경에 대한 자신들의 지식이 얼마나 보잘 것 없는 지를 깨닫게 되었습니다. 요한복음 3:16절과 시편 23편, 주기도문과 십계명을 제외하고 나면, 그들이 기억해 낼 수 있는 말씀은 단지 몇 구절에 불과할 뿐이었습니다. 한 시간 동안에 단지 20구절 정도밖에는 기억해 낼 수 없었던 그들은 실의에 빠진 채 서로의 얼굴을 쳐다보았습니다. 계속해서 기억해 내려고 노력해 보았지만 그들은 자신들이 암송하고 있는 말씀조차 서로 일치하지 않는다는 사실만을 발견하게 되었습니다. 하나님의 말씀이 그들의 마음속에 풍성하게 거하지 않고 있다는 것이 명백하게 드러난 것입니다. 그들은 온갖 노력을 다해 보았지만 더 이상의 말씀들을 정확하게 기억해 낼 수 없었습니다.

"핍박의 때가 되면 성경은 금지된 책이 됩니다. 중국이나 라오스, 베트남 같은 공산주의 나라들에서 핍박이 시작되었을 때, 그들은 성경을 태우거나 수많은 성경을 몰수했습니다. 그 성도들이 모였을 때, 그들은 거의 성경말씀을 기억해 내어 인용할 수 없었습니다. 그 이유는 너무나 단순합니다. 그들이 자유를 누리며 살고 있는 동안에 성경암송의 필요성에 대해서 깨닫지 못했기 때문이었습니다. 일단 성경이 몰수되고 불태워진 후에는 아무도 말씀을 배울 시도조차 할 수 없게 됩니다. 말씀을 암송하는 것은 시간이 걸리는 일이기 때문에 아직 성경을 읽을 수 있는 자유가 있을 때에 시작되어야만 합니다."

성경을 암송하는 것은 당신이 장차 닥쳐 올 일들을 대비할 수 있게 해 줄 것입니다. 당신은 자신이 암송하고 있는 성경의 구절들과 장들을 통해서 성령의 인도하심을 받게 될 것입니다.

원리 50
그저 듣기만 하지 말고 순종하라

2009년에 연합뉴스는 리 현옥이라는 33세의 여성도가 성경을 배포하고 외국의 간첩노릇을 했다는 죄목으로 공개 처형되었다고 보도했습니다. 이러한 핍박과 죽음의 위협에도 불구하고 북한의 교회는 하나님의 말씀을 듣고, 그 들은 말씀에 순종합니다. 복음을 전파하라는[1056]

하나님의 명령은 큰 대가를 지불한 이러한 성도들에 의해서 순종되어집니다.

북한의 성도들에게 있어 성경의 말씀은 그들의 삶을 인도하는 지도와도 같습니다. 성경이 그들의 삶을 위한 지도라면 우리들의 삶을 위한 지도도 되어야 합니다. 말씀은 그들에게 무엇을 어떻게 해야 할 지를 지시하십니다. 우리 또한 말씀이 우리가 해야 할 바를 지시하시도록 해 드려야만 합니다. 설교를 듣고, 말씀을 읽고 난 후에 그저 "정말 훌륭한 메시지였어!"라고 말하는 것은 북한의 성도들에게는 이질감이 느껴지는 일입니다. 그들은 자신들이 들은 모든 것에 순종하기를 원합니다.[1057]

박해가 없는 대부분의 나라들에 사는 성도들의 문제점은 '바른 교리'가 '해결책'이 될 것이라고 생각하고 있다는 것입니다. 물론 성령께서 우리와 함께 하신다면 우리는 진리 가운데로 인도될 것입니다.[1058] 그렇다고 해도, 모든 분야에 걸쳐 '완전한 신학적 교리'를 추구하는 것은

1056) 딤후 4:2, 막 16:15
1057) 눅 6:46, 마 7:21
1058) 요 16:13

우리에게 주신 신약의 명령이 아닙니다. 오히려 신약성경은 우리에게 예수 그리스도와 함께 거하고,[1059] 그분을 따르며,[1060] 그분의 명령에 순종하라고 권면합니다.[1061] 예수 그리스도께서는 우리에게 신학자가 되라고 말씀하시지 않으셨습니다. 예수 그리스도께서는 우리에게 그분의 진리와 삶을[1062] 구현하는 제자가 되고 행함으로 우리의 믿음을 증명하라고 말씀하셨습니다. 성령의 인도하심이 없이도 우리는 신학적인 말들(하나님의 마음을 나타내지는 못하는)로 우리의 믿음의 체계를 구축할 수 있습니다. 만약 우리가 하나님의 성품에 대해서 공부하면서 우리의 개인적인 죄에서 떠나지 않는다면 우리는 주님을 경외한다는 것이 무엇인지 알지 못하는 것입니다.[1063]

생명은 신학적인 체계나 해석 속에서 발견되어지지 않습니다. 생명은 예수 그리스도 안에서만 발견되어지며 예수께서 우리를 통하여 그분의 삶을 사시도록 우리 자신을 내어드리는 것입니다. 성경속의 모든 비밀들을 알아내고자 노력하는 것이 우리 신앙의 주안점이 되어서는 안됩니다. 북한 지하교회의 성도들은 날마다 하나님과 함께 거하며, 그분의 음성을 듣고 그분의 인도하심을 따르기를 원하는 마음으로 가득합니다. 그들에게 있어서 이것은 삶과 죽음사이의 선택입니다.

우리 중 많은 사람들은 다시 한 번 야고보 사도의 권면에 귀를 기울일 필요가 있습니다. "너희는 말씀을 행하는 자가 되고 듣기만 하여 자신을 속이는 자가 되지 말라"[1064] 우리는 날마다 주님 앞에 나가서 우리

1059) 요 15:1-10
1060) 눅 9:23
1061) 요 14:21
1062) 요일 2:6
1063) 행 9:31, 잠 8:13, 시 111:10, 욥 28:28
1064) 약 1:22

가 듣는 모든 말씀들을 행할 수 있도록 우리를 도와주실 것을 구해야 합니다. 이렇게 하는 교회가 결실이 있는 교회입니다. 이러한 교회야말로 성도들의 순종의 삶을 통하여, 또 구원의 메시지를 사람들에게 말로써 선포함으로 복음을 전할 수 있을 것입니다. 설사 그렇게 하는 것이 곧 '죽음'을 뜻하는 것이라 할지라도!

예레미야 선지자는 주께서 당신의 백성들에게 이렇게 분명하게 말씀하시는 것을 들었습니다. "오직 내가 이것을 그들에게 명령하여 이르기를 너희는 내 목소리를 들으라 그리하면 나는 너희 하나님이 되겠고 너희는 내 백성이 되리라 너희는 내가 명령한 모든 길로 걸어가라 그리하면 복을 받으리라 하였으나"[1065]

하나님의 사람들은 순종하는 사람들, 그분께서 가신 길을 따라 걸어가는 사람들입니다. 우리 주님 자신께서도 이 중요한 진리를 되풀이해서 말씀하셨습니다. "예수께서 이르시되 오히려 하나님의 말씀을 듣고 지키는 자가 복이 있느니라 하시니라"[1066]

1065) 렘 7:23
1066) 눅 11:28

원리 51
진정한 그리스도인의 성장의 척도

북한에서 비밀스러운 지하교회의 예배에 참석한다는 것은 무시무시한 공개처형을 당하는 결과를 가져올 수 있으며, 그저 성경책을 가지고 있다는 것만으로도 사형선고를 받을 수가 있습니다. 북한의 그리스도인들은 핍박이 없는 나라들에서 살고 있는 성도들은 거의 상상조차 할 수 없는 정도까지 예수 그리스도께 대한 헌신과 사랑으로 충만합니다.

북한 교회의 성도들은 서로 매우 친밀하게 교제하는 가운데 다른 성도들의 형편과 사정을 알고 있으며, 관심을 가지고 주의 깊게 서로를 돌아봅니다. 그곳에는 모든 회중들이 연단을 바라보고 앉아 한 시간 동안 진행되는 예배는 없으며 성도들이 서로에 대해서 알지 못하는 일도 없습니다. 그들은 서로가 깊이 연결되어 있는 지체들로서 서로의 얼굴을 바라보며 모임을 갖습니다. 그들은 그리스도의 지체의 한 부분으로서 모임을 가질 때마다 성경으로부터 배운 진리들을 서로 나누며 예수 그리스도를 더욱 신뢰하라고 서로를 격려합니다. 그들에게 중요한 것은 그것뿐입니다. 이러한 모임은 구성원 각자가 자신의 믿음의 성장에 대한 책무를 갖게 만듭니다.[1067]

바울 사도는 젊은 디모데에게 이렇게 말합니다. "이 모든 일에 전심전력하여 너의 성숙함을 모든 사람에게 나타내게 하라"[1068] 여러분이 주안에서 성장해 가는 것을 다른 사람들이 보게 할 수 있습니다. 그러

1067) 벧후 3:18
1068) 딤전 4:15

므로 가정모임이나 다른 친밀한 모임들을 가지는 것은-일 주일에 한 번씩이 아니라[1069] – 우리가 대형교회의 공적인 모임의 뒷전에 앉아 자신을 숨기고 있는 상태에서 벗어나서 주님과 동행하는 우리의 삶을 통해 서로가 실제적으로 성장하도록 격려하는 것을 가능하게 합니다.[1070]

바울 사도는 에베소에 있는 교회가 예수 그리스도의 은혜 안에서 자라가기를 바라는 간절한 소망을 가지고 있었습니다. 에베소서 4장에서 그는 성도들에게 복음의 가치를 따라 살라고 간청합니다. "평안의 매는 줄로 성령이 하나되게 하신 것을 힘써 지키라 몸이 하나요 성령도 한 분이시니 이와 같이 너희가 부르심의 한 소망 안에서 부르심을 받았느니라 주도 한 분이시요 믿음도 하나요 세례도 하나요 하나님도 한 분이시니 곧 만유의 아버지시라 만유 위에 계시고 만유를 통일하시고 만유 가운데 계시도다 우리 각 사람에게 그리스도의 선물의 분량대로 은혜를 주셨나니" "그가 어떤 사람은 사도로, 어떤 사람은 선지자로, 어떤 사람은 복음 전하는 자로, 어떤 사람은 목사와 교사로 삼으셨으니 이는 성도를 온전하게 하여 봉사의 일을 하게하며 그리스도의 몸을 세우려 하심이라 우리가 다 하나님의 아들을 믿는 것과 아는 일에 하나가 되어 온전한 사람을 이루어 그리스도의 장성한 분량이 충만한 데까지 이르리니"[1071]

그리스도의 몸에 대한 이러한 놀라운 권면에서 그는 '한 몸과 한 영'에 대해서 강조하고 있습니다.[1072] 우리는 반드시 모두가 함께, 모든 측면에서, 그리스도가 머리가 되시는 그분의 몸의 장성한 분량에까지 자

1069) 히 3:13
1070) 살전 5:11
1071) 엡 4:3-7, 엡 4:11-13
1072) 엡 4:4

라가야 할 것입니다.[1073) 몸의 각 부분은 각각의 특별한 부르심이 있지만 그들 모두 안에서 역사하시는 분은 '한 성령', 곧 우리를 그리스도의 형상으로 변화시키시며, 또는 바울의 표현대로 그리스도의 장성한 분량에 이르게 하시는 '성령님'이십니다.[1074)

북한의 성도들처럼 핍박을 직면하기 위해서는 흔들리지 않는 믿음이 필요합니다. 그리스도에 대한 그들의 믿음을 부인하지 않고 그런 종류의 고문을 기꺼이 견뎌냄으로써 그들은 대부분의 기독교 지역에서 찾아볼 수 있는 것보다 훨씬 더 성숙한 영성을 보여줍니다. 우리에게는 다만 우리 안에서 일하시는 그분께 복종할 필요만이 있을 뿐입니다. 그렇게 할 때에 우리는 그리스도 안에서 충만해지고 완전하게 될 것입니다. 진정한 그리스도인의 성장의 척도는 우리를 통해 그리스도께서 얼마나 많이 드러나시는가에 달려있습니다. "내가 너희를 사랑한 것 같이 너희도 서로 사랑하라 너희가 서로 사랑하면 이로써 모든 사람이 너희가 내 제자인줄 알리라"[1075)

1073) 엡 4:15
1074) 엡 4:13
1075) 요 13:34-35

자녀들을 가르치는 일

북한의 교회는 수도에 있는 몇몇의 '대외 전시용 교회'를 제외하고는 모두 파괴되어 제거되었습니다. 그럼에도 북한의 그리스도인들은 비밀리에, 그리고 끊임없는 위험가운데에서 자신들의 믿음을 따라서 살고 있습니다. 종교적인 이유로 수감된 사람들은 종종 다른 죄수들보다 더욱 혹독하게 다루어지거나, 가장 위험한 일을 하게 함으로써 그들의 믿음을 부인하도록 강요당합니다. 그들이 자신들의 믿음을 부인할 것을 거절하면, 그들은 죽음에 이르기까지 고문을 당하게 되고 그들의 자녀들은 강제 노동을 선고받고 굶주려 죽게 됩니다.

북한에서는 성경을 가지고 있는 그리스도인이 체포되면 그가 남자든 여자든, 어린 아이이든 처형을 당하게 됩니다. 하나님께 예배를 드리다가 잡힌 사람들은 그들의 가족들과 함께 수감되어 매 맞고, 굶주리며, 죽을 때까지 노동을 해야만 하는데 이 또한 어린아이들에게도 어른들과 동일하게 적용됩니다.

한 사람이 이렇게 증언했습니다. "그리스도인으로서 우리가 포기해야 하는 것은 다만 우리자신들의 생명만이 아닙니다. 우리는 우리의 자녀들의 생명까지도 내 주어야만 합니다. 우리는 우리 자녀들이 고통을 당하고 죽임을 당하는 것을 지켜봐야만 하거나, 아니면 우리의 자녀들이 우리가 처형당하는 것을 지켜봐야만 합니다."

북한의 그리스도인 가정에서 어린 자녀로서 살아간다는 것은 엄청난 시험을 마주할 준비가 되어있어야 함을 뜻합니다. 아이들은 학교에서 '김일성'을 신으로 경배해야 한다고 배웁니다. 그들은 유치원에서부터 거짓된 신을 믿도록 세뇌당하지만 그들의 부모를 통해 참 신이신 하나님에 대해서 듣고 보고 배웁니다. 그들은 그들의 집에서 모이는 모임을 통해, 그리고 그들의 부모를 통해 우리의 거룩하신 하늘 아버지만이 '참 신'이시며 예수께서 그들에게 영생을 주시는 그리스도이심을 배웁니다. 어떤 기독교 기관에서는 대부분의 북한 그리스도인 가정들이 그들의 어린 자녀들을 제외하고 모임을 갖는다고 보고했습니다. 그 이유는 순진한 어린 자녀들이 자신들의 집에서 모이는 교회의 모임을 드러나게 할지 모른다는 두려움이 그들에게 있기 때문이라고 밝혔습니다. 그렇다 해도 우리는 그 부모들이 자신들의 삶으로 자신의 자녀들을 가르치고 있다고 믿습니다.

핍박이 없는 나라들에 사는 그리스도인들로서, 우리는 시간이 없다는 핑계로 우리의 자녀들을 가르치지 않는 것을 선택해왔습니다. 주일날에조차 우리는 그들을 주일학교에 보냄으로 우리와 분리하는 것을 선택했습니다. 많은 사람들에게 있어 '주일학교'라는 용어의 개념은 교회의 공예배가 진행되는 동안에 어른들로부터 어린 자녀들을 분리하는 것이라고 이해되어 왔습니다. 하지만 그렇게 하는 것은 아이들이 주님 안에서 성장하는 것을 방해하는 것일 뿐만이 아니라, 또한 그들이 어른들의 생생한 믿음을 보는 것을 허락하지 않는 것입니다.

사도행전의 초대교회는 아이들과 어른들을 나누어서 모임을 갖지 않고 모두가 함께 예배를 드렸습니다. 아이와 함께 성경말씀을 나누거나 짧은 기도를 함께 드린다거나 하는 것은 아이들에게나 어른들 모두에게 대단히 유익하고 덕스러운 행위가 될 수 있습니다. 핍박이 있는 나라들의 그리스도인들은 일반적으로 아이들을 즐겁게 해 주기 위해 크

레용으로 색칠을 하게 하는 것과 같은 활동들을 할 수 있도록 따로 모임을 가지게 할 수 있는 자유를 누리지 못합니다. 우리는 어린 자녀들이 교회의 모임과 가르침, 그리고 예배 가운데 임재하시는 하나님의 성령의 역사에 대해 증거 할 수 있도록 해야 합니다.

성경에는 젊은 여자들이 나이든 여자들에게 가르침을 받는 경우를 찾아 볼 수는 있지만[1076] 나이가 좀 더 든 어린아이들이 자신들보다 더 어린아이들을 가르치는 경우에 대해서는 찾아 볼 수 없습니다. 어린아이들을 가르치기에 가장 좋은 장소는 성도들의 가정입니다. 이것은 성도들이 그들의 가족 제단에서 예수께 기도하고 예배하며 하나님의 말씀을 읽기 위해 성도들로서 함께 하는 가장 작은 교회의 모임입니다.

성경에는 가정에서 자녀들을 주님의 방식으로 교육하고 훈련해야 하는 책임에 대해서 언급한 말씀들이 있습니다.

"마땅히 행할 길을 아이에게 가르치라 그리하면 늙어도 그것을 떠나지 아니하리라"[1077]

"오늘 내가 네게 명하는 이 말씀을 너는 마음에 새기고 네 자녀에게 부지런히 가르치며 집에 앉았을 때에든지 길을 갈 때에든지 누워 있을 때에든지 일어날 때에든지 이 말씀을 강론할 것이며"[1078]

"내 아들아 네 아비의 명령을 지키며 네 어미의 법을 떠나지 말고 그것을 항상 네 마음에 새기며 네 목에 매라"[1079]

"또 우리 육신의 아버지가 우리를 징계하여도 공경하였거든 하물며 모든 영의 아버지께 더욱 복종하며 살려 하지 않겠느냐"[1080]

1076) 딛 2:4
1077) 잠 22:6
1078) 신 6:6-7
1079) 잠 6:20-21
1080) 히 12:9

종교적 자유가 있는 나라들, 특히 부유하고 핍박이 없는 나라들에서 가정들이 무너져 내리고 있습니다. 대부분의 가정에서는 많은 경우에, 그들에게 필요한 것 이상의 생활수준을 유지하기 위해 부모가 다 직업을 가지고 있습니다. 이런 경우에 부모들은 그들의 자녀들을 가르칠 시간을 갖기가 어렵습니다. 하나님께서는 경건한 자손을 찾고 계십니다.[1081] 그러나 하나님의 말씀으로 양육 받지 못한 이 자녀들은 이제 경건하지 않은 세대로 장성해 버렸으며 우리는 이미 우리가 뿌린 씨를 거두어들이고 있습니다. 구약에서 호세아 선지자는 이렇게 탄식합니다. "내 백성이 지식이 없으므로 망하는도다 네가 지식을 버렸으니 나도 너를 버려 내 제사장이 되지 못하게 할 것이요 네가 네 하나님의 율법을 잊었으니 나도 네 자녀들을 잊어버리리라"[1082]

하나님께서 우리를 긍휼히 여겨 주시기를 간절히 바랍니다. 하나님께서는 우리가 진정으로 회개하고 돌이킬 때에 언제나 긍휼을 나타내 보여주십니다. 부모들이여! 만약에 여러분이 진심으로 회개한다면 하나님께서 여러분을 도와주실 것입니다.

"그가 아버지의 마음을 자녀에게로 돌이키게 하고 자녀들의 마음을 그들의 아버지에게로 돌이키게 하리라 돌이키지 아니하면 두렵건대 내가 와서 저주로 그 땅을 칠까 하노라 하시니라"[1083]

1081) 말 2:15
1082) 호 4:6
1083) 말 4:6, 렘 10:25

지체 안에서 많은 지도자를 키워냄

북한에서 전직 공무원이었던 한 사람은 기독교인들에 대한 잔인한 학대와 그들의 아기들이 죽임을 당한 사건에 관련되어 있었습니다. 수용소의 간수들은 정기적으로 기독교인 수감자들이 자신의 믿음을 철회하도록 만들려는 시도를 합니다. 그들은 임신한 여성 수감자들, 때로는 만삭이 다 된 수감자들조차 강제로 낙태를 시킵니다. 그들은 자신들이 생각하기에 나쁜 사상을 가진 사람들은 자녀를 낳지 못하게 해야 한다는 집단적 처벌 사상을 가지고 있습니다. 여성들은 강제로 자신의 아기들을 낙태 당하고 살육 당합니다.

한 여성은 임신 9개월이 되었을 때에 강제로 낙태를 당했지만 그녀의 아기는 살아서 태어났습니다. 그녀가 아기의 생명을 살려달라고 애걸하는 동안 아기는 바닥에 내팽개쳐졌고 곧 간수가 다가가서 아기의 목을 짓밟아버렸습니다. 그 아기의 어머니는 아기를 살려달라고 간청했다는 죄목으로 공개처형을 당했습니다.

순교자들의 피가 북한의 땅을 흠뻑 적시고 있습니다. 앞에서 언급한 그 북한 공무원은 후에 그리스도인이 되었지만 당시에는 그런 그리스도인들의 믿음을 이해할 수가 없었습니다.

이렇게 극심한 정신적, 육체적 상해를 입은 상태에서는 대체 어떠한 종류의 크리스천 리더십이 요청될까요? 교회는 반드시 그들의 인도자 되시는 예수 그리스도께서 머리가 되셔야만 합니다. 그리고 그들을 이끌 지도자는 성령으로 충만하여 능력으로 하나님의 말씀을 증거할 수 있는 성도여야만 합니다. 모든 성도들이 구약의 제사장과 같은 사역자라는 의식을 갖고 실행하는 것은 교회의 성장과 확장에 –특별히 핍박받는 나라들에서– 꼭 필요한 일입니다.[1084]

북한의 성도들은 말씀을 나누고 기도하며, 또 복음을 전하기 위해서 성령으로 충만하여 성도들을 섬기는 사역자가 되도록 요청받습니다. 북한의 지하교회가 쇠퇴하지 아니하고 오히려 성장하고 있는 이유들 중의 하나는, 그들이 교회 가운데에서 높이 평가받고 있는 소수의 지도자들을 의지하는 것이 아니라 오히려 모든 성도들이 덕을 세우고 교회를 세울 수 있는 '섬기는 지도자'들이 될 수 있도록 양육하는 것을 강조한다는 것입니다. 하지만 이와 동시에, 북한의 교회는 여전히 하나님께서 특별하게 목자의 은사를 주셔서 교회를 섬기게 하는 사람들을 인정하고 있습니다. 이러한 섬기는 지도자(servant readership)들은 존경은 받지만 우상화 되지는 않습니다.

핍박을 받지 않는 나라들에 있는 교회는 이러한 예를 통해서 많은 것을 배울 수 있습니다. 그리스도의 몸인 교회의 대다수가 무기력하고 소극적인 상태에서 벗어나서 그리스도의 몸의 구성원 모두가 다시 활성화 되어야만 합니다. 강대상에서 매 주일 설교하는 지도자들이나 인터넷 방송, 또는 TV 프로그램을 통해 말씀을 받기만 하는 대신에 성도들 자신이 소그룹을 인도하거나 다른 성도를 제자 훈련하는 일 등에 참여하기 시작할 수 있습니다.

오늘 날 교회 가운데에는 그리스도의 몸된 교회를 세우고 잘 준비시켜서 모든 성도들을 열매가 풍성한 주님의 종들이 되도록 양육하는 일

1084) 벧전 2:5

에 대한 큰 필요가 있습니다.[1085] 이 일에 대한 부르심의 확신이 당신에게 있다면 믿음으로 첫걸음을 내어딛으십시오! 그리고 성도들이 주중에 자주 만나서 모두가 주안에서 함께 나누고 성장할 수 있는 작은 가정교회를 이끌어 가십시오!

우리는 '섬기는 지도자'들이 많이 필요함을 주장하는 동시에 디모데전서 3장에서 교회의 지도자들의 자격에 대해서 하나님께서 주신 가르침에 동의하고 또 그것을 강조합니다.[1086] 하나님께서는 친히 아시는 자들을 부르시고 지도자로 임명하셔서 당신의 몸인 교회의 성장을 돕도록 하는 일에 계속해서 사용하시고 계십니다. 우리는 핍박 가운데 있는 성도들과 하나님의 양떼를 돌보는 목자가 되라는 그리스도의 부르심과 은혜를 보여주는 지도자들에게 복종할 필요가 있습니다.[1087] 교회는 성도들을 가르치고 인도할 수 있는, 주님 안에서 믿음의 증거들을 가진 연장자인 형제들을 계속해서 구하고 찾아야만 합니다.

1085) 요 15:8
1086) 딤전 3:1-12
1087) 벧전 5:1-3

원리 54
가난한 사람들을 기억함

북한에 기근이 극심했던 시기에 대략 2백만 정도의 사람들이 굶어 죽었습니다. 이 일은 1995년에서 1998년 사이에 일어났습니다. 기근은 점차적으로 나아졌지만 북한은 지금까지도 여전히 식량을 자급하지 못하고 있습니다. '세계 식량 계획'은 2천 4백만의 북한 인구 중에서 연간 6백에서 8백만 정도에게 여전히 식량이 공급되어야 한다고 보고하고 있습니다.

모든 식량 지원은 북한 정부가 받아서 그들의 통제 가운데에서 분배됩니다. 지난 지도자였던 김정일은 북한 사람들을 북한 정권에 '충성스러운 자들', '흔들리고 있는 자들', '적의를 가지고 있는 자들'이라는 세 부류로 구분했습니다. 그 체계는 현재까지도 여전히 계속되고 있습니다. 모든 특권들(먹을 권리도 포함된)은 국가의 지도자에 대한 충성을 나타내 보이는 사람들에게 주어집니다. 1996년에 김정일은 '인민의 3분의 2는 굶어 죽도록 내버려두고 나머지 3분의 1의 충성스러운 인민들과 함께 나라를 새롭게 세우겠다'고 선포했습니다. 그러나 1백 10만 명이나 되는 군대조차 여전히 식량이 부족한 상태여서 인근 마을 사람들의 마지막 남아 있는 식량을 탈취하곤 합니다.

한 탈북자는 이렇게 증언합니다. "우리는 어떻게든 우리 가족을 먹일 음식을 구하려고 방법을 찾고 있었습니다. 대부분의 사람들이 극심한 굶주림에 시달렸지요. 어떤 사람들은 풀이나 나무껍질, 심지어는 흙을 먹기까지 했습니다. 먹은 것이 없었기 때문에 화장실에 가는 것이 또 다른 고통이었습니다. 그리스도인들은 식량배급에서 맨 마지막 순위에 있는 사람들이었습니다."

원조 받은 식량을 인민들에게 분배하는 대신에, 김정일은 17개의 호화스러운 건물들을 세웠으며 20,000개의 영화와 10,000병의 값비싼 술들을 개인적으로 소유했습니다. 그리스도인들을 포함하여 불분명하거나 적의를 가진 것으로 분류되는 전체 인구의 3분의 2에 속하는 사람들은 더욱 굶주림에 시달렸습니다. 그러나 그리스도인들은 하나님의 말씀을 읽지 못하고 하나님께 찬양과 기도를 드리지 못하고는 살 수 없었습니다.

많은 나라들에서, 일반적인 교단에 속한 교회들의 재정은 우선적으로 건물을 유지하는 일에 사용되고 그 다음에는 목회자들과 직원들을 위해 사용됩니다. 그렇게 지출하고 나면 상대적으로 가난한 사람들을 위한 구제와 선교, 그리고 다른 필요들을 위해서 사용할 수 있는 비용은 별로 남아있지 않게 됩니다. 북한의 지하교회는 많은 사례비를 지불해야 하는 목회자들이나 많은 비용이 들어가는 건물들을 가지고 있지 않습니다. 그들은 극심한 가난 가운데 있지만, 그럼에도 자신들이 조금이라도 가지고 있는 것들을 서로 나눕니다.

신약의 말씀에서 가난한 자들을 구제하라는 것은 해도 되고 안 해도 되는 선택이 아니라 돈과 관련해서 예수 그리스도께서 강조하신 중요한 가르침들 중에 하나입니다.[1088]

사도들 또한 이 가르침을 따라 행했으며 이것을 교회가 지켜야할 전통과 신조들 중 하나로서 강조했습니다.[1089]

1088) 마 19:21
1089) 갈 2:10

"그가 우리를 위하여 목숨을 버리셨으니 우리가 이로써 사랑을 알고 우리도 형제들을 위하여 목숨을 버리는 것이 마땅하니라 누가 이 세상의 재물을 가지고 형제의 궁핍함을 보고도 도와줄 마음을 닫으면 하나님의 사랑이 어찌 그 속에 거하겠느냐 자녀들아 우리가 말과 혀로만 사랑하지 말고 행함과 진실함으로 하자 이로써 우리가 진리에 속한 줄을 알고 또 우리 마음을 주 앞에서 굳세게 하리니"[1090]

가난한 사람들을 기억하고 사랑하는 것은 예수 그리스도의 영과 신약교회에서 항상 중요하게 여겨지는 부분이었습니다. 예수께서는 '가난한 자들은 항상 너희와 함께 있을 것이다'라고 말씀하셨습니다.[1091] 그러므로 이것은 하나님께서 교회에게 주신 지속적인 의무이며 사역입니다.

우리는 특별히 사도 야고보로부터 우리가 교회로 모일 때에 가난한 형제들에게 사랑을 나타내 보이고 그들을 차별하여 대하지 말라는 권면을 받습니다.

"내 형제들아 영광의 주 곧 우리 주 예수 그리스도에 대한 믿음을 너희가 가졌으니 사람을 차별하여 대하지 말라 만일 너희 회당에 금가락지를 끼고 아름다운 옷을 입은 사람이 들어오고 또 남루한 옷을 입은 가난한 사람이 들어올 때에 너희가 아름다운 옷을 입은 자를 눈 여겨 보고 말하되 여기 좋은 자리에 앉으소서 하고 또 가난한 자에게 말하되 너는 거기 서있든지 내 발등상 아래에 앉으라 하면 너희끼리 서로 차별하며 악한 생각으로 판단하는 자가 되는 것이 아니냐 내 사랑하는 형제들아 들을지어다 하나님이 세상에서 가난한 자를 택하사 믿음에 부요

1090) 요일 3:16-18
1091) 마 26:11

하게 하시고 또 자기를 사랑하는 자들에게 약속하신 나라를 상속으로 받게 하지 아니하셨느냐 너희는 도리어 가난한 자를 업신여겼도다 부자는 너희를 억압하며 법정으로 끌고 가지 아니하느냐 그들은 너희에게 대하여 일컫는 바 그 아름다운 이름을 비방하지 아니하느냐 너희가 만일 성경에 기록된 대로 네 이웃 사랑하기를 네 몸과 같이 하라 하신 최고의 법을 지키면 잘 하는 것이거니와 만일 너희가 사람을 차별하여 대하면 죄를 짓는 것이니 율법이 너희를 범법자로 정죄하리라"[1092]

우리는 하나님 앞에서 우리에게 주어진 물질을 진실하고 바르게 사용하는 것이 우리에게 얼마나 강력한 기회가 되는지를 배워야만 합니다. 만약 가정교회들이 빌딩을 소유하거나 전임 사역자를 두는 대신에 가난한 사람들에게 다가가기 위해 자신들이 소유한 자원을 사용한다는 것을 전제로 하여 사역을 시작한다면 반드시 주님을 위하여 많은 사람들의 영혼을 추수하게 될 것입니다.[1093]

지금까지 많은 것들을 말했지만, 가정교회가 복음을 위하여 일하는 전임사역자, 특별히 여러 가정교회들을 돌보며 수고하는 사역자를 후원하는 것은 전혀 잘못된 것이 아닙니다.

1092) 약 2:1-9
1093) 눅 4:18

원리 55
믿음으로 증거하고 선교함

　22살된 북한의 한 그리스도인 여성이 그녀의 친구들과 가족들에게 복음을 전하려는 목적으로 중국에서 북한으로 돌아갔습니다. 그녀는 그로부터 일 년 반이 지난 후에 성경과 찬송을 보급하다가 발각되어 체포되었습니다.

　그녀는 마치 테러리스트라도 되는 것처럼 무자비하게 징계를 받았습니다. 한 가지 예를 들자면, 그녀는 24시간 동안 조금도 움직이지 않고 같은 자세로 앉아 있을 것을 강요당했습니다. 그러나 이후에 하나님께서는 그녀가 기적적으로 사형을 면제받게 하셨고 그 후에도 그녀를 위해 많은 일들을 행하셨습니다. 어느 날, 한 수감자가 그녀가 갇혀 있는 수용소로 보내졌습니다. 그 새로운 수감자는 북한을 탈출하는 사람들을 덫에 걸리게 해서 검거하기 위한 목적으로 중국에 파견된 북한의 간첩이었던 사람이었습니다. 그 전직 위장간첩은 중국에서 남한으로 탈출하려고 시도하다가 체포되었습니다. 그녀는 그 22세의 여 성도에게 하나님께서 참으로 존재하시는지, 그리고 만약에 하나님께서 존재하신다면 그녀를 용서해 주실 수 있는지를 물었습니다. 그녀는 자신이 과거에 다른 사람들에게 행했던 일들을 후회하고 있었기 때문이었습니다. 중국에서 단지 4개월 반 동안 훈련받았을 뿐인 그 젊은 여 성도는 그 위장간첩을 그리스도께로 인도했습니다. 그리고는 그녀를 도와 그녀가 몇몇 성경구절들을 종이 한 장에 받아 적게 했습니다.

　북한에서 그리스도를 증거하는 일은 매우 비밀스럽게 행해집니다.

북한의 그리스도인들은 즉시 체포되어 매 맞고, 고문당하고, 처형될 수 있는 위험 때문에 대체적으로 드러내놓고 복음을 증거하는 방법을 따르지는 않습니다. 그들이 비밀스럽게 행동할 수밖에 없는 데에는 두 가지의 이유가 더 있습니다. 그 하나는 그들을 함정에 빠뜨리기 위해 정부가 첩자들을 파견하기 때문입니다. 스스로 그리스도인이라고 공언하는 많은 사람들이 실상은 정부가 지하교회의 성도들을 함정에 빠뜨려 검거하기 위해 파견한 간첩들과 요원들입니다. 납득될 만한 이유가 없이는 그저 하나님의 이름을 언급했다는 것만으로도 조사를 받기에 충분한 이유가 됩니다. 또 한 가지는 도청장치와 같은 전자기기에 대한 위험성 때문입니다. 그 때문에 성도들은 때로는 멀리 떨어진 들판과 같은 비밀 장소에서 모임을 갖거나, 아니면 숨을 쉬는 것처럼 낮고 조용한 목소리로 말해야만 합니다.

북한의 성도들은 그들이 가지고 있는 믿음에 대해서 다른 사람과 나누기 전에, 먼저 그 사람과의 사이에 신뢰를 형성하기 위해서 오랜 시간을 보냅니다. 그러나 이런 저런 여러 가지의 방식으로 은밀하게 복음은 계속해서 증거되고 있습니다. 하나님의 말씀은 헛되이 돌아오지 않으며[1094] 큰 확신을 갖고 있습니다.[1095] 성령께서는 복음을 증거하는 진정한 그리스도인들에게 능력으로 함께 하십니다.[1096]

어떤 면에서 강제노동과 죽음의 수용소 안에는 복음을 전할 수 있는 기회가 더욱 열려 있다고 볼 수 있습니다. 처형이나 굶주림으로 인한 죽음이 그들을 기다리고 있지만 수감자들은 사실상 자신이 이미 죽은 것으로 여기고 있기에 누군가는 그들에게 '이것이 끝이 아니라 영원한

1094) 사 55:11, 딤후 2:9
1095) 살전 1:5
1096) 행 1:8

생명이 있다'고 영원에 대한 소망을 전해주어야만 합니다. 그들에게는 더 이상 잃을 것이 남아있지 않기에 어떤 북한 성도들은 실제로 그들의 주님이신 예수 그리스도에 대해서, 그리고 그분을 믿는 모든 사람들에게 하나님께서 영생이라는 선물을 주신다는 사실에 대해서 자유롭게 사람들에게 전한 후에 그 죽음의 수용소에서 자신의 운명을 맞이하게 되기를 오히려 바라고 있습니다.

"그리스도를 위하여 너희에게 은혜를 주신 것은 다만 그를 믿을 뿐 아니라 또한 그를 위하여 고난도 받게 하려 하심이라"[1097]

"만일 너희 믿음의 제물과 섬김 위에 내가 나를 전제로 드릴지라도 나는 기뻐하고 너희 무리와 함께 기뻐하리니 이와 같이 너희도 기뻐하고 나와 함께 기뻐하라"[1098]

주님께 특별히 부르심을 받는 사람들이 있습니다. 그들은 비밀리에 다니면서 믿음으로 그리스도를 증거하며 선교사역을 하면서 그들의 필요를 주님께서 채워주실 것을 신뢰할 것입니다.[1099] 그들 중 어떤 이들은 자신들의 직업과 안전을 포기하고 자신의 나라 곳곳을 돌아다니며 복음을 전할 것입니다. 우리들에게는 이처럼 고통스럽고 잔인한 죽음의 나라에서 복음을 전하기 위해서 자신의 가정과 직업, 그리고 안락한 삶을 포기하는 사람들이 있다는 것이 상상하기 조차 어려운 일일 것입니다. 그러나 그들은 주님을 신뢰하며 죽기까지 자신들의 생명을 아끼지 않는 사람들입니다.[1100]

우리는 그렇게도 부정적이고 적대적인 상황에서도 믿음을 잃지 않고

1097) 빌 1:29
1098) 빌 2:17-18
1099) 눅 12:22
1100) 계 12:11

하나님을 신뢰하는 북한의 지하교회로부터 배워야 합니다. 우리는 핍박의 밤이 아직 닥치지 않은 이때에 하나님의 일을 해야만 합니다. 하나님께서는 우리가 구하는 것뿐 아니라 생각하는 모든 것에 더 넘치도록 풍성하게 하실 수 있습니다.[1101] 서구 사회 속에서, 우리는 주님을 온전히 신뢰하는 대신에 물질적 부요함이나 자유를 더욱 신뢰합니다. 하나님의 성령을 의지하는 대신에 멋지고 매혹적인 도구나 방법들을 의지합니다. 이런 식으로 우리는 우리의 삶 속에서 하나님의 능력을 부인하게 됩니다.

하지만 우리는 담대하게 복음을 증거하고 말씀을 선포하기 위해 하나님의 능력을 받을 수 있도록 성령의 충만함을 구하는 것을 선택할 수 있습니다.[1102] 만약 하나님께서 원하신다면 그분께서는 우리가 복음을 위하여 고난을 받을 수 있도록 성령의 능력을 공급하여 주실 것입니다.[1103]

북한 지하교회의 한 사역자는 하나님께서 어떻게 자신들을 보호해 주셨는지에 대해서 설명해 주었습니다. "사람들은 나에게 '어떻게 북한의 그리스도인들이 생존할 수 있습니까?'하고 묻습니다. 그들은 비밀을 가지고 있습니다. 그들은 하나님의 '개입하심'과 '보호하심' 그리고 '기적'들을 통하여 생존합니다. 그들이 육체적으로 대단히 굶주리고 있는 것은 사실이지만, 그보다도 만약 그들이 하나님의 말씀을 읽고, 기도하고, 찬양을 드리지 못한다면 그들은 살아갈 수 없을 것입니다. 그것이 그들의 생존의 비밀이기 때문입니다."

어떻게 북한의 교회가 생존해 올 수 있었는가에 대한 대답은, 그들이

1101) 엡 3:20
1102) 행 4:31
1103) 고후 6:6

'불가능이 없으신 하나님을 철저하게 신뢰했다'는 것입니다.

오늘날 우리에게는 육신의 힘을 의지하거나[1104] 사람의 방법을 신뢰하는[1105] 것을 멈추고 사람으로서는 불가능한 일을 행하시는 하나님을 전적으로 신뢰하는 것이 절실하게 필요합니다. 다음과 같이 고백하는 지하교회 성도들의 고백에 우리도 진심으로 동의하게 되기를 바랍니다. "우리는 기적을 행하시는 하나님을 진심으로 믿습니다! 아멘!"

1104) 대하 32:8
1105) 렘 17:5

원리 56

적그리스도의 나라에서의 폭발적인 교회의 성장

이 책의 독자들이 이란의 그리스도인들의 상황을 이해할 수 있도록 '이란'이라는 나라와 '이슬람 국제 정책'에 대해서 간략하게 소개할 필요가 있습니다. 이란은 억압과 핍박, 그리고 때로는 이슬람이 아닌 다른 믿음을 가진 사람들에게 사형을 선고하는 전체주의 정부와 독재자가 지배하는 국가입니다. 이슬람 공화국과 지도자들은 이슬람이 아닌 다른 종교를 인정하지 않는 종교적 열정으로 세계를 이슬람화 하여 지배하고자하는 욕망에 의해서 움직이는 사람들입니다.

아주 적은 수이긴 하지만, 엄격한 이슬람 국가인 이란에서, 기독교는 현재의 현실입니다. 사실, 이란의 기독교는 예루살렘과 오순절에까지 거슬러 올라가는 풍부하고 오랜 역사를 가지고 있습니다. 사도행전의 기록에 의하면 당시에 예루살렘에 있던 '메대'(페르시아, 또는 오늘날의 이란)와 '바사' 사람들이 오순절에 회심하고 맨 처음으로 그리스도인이 되었던 무리들 중에 있었습니다.[1106] 그때로부터 이란(이전에는 페르시아로 알려진)에는 계속해서 그리스도인들이 존재해왔습니다. 하지만 현재 이란의 그리스도인들은 감옥에 갇히고 고문을 당하며, 때로는 처형을 당하는 등 극심하게 핍박을 받고 있습니다.

이란의 전 대통령이었던 '무하마드 아마디네자드'는 이슬람의 열두 번째 이맘(거짓 구원자)의 귀환을 알리는 신성한 명령을 수행하는 자로 알려져 왔습니다. 아마디네자드는 2012년 가을에 개최된 UN의 개회

1106) 행 2:9

식에서 34분 동안 그의 8번 째 연설을 했는데 그 중에서 두 부분을 인용하자면,

"그 궁극적 구원자의 등장은 새로운 시작, 다시 태어남과 부활을 나타냅니다. 이것은 평화와 영구적인 안전, 그리고 진정한 삶의 시작이 될 것입니다."

"그의 등장으로 인해 모든 억압과 부도덕함, 빈곤, 차별은 종식될 것이며 정의와 사랑, 공감과 동정심이 시작될 것입니다."

이슬람과 모든 다른 종교들은 사탄에게 속임을 당한 사람들에 의해서 시작되었습니다. 이슬람의 신인 '알라'는 참 신이 아닙니다. 왜냐하면 그는 '모하메드'가 자신의 선지자하고 선언하고 하나님의 아들이신 예수 그리스도는 부인하기 때문입니다.[1107] 유일하신 살아 계시는 참 하나님이신 우리의 하늘 아버지께서는 예수 그리스도께서 당신의 아들이심을 선포하셨습니다.[1108] 하나님께서는 성경을 통해 우리에게 말씀하십니다.

"아이들아 지금은 마지막 때라 적그리스도가 오리라는 말을 너희가 들은 것과 같이 지금도 많은 적그리스도가 일어났으니 그러므로 우리가 마지막 때인 줄 아노라"[1109]

"거짓말 하는 자가 누구냐 예수께서 그리스도이심을 부인하는 자가 아니냐 아버지와 아들을 부인하는 그가 적그리스도니"[1110]

"예수를 시인하지 아니하는 영마다 하나님께 속한 것이 아니니 이것이 곧 적그리스도의 영이니라 오리라 한 말을 너희가 들었거니와 지금

1107) 요일 2:23
1108) 마 17:5, 롬 3:25
1109) 요일 2:18
1110) 요일 2:22

벌써 세상에 있느니라"[1111]

성경에는 장차 세상을 지배할 지도자에 대한 구체적인 설명이 나타나 있지만 우리는 '그 사람'이 어떤 사람인지 알지 못합니다. 우리는 성경의 계시록을 통해 적그리스도에 의해서 사용될 주된 처형 방법이 '참수(목베임)'가 될 것이라는 지시를 받았습니다.

"또 내가 보니 예수를 증언함과 하나님의 말씀 때문에 목베임을 당한 자들의 영혼들과"[1112]

참수형은 이슬람 극단주의자들에 의해서 행해지고 있습니다. 과연 하나님께서는 이란과 다른 이슬람 국가들을 사용하셔서 대환란을 예고하고 계시는 것일까요? 그것에 대해 우리는 확실하게 알지 못합니다. 하지만 우리는 이 모든 핍박에도 불구하고 복음의 진리를 선포하는 일을 계속해 나가야만 합니다. 우리의 하늘 아버지이신 하나님께서는 예수 그리스도께서 자신의 아들이심을 하늘로부터 들리는 음성으로 선포하셨습니다.[1113] 이 세상의 진정한 구원자이신 예수 그리스도께서는 죽음에서 부활하셨고 큰 능력과 영광과 하늘의 천사들과 함께 하늘로부터 불꽃 가운데에서 이 땅에 다시 오실 것입니다.[1114]

그리스도인으로서, 우리는 하나님께서 우리에게 명령하신대로 무슬림들을 사랑해야 합니다.[1115] 우리는 모든 사람들을 사랑해야 하지만, 그들의 거짓 믿음과 거짓 메시아와 같은 것들과 함께 이슬람이 우리에게 보여주고 있는 사탄의 종교적인 미친 짓들은 받아들일 수도 없고, 받아들여서도 안됩니다. 우리의 하늘 아버지이신 하나님만이 살아 계

1111) 요일 4:3
1112) 계 20:4
1113) 마 3:17
1114) 살후 1:7
1115) 막 12:31

시고 참되신 오직 한 분이신 하나님이시며 그분의 아들 예수 그리스도만이 우리를 구원하실 수 있고 보존하시는 분이십니다. 그분께서 우리를 위하여 죄와 사망과 슬픔이 없는 새 하늘과 새 땅을 창조하실 것입니다.[1116) 1117)

이란의 그리스도인들의 숫자는 대단히 많은 것으로 추산됩니다. 어떤 보고서에서는 이란에 백만 명이 넘는 그리스도인들이 있다고 말합니다.[1118) 모든 보도 사역 단체들이 이 통계에 동의하는 것은 아니지만 우리는 극심한 박해에도 불구하고 이란의 기독교가 폭발적으로 성장하고 있음을 믿습니다.

이란의 기독교 목사인 '나달카니'는 이렇게 말합니다. "하나님의 말씀은 우리가 그분의 이름을 위하여 불명예스러운 일들을 겪고 고난을 당하게 될 것이라고 말씀하셨습니다. 만일 우리가 이러한 말씀을 무시하거나 우리가 당하는 고난을 통하여 주님의 인내를 나타내 보이지 않는다면, 그리스도에 대한 우리의 믿음은 받아들여질 수 없습니다."

오늘날, 박해가 없는 나라들에 살고 있는 우리의 기독교 신앙은 과연 어떻습니까? 여러분의 믿음은 뜨겁습니까? 아니면 차갑거나 미지근합니까?[1119) 박해 받는 국가들의 그리스도인들은 예수 그리스도의 놀라운 복음을 전하기 위해서 자신들의 생명을 겁니다. 만약 우리가 우리자신들의 믿음이 미지근하지 않고 뜨겁다고 믿는다면, 왜 날마다, 기회가 주어질 때마다, 복음을 전하지 않는 걸까요?

2,000년 전에 예수 그리스도의 복음이 시작된 이래로 교회가 폭발적

1116) 계 21:1
1117) 계 21:4
1118) Christian News Today
1119) 계 3:16

인 부흥을 경험한 것은 오직 성령으로 충만하고 예수 그리스도가 삶의 중심인 사람들, 곧 전적으로 그분께 헌신된 그리스도인들에 의해서 복음이 담대하게 선포될 때뿐이었습니다. 이러한 그리스도인들은 사람의 전통이나 관습, 종교적 개념에 얽매이지 않았습니다. 인류의 죄를 인하여 십자가에서 죽으시고 부활하신 하나님의 아들에 관한 이 단순한 메시지는 헤아릴 수 없이 많은 사람들에게 영향을 끼쳐서 그들이 자신들의 권리와 삶을 하나님께 내려놓고 '죄 사함'을 받아들이게 했습니다. 우리는 사도행전에서 이 폭발적인 부흥에 대한 기록을 볼 수 있습니다.

"말씀을 들은 사람 중에 믿는 자가 많으니 남자의 수가 약 오천이나 되었더라"[1120]

"믿고 주께로 나아오는 자가 더 많으니 남녀의 큰 무리더라"[1121]

"하나님의 말씀이 점점 왕성하여 예루살렘에 있는 제자의 수가 더 심히 많아지고 허다한 제사장의 무리도 이 도에 복종하니라"[1122]

어떤 사람들은 사도행전 2장에서 6장 사이의 짧은 기간 동안에 믿는 자들의 숫자가 120명에서 25,000명 이상으로 성장했다고 추산합니다. 오늘날, 어떤 사람들은 교회가 이렇게 성장을 추구하는 것에 대해서 경계하기도 합니다. 그러나 우리는 결코 하나님께서 당신의 성령으로 행하기를 원하시는 일을 방해하려고 해서는 안됩니다. 교회가 억압 받는 때가 되었을 때, 그로인해 복음이 온 세상 가운데 크게 확장되는 결과를 가져올 수 있습니다. 어떤 사역단체는[1123] 추정하기를, 지난

1120) 행 4:4
1121) 행 5:14
1122) 행 6:7
1123) Elam Ministry

1,300년 동안의 이란의 순교자들을 모두 합친 것보다도 지난 30년 동안에 자신의 생명을 예수 그리스도께 드린 이란 그리스도인들이 더 많다고 말했습니다. 하나님을 찬양합니다.!

하나님께서 허락하시면 성령의 이러한 역사하심은 정상적인 일입니다. 이러한 성령의 역사는 때때로 사람들이 더 이상 하나님의 권위를 침해하지 못하도록 하기 위해서 교회에 대한 억압과 박해의 시간을 요구하기도 합니다. 그 후에는 하나님께서 자신의 백성들을 인도하시고 지도하시기 위한 그분의 정당한 위치를 되찾으시게 됩니다. 안타깝지만 주님께서는 우리가 주님자신만을 찾고 의지하게 만드시기 위해서 때때로 우리를 절망의 자리로 이끄십니다. 초대교회의 사도들은 산헤드린 공회 앞에 불려 갔다가 다른 성도들에게로 돌아온 후에 그 모든 상황에 대해서 하나님께 부르짖어 기도했습니다. 그들은 자신들을 보호해 달라고 기도한 것이 아니라 복음을 담대하게 증거할 수 있게 해달라고 기도했습니다. 그들은 하나님께서 당신의 손을 내미사 예수 그리스도의 이름으로 표적과 기사를 행해 주실 것을 간구하였습니다. 그 결과, 그들이 모인 곳이 진동하였고 그들은 성령으로 충만함을 받게 되었습니다.[1124] 그것이 하나님께서 강력한 방법으로 주권적으로 일하시기 시작하시는 때입니다. 하나님께서는 때때로 교회가 막다른 곳에 이르게 되어 마침내 다시금 하나님께 부르짖게 될 때까지 오랜 시간을 기다리십니다.

이란 땅에는 하나님만을 의지하고, 하나님께 밤낮으로 부르짖어 기도하며, 하나님께서 일하고 계심을 신뢰하는 '남은 자'들이 있습니

1124) 행 4:23-31

다.[1125] 그러한 곳에서는 하나님께서 당신의 이름을 영화롭게 하기 위해서 불가능한 일들을 행하십니다. 한 가지 예로, 하나님께서 자신들의 꿈에 나타나시거나 환상을 계시해 주심으로 인해 회심하여 그리스도인이 된 남자와 여자들의 많은 간증들이 있습니다. 수많은 사람들이 이란의 교회에 더해지고 있습니다.

당신이 만약 기독교에 대한 핍박이 없는 나라에 살고 있다면, 당신은 핍박받는 나라의 그리스도인들이 기도하는 것처럼, 하나님께서 당신에게 성령을 주셔서 복음을 증거하도록 도와달라고 기꺼이 부르짖어 기도하시겠습니까?[1126] 당신은 주님을 알지 못하는 당신의 이웃들을 위해서 기꺼이 눈물을 흘리겠습니까? 당신은 당신의 나라가 회개하고 [1127] 우리 주 예수 그리스도의 구원의 복음에 이르도록 기꺼이 눈물 흘려 기도하겠습니까?[1128]

1125) 눅 18:7
1126) 눅 18:7
1127) 벧후 3:9
1128) 고후 4:6

모든 상황 가운데에서 지속적으로 믿음을 증거함

이란의 감옥에 갇혀 있던 한 성도는 만약 그리스도인 수감자들이 다른 수감자들에게 복음을 전하는 것을 멈추기로 동의하기만 한다면 풀려나게 될 것이라는 말은 들었습니다. 교회의 지도자들은 이것을 이란의 그리스도인들이 주님의 인도를 따라서 그들의 믿음을 다른 사람들과 나누고 있다는 증거라고 지적했습니다.[1129]

"그리스도인인 한 여성 수감자는 심각하게 자신의 건강이 좋지 않은 상태에서도 그녀의 재판이 진행되는 동안 한 사람의 사형수를 포함한 세 사람의 수감자를 주님께로 인도할 기회를 가질 수 있었다고 말했습니다."[1130]

이란의 감옥에서 머리가 희어질 만큼 오랜 세월을 수감되어 있던 한 이란 목사님은 성도들에게 이렇게 편지했습니다. "감옥생활의 모든 억압과 어려움들에도 불구하고, 나는 다가오고 있는 새롭고 특별한 날들에 대한 소망으로 인해 내속에 샘솟듯이 솟아나는 그리스도인으로서의 이 기쁨을 여러분들과 함께 나누기를 원합니다. 나는 하나님의 영적 자녀이며 성도들인 여러분들이 이 기쁨에 대해서 알고 있다는 것을 압니다. 하나님의 일꾼으로서 나는 여러분들에게 '즐거워하라!'고 공표합니다. 나는 우리가 이 땅에서 누리는 모든 행복은 하늘에서 우리를 위해 공급해 주시는 큰 기쁨의 첫 열매라는 것을 알고 있습니다. 하나님

1129) 마 4:19, 막 16:15, 눅 24:47, 막 13:10
1130) AG World Missions

께서 이 모든 것을 공급해 주십니다. 나는 박해가 일어났을 당시에 여러분이 가졌던 염려들과, 그로인해 여러분들 중 어떤 사람들은 해외로 도피하게 되었던 상황들을 이해하고 있습니다. 그렇지만 하나님께서 마태복음에서 하신 말씀을 주의 깊게 살펴보기를 바랍니다. "공중의 새를 보라 심지도 않고 거두지도 않고 창고에 모아들이지도 아니하되 너희 하늘 아버지께서 기르시나니 너희는 이것들보다 귀하지 아니하냐"[1131]

또 다른 목사인 '팔쉬드 파띠'는 종교적인 선전물품을 가지고 있다는 죄목으로 2010년 12월부터 수감되어 있습니다. 정부로부터 제시된 증거들은 파띠 목사가 현대 이란어로 출간된 성경들을 불법적으로 배포했다는 것과 그가 소유한 기독교 서적들이었습니다. 그 정권은 파띠 목사의 기독교 활동들이 국가의 안전을 위협하는 일이라고 주장했습니다. 결국 파띠 목사는 6년형을 선고받고 이란에서 악명높은 '에빈'교도소에서 복역하고 있습니다. 그가 지은 죄는 '그리스도인이 된 것'과 '그의 믿음대로 산 것'이었습니다. 파띠 목사는 아내'레일라'와 '로사나'와 '발디아'라는 두 자녀가 있습니다. 가족들도 그와 함께 고난을 당했습니다.

이란의 정부와 같은 폭압적인 정권하에서 자신의 믿음을 다른 사람들에게 나누는 사람들은 이슬람 신앙의 배교자로서 보고되지만, 그럼에도 불구하고 지하교회의 많은 성도들이 성령으로 말미암은 담대함으로 공공연하게 날마다 자신들의 믿음을 그리스도를 모르는 이란 사람들에게 나눕니다. 성도들은 버스나 택시 안에서, 상점 안에서, 심지어는 빨간 신호들에서 기다리는 동안에도 자신들의 믿음을 증거합니

1131) 마 6:26

다. 진리를 갈급해 하고 있는 열려진 마음으로 인해 어떤 이란인들은 복음의 진리를 접하게 되는 즉시 받아들이기를 원합니다.

그들은 '십자군 운동'과 같은 어떤 특별한 운동을 하거나, 시위나 집회, 또는 복음적인 봉사활동을 개최하지 않습니다. 모든 이란의 성도들은 그들의 일상생활 가운데에서 만나는 사람들에게 복음을 나눕니다. 그들 중 어느 누구도 외국 선교사들이 아니기 때문에 그들은 자신들의 국가와 문화와 잘 어울리므로 자연스럽게 그들의 믿음을 나눌 수 있습니다.

이러한 담대함과 성령께 순종함에 대한 일례로, 이란의 수도 테헤란에서 적색 신호등 앞에서 차가 멈추어 버린 한 그리스도인에게 일어났던 일을 들어 봅니다. 그 성도는 성령께서 차에서 내리라고 말씀하신다고 느꼈고, 자신의 뒤에 서 있던 다른 차의 창문을 노크하고는 운전자에게 신약성경을 한 권 건네주었습니다. 그들은 또한 서로 전화번호를 교환하였습니다. 얼마 되지 않아서 신약성경을 건네받았던 그 남자는 그리스도를 믿게 되었습니다. 그가 자신에게 성경을 건네주었던 성도를 만났을 때 그는 자신에게 일어났던 일을 간증하였습니다. 그날, 그가 운전하고 있을 때에 갑자기 그 성도의 차를 뒤따라가야겠다는 생각이 걷잡을 수 없이 자신을 덮쳐서 이유도 모르는 채 테헤란 시내에서 그 성도의 차를 20분 동안이나 뒤따라가는 중이었다는 것입니다. 이것이 바로 우리가 '기적'과 '불가능한 일'이라고 말하는 것들을 통하여 성령께서 일하시는 방법이며 많은 사람들을 그리스도께로 이끄시는 방법입니다. 이것이 바로 하나님의 성령께서 예수 그리스도를 통하여 사람들을 하나님 자신께로 이끄시기 위해서 일하시는 일반적인 사역입니다.

또 다른 예로서, 한 그리스도인 택시 기사의 담대함을 보여주는 이야기가 있습니다. 그는 그는 자신의 택시 백미러에 작은 십자가 하나를 매달아 놓고, 또 자신의 의자 옆에는 성경책을 한 권 놓아두었습니다. 그는 이렇게 하는 것이 자신의 생계와 자유, 심지어는 자신의 생명조차 위태롭게 할 수 있다는 것을 잘 알고 있었습니다. 그럼에도 그는 이렇게 말했습니다. "어떻게 내가 예수 그리스도를 통한 그토록 놀랍고 위대한 구원에 대해서 나누지 않을 수 있겠습니까?"

사도행전 1장 8절을 통해서 우리는 이것이 성경께서 하시는 일임을 떠올리게 됩니다. 우리가 우리 자신을 통해서 그리스도를 증거하시려는 하나님의 능력을 부인하게 될 때, 우리는 짠맛을 잃어버린 소금이 됩니다.[1132]

우리는 회개함으로 다시 하나님께로 돌아가서 우리에게 당신의 성령을 부어 주시기를 간구할 수 있습니다. 만약 우리가 성령의 인도하심을 따라 순종하고 예수 그리스도만을 의지한다면 그분의 능력이 우리의 삶 속에서 분명하게 드러나게 될 것입니다. 사도행전을 보면 하나님의 능력이 그분의 천사들과 빌립 집사를 이끄셨던 성령에 의해서 나타났음을 볼 수 있습니다.

"주의 사자가 빌립에게 말하여 이르되 일어나서 남쪽으로 향하여 예루살렘에서 가사로 내려가는 길까지 가라 하니 그 길은 광야라 일어나 가서 보니 에디오피아 사람 곧 에디오피아 여왕 간다게의 모든 국고를 맡은 관리인 내시가 예배하러 예루살렘에 왔다가 돌아가는데 수레를 타고 선지자 이사야의 글을 읽더라 성령이 빌립더러 이르시되 이 수레

1132) 마 5:13

로 가까이 나아가라 하시거늘"[1133] 사도행전의 기사처럼, 오늘날을 살아가는 우리도 복음을 전할 때에 이러한 격려와 환상, 심지어는 천사를 통하여 우리를 인도해 주실 것을 주님께 기대할 수 있습니다.

1133) 행 8:26-29

교회의 모든 모임에서 새로운 회심자들을 얻음

오늘날 이란의 가정교회들 속에서 수많은 회심자들을 보는 것은 그리 새로운 일이 아닙니다. 이란의 성도들은 매 주마다 새로운 사람들이 회개하고 주님께로 나오는 것을 보기를 기대합니다. 이것은 사도행전에서 당시의 교회에 대해 기록하였던 내용과 매우 흡사합니다. "하나님을 찬미하며 또 온 백성에게 칭송을 받으니 주께서 구원받는 사람을 날마다 더하게 하시니라"[1134]

만약 그들의 모임 가운데에 새로운 회심자에 대한 이야기가 없는 경우가 있으면, 그들은 자신들이 하나님의 사역에 방해되는 어떤 잘못을 저지르지는 않았는지 자신을 돌아봅니다. 많은 사람들이 보수적이라고 말하는 추정에 의하면 지난 30여 년 동안에 이란 가정교회의 규모는 일백만 명이 넘는 성장을 이루어오고 있습니다.

이란 사람들은 자신들의 동족인 이란인들의 개인적인 복음전도에 의해서 주 예수 그리스도를 만납니다. 주께서는 우리에게 사람들을 그리스도의 제자로 만들라는 명령을 주셨습니다. 한 사람이 예수님을 주와 그리스도로 믿기로 결단을 했다면, 그는 이제부터 제자훈련을 받아야 할 필요가 있습니다. 그것은 그 결신자와 함께 걷는 것, 말하는 것, 그리고 성경이 말씀하는 바를 그에게 가르치는 것 등을 모두 포함합니다. 이란의 그리스도인들은 성령을 온전히 의지하므로 성령의 인도하심을 받아 구원받을 사람들에게로 나아갑니다. 그들은 주 예수 그리스도의

1134) 행 2:47

복음을 나누지 않는 것은 죄라고 믿기 때문에 자신의 생명을 위험에 처하게 하면서까지 복음을 전합니다. 예수 그리스도를 향한 그들의 헌신에 대해서는 많은 보고서에 나타나 있습니다.

이러한 교회의 성장을 보기 위해서 그들은 큰 박해를 대가로 치러야 했습니다. 메디 디바즈라는 한 이란 목사님은 그리스도에 대한 믿음을 버리고 이슬람으로 돌아오라는 제안을 거부한 대가로 9년의 세월을 감옥에서 지내야 했습니다.

그는 다음과 같은 글을 남겼습니다.

"나는 그리스도인이다. 한 사람의 죄인으로서 나는 예수께서 내 죄를 인해서 십자가에서 죽으셨다는 것과, 죽음을 이기고 승리하신 그분의 부활로 말미암아 거룩하신 하나님 앞에서 나를 의롭게 하셨음을 믿는다. 참 하나님께서는 그분의 거룩하신 말씀인 '성경'에서 이 '복음(Injil)'에 대해서 말씀하셨다. '예수'라는 이름의 뜻은 '구세주'이다. '아들을 낳으리니 이름을 예수라 하라 이는 그가 자기 백성을 그들의 죄에서 구원할 자이심이라 하니라'[1135] 예수께서는 당신 자신의 피로 우리 죄의 대가를 지불하시고 우리에게 새 삶을 주셨다. 그렇기에 우리는 성령의 도우심을 입어 하나님의 영광을 위해 사는 삶을 살 수 있다. 우리는 모든 타락과 부패를 막아서는 댐이 될 수 있으며, 축복과 치유의 통로가 될 수 있고, 하나님의 사랑으로 보호받을 수 있다. 이 호의에 대한 응답으로서, 하나님께서는 나 자신을 부인하고 그분을 전적으로 따를 것과, 설령 사람들이 내 육체의 생명을 빼앗는다 할지라도 그들을 두려워하는 대신에 생명의 창조주이시며 자비와 긍휼로 내게 관을 씌워주시는 하나님만을 의지할 것을 요구하셨다. 하나님께서는 당신께서 사

1135) 마 1:21

랑하는 사람들의 위대한 보호자이실 뿐만 아니라 그들의 큰 상급이기도 하시다. 사람들은 내가 복음을 전하는 것을 반대한다. 그러나 만약 어떤 사람이 우물에 빠지기 직전인 맹인을 발견했는데 아무 말도 하지 않는다면 그는 죄를 범한 것이다.[1136] 하나님의 긍휼의 문이 열려 있는 한, 악을 행하는 자들에게 그들의 죄의 길에서 돌이켜서 의로우신 하나님의 분노와 다가오는 가혹한 징계로부터 구원을 받기 위해서 하나님 안에서 피난처를 찾으라고 설득하는 것은 우리들의 신앙적인 의무이다.”[1137]

메디 목사가 감옥에서 풀려난 지 삼 개월 후에, 그는 납치되었다가 나무에 목이 매어달린 상태로 발견되었습니다.

이란 그리스도인들의 삶 가운데에서 나타나는 이러한 헌신은 하나님께서 원하시는 열매들을 맺습니다. 죄인 한 사람이 회개하면 하늘에서 기뻐한다고 말씀하셨습니다. 하나님께서는 당신의 충성스러운 종에게 순교자의 면류관, 곧 영원한 상급을 주십니다.[1138]

박해가 없는 나라에 사는 우리들은 종종 쉬운 길을 취합니다. 우리는 ‘우리의 삶이 말하게 하자’라고 말은 하지만, 실상 우리는 세상의 바다 속으로 빠져 들어가고 있습니다. 우리의 목소리가 울려 퍼지지 않기 때문에 사람들이 들을 수가 없습니다. 예수께서 우리를 위해 기도하실 때, 주님께서는 당신의 제자들이 선포하는 말씀을 통해 자신을 믿게 될 미래의 성도들을 위해서 하나님 아버지께 말씀하셨습니다.

“내가 비옵는 것은 이 사람들만 위함이 아니요 또 그들의 말로 말미

1136) 마 12:11
1137) Mehdi Dibaj (1935-1994)
1138) 약 1:12, 계 2:8-11

298 주께서 피로 사신 교회여!

암아 나를 믿는 사람들도 위함이니"[1139] 예수께서는 '그들의 말'이라고 말씀하심으로써 그리스도인들이 우리 입에서 나오는 말을 사용하여 구원에 관하여 증언해야 함을 지적하셨습니다. 우리는 우리를 위해서 예수께서 하신 일들을 우리 입을 열어 다른 사람들에게 말합니다. 우리는 우리의 목소리로 우리의 믿음에 대해서 겸손하고 부드럽게, 그리고 충만한 사랑을 가지고 말합니다. "사람이 마음으로 믿어 의에 이르고 입으로 시인하여 구원에 이르느니라"[1140]

또한 이란에서는 믿음의 고백이 기술적인 방법으로도 전달됩니다. 이것에 대한 한 이란 그리스도인 가정의 놀라운 간증이 있습니다. 어느 날, 그들은 불법적인 위성 방송에서 방영되는 한 복음방송을 시청하고 있었습니다. 그 방송에서 하나님의 아들과 그분 안에 있는 영원한 생명에 대한 복음을 들은 그들은 온 가족이 함께 다음과 같은 기도를 드렸습니다.

"사랑하는 하나님, 나는 내가 죄인인 것을 고백합니다. 나는 나의 선한 행동으로 내 자신을 구원할 수 없음을 고백합니다. 나는 내 죄 때문에 당신이 십자가에서 죽으신 것을 믿습니다. 그들은 당신을 무덤에 장사했지만 당신은 장사한지 3일 만에 다시 살아나셨습니다. 나는 당신이 살아계신 것과 내 죄를 용서할 권한을 가지신 분이라는 것, 그리고 영원하신 하나님 앞에서 나를 의롭게 해 주시는 분임을 믿습니다. 나는 당신께서 나를 받아들여 주시고 약속하신 대로 영원한 생명을 주실 것을 간구합니다. 나의 기도를 들어주신 것을 감사합니다. 아멘!"

그들은 이 기도문을 글로 써서 복음 방송국에 보내면서 아울러 자신

1139) 요 17:20
1140) 롬 10:10

들이 옳게 기도했는지를 질문했습니다. 이렇게 놀랍도록 단순한 믿음과 복음에 대한 반응이야말로 하나님께서 이란 사람들을 외적인 수많은 종교적 규범들을 요구하는 그 가혹한 종교로부터 돌이켜서 참되고 살아계신 하나님께로 나오도록 얼마나 강력한 방법으로 일하고 계시는 지를 드러내는 것입니다.

소그룹간의 연락망을 형성함

사도행전의 교회가 유대인들의 잔학행위로 말미암아 큰 압박을 받았을 때 성도들의 네트워크였던 가정들에서 만나기 시작했던 것처럼, 오늘날 초대교회와 같은 억압을 받고 있는 이란의 그리스도인들도 서로 관계를 형성하고 있는 성도들과 함께 가정들에서 소규모의 모임을 가지는 것이 장려되고 있습니다.

핍박이 더욱 심해지고 있는 어떤 지역에서는 성도들이 다른 도시로 이주하여 그곳에서 또 다시 가정교회를 시작하기 때문에 이러한 모임들이 지금도 계속해서 생겨나고 있고 퍼져나가고 있습니다. 이란의 그리스도인들은 예수 그리스도께서 그들의 모임 가운데에 함께 계심을 믿기 때문에 그들에게는 단지 두세 명의 성도가 함께 하는 작은 모임일지라도 자신들이 교회로서 모임을 갖고 있다는 것에 대한 확신이 있습니다. 그들은 다른 성도들과 서로 관계를 형성하는 것과, 또한 자신들을 그리스도의 교회의 한 부분으로서 여기는 것이 필요하다고 생각합니다. 어떤 '교리적 탁월함'이나 '예배 스타일'에 따라서 교회를 선택하는 서방세계의 그리스도인들과 달리 그들에게 있어 교회란 선택할 수 있는 어떤 것이 아닙니다. 오히려 그들은 다른 성도들과 함께 모일 수 있다는 것만으로도 만족합니다. 사도행전에는 거의 틀림없는 숫자로 볼 수 있는 25,000명이 넘는 회심자들이 교회가 시작된 첫해에 생겨났습니다. 그러나 이러한 성장으로 인해 생겨난 성도들은 모두 서로 밀접하게 연결되어 있는 작은 가정 교회들 안으로 흡수되었습니다. 복음은 가정들 안에서 선포되었으며[1141] 사도들이나 장로들이 함께하지 못할 때에는 나이가 많은 형제나 자매들이 젊은 사람들을 가르쳤습니다. 모든 사람들이 서로를 가르칠 수 있었던 이 그리스도의 몸의 삶의 방식이 주님께서 날마다 교회가운데 더해 주시는 구원받은 사람들로 인한 교회의 급속한 성장에 적응하는 것이 가능하게 해주었습니다.

교회가 탄생한 이후 250년 동안, 아직 교회가 건물을 짓지 않고 있던 시기에는, 이렇게 가정들에서 교회로서 모임을 갖고 서로 연결되어 있는 것이 초대교회의 형태였습니다. 가장이 자신의 가족들을 가르치는 가정 자체가 하나의 교회였습니다. 이란과 또 복음에 대해 닫혀 있는 나라들에서는, 이것이 성령께서 주님의 교회를 보존하시는 하나의 방식으로서 사용되어져 왔습니다. 또한 이것이 예수께서 당신의 3년 동안의 공식적인 사역 기간 동안에 가정들에서[1142] 주로 사역하셨던 방식이라는 것에 주목하십시오. 주님께서 당신의 제자들에게도 그들이 사역할 때에 개인의 가정들을 사용하라고 가르치신 것은 그리 놀라운 일이 아닙니다.[1143] 이것은 초대교회의 사도들에게도 동일한 일이었습니다.[1144]

이란 사람들의 삶 속에는 커다란 공허감이 있습니다. 이란의 젊은이들 중 80 퍼센트는 그들의 내면의 진정한 필요를 충족시켜 주지 못하는 이슬람 원리주의에 대해서 실망하고 있기에 자신들의 삶 가운데 있는 문제들에 대한 진정한 답을 찾고 있습니다. 대부분의 이란 젊은이들은 이슬람 신앙을 고수하고 있지 않습니다. 그들이 예수 그리스도에 대

1141) 행 5:42, 행 20:20
1142) 마 8:14, 마 9:9-10, 눅 22:7-12
1143) 마 10:11-14, 눅 10:5-7
1144) 행 9:43, 행 10:22, 행 5:42

한 신앙을 선택할 때에 그들은 자신이 영원한 천국을 선택했다는 것을 알고 있지만, 동시에 그들은 자신이 이 땅의 삶에 속한 모든 것들을 기꺼이 포기해야만 한다는 것을 깨닫습니다.[1145] 중간은 없습니다. 자신의 십자가를 지고 주님을 따르는 삶을 통해 살아 있는 제물이 되는 완전한 헌신이 있을 뿐입니다.[1146] 다음에 보고된 내용들이 그들이 당하는 위험을 잘 보여주고 있습니다.

2012년 10월 12일 금요일, 이란의 Fars 지방의 Shiraz 시에 있는 한 가정교회에 비밀경찰이 들이닥쳤습니다. 성도들 중 두 사람이 체포되어 이미 7명의 자신들의 교회 성도들이 수감되어 있던 정보국의 감호소로 소환되었습니다.

사복을 입은 비밀경찰들이 집에 들이닥쳐 자신을 체포했을 때, 27살의 이란 그리스도인 형제는 자신의 아내와 어린 딸과 함께 평온한 저녁 시간을 보내고 있었습니다. 비밀경찰들은 그의 집안을 다 수색하고 그가 개인적으로 소유하고 있는 물건들 곧 컴퓨터와 크리스천 세미나와 가르침들이 들어 있는 CD들, 기독교 서적과 성경들, 그리고 그의 가족 사진이 들어 있는 앨범을 압수했습니다. 그는 투옥되었고 그의 가족들은 그가 어디에 있는지, 어떤 형편에 있는지에 대해서 수개월 동안 알 수가 없었습니다.

또 다른 예로 15명의 그리스도인들이 감옥에 처넣어졌습니다. 그들은 자신들이 소유한 신앙을 부인하라는 극심한 압력을 받았지만 그렇게 할 것을 거절했습니다.

"서구사회에서 새로 교회를 시작하는 것이 보다 안전하기는 하겠지

1145) 눅 14:26-27, 눅 14:33
1146) 롬 12:1

만, 이란에서 새로운 교회를 시작하는 것이 더욱 쉬운 일일 것이다. 북미지역에서 개최되는 '교회개척을 위한 협의회'에 참석해 보면 당신은 예산이나 프로그램들, 마케팅 캠페인들, 멋진 예배 형식의 필요성 같은 것들에 대해서 듣게 될 것이다. 그러나 당신이 이란 그리스도인들의 모임에 참석한다면 당신은 그것들과는 매우 다른 모습을 보게 될 것이다. 그들은 교회개척은 친구들이나 가족들에게 그리스도에 대해서 나누는 것으로 시작되며, 새신자들과 함께 모여서 일 주일에 한 번씩 성경을 가르치고 교제하라는 것, 그리고 그들이 자신들의 친구와 가족들에게 복음을 나누도록 격려하라는 것들에 대해서 이야기 할 것이다."[1147]

우리는 이란의 형제와 자매들이 하고 있듯이 예수 그리스도를 머리로 모신 작은 가정교회들을 시작함으로써 그들을 본받을 수 있습니다.

[1147] Elam Ministries

원리 60
교회 안에서 존경받고 있는 순교자들

그리스도를 믿기 때문에 순교를 당한 성도를 생각하는 것은 참으로 견디기 힘든 일입니다. 이란의 그리스도인들은 그리스도를 위하여 자신들의 생명을 내려놓은 사람들을 높이 존중합니다. 이란에는 순교자들에 관한 이야기가 많이 있지만 그 중에 몇 가지만 나누어 봅니다.

1994년 1월 19일에 '하이크'는 테헤란의 거리에서 사라져버렸습니다. 그리고는 1월 30일에 관계기관에서 그의 가족에게 '하이크'의 죽음을 알렸습니다. 그는 가슴은 26군데나 칼에 찔려 있었습니다. "하이크는 자신의 심장을 두 번 주님께 드린 것이다. 첫 번째는 그리스도를 자신의 구주로서 그의 삶 가운데 모셔들였을 때이고 두 번째는 그리스도에 대한 믿음을 인해 그의 심장이 난도질을 당하여 찢겨졌던 때이다."[1148]

순교자 '메흐디 디바즈'는 이렇게 기록했습니다.

"나는 언제나 우리 주 예수 그리스도를 위해서 순교한 그리스도인들을 부러워했다. 우리 주님을 위해 사는 것이 놀라운 특권인 것처럼, 그분을 위해서 죽는 것 또한 그러하다. 나는 넘치는 기쁨으로 충만하다. 나는 예수 그리스도를 위하여 감옥에 갇혀 있는 것만으로 만족하지 않는다. 나는 그분을 위하여 나의 생명을 드릴 준비가 되어 있다."[1149]

순교자 Mohammad Ali Jafarzadeh는 이란의 Evin 교도소에서 교

1148) Hovsepian Ministries Testimony
1149) Farsi Net

수형을 당했습니다.

순교자 Mohammad Jaberi 또한 같은 교도소에서 교수형을 당했습니다.

이란의 가정교회 지도자중 한 사람이었던 Ghorbandordi Tourani 목사는 자신의 집 근처에서 살해당했습니다.

자신의 회중들에게 Ravanbaksh, 또는 '영혼을 주는 자'라는 애칭으로 불리웠던 순교자 모하메드(Mohammad Bajher Yusefi) 목사도 피살당했습니다. 그는 기도하면서 시간을 보내려고 자신의 집을 떠났지만 다시는 집에 돌아오지 못했습니다. 그날 밤 그는 집 근처 숲속에서 나무에 목이 매어달린 채 발견되었으며 이란 당국은 이 사실을 가족에게 통보했습니다.

최근에 한 이란의 그리스도인 형제가 자신의 믿음 때문에 체포되어 재판을 받게 되었는데 그는 편지를 통하여 다음과 같은 권고의 말을 전하였습니다. "어느 날 당신이 심문을 당하게 되면 그들로부터 구타를 당하여 심한 고통을 겪게 될 것이다. 그 다음 날이 되면 그들은 당신에게 친절하게 대하며 달콤한 사탕을 권유할 것이다. 그러나 이런 식의 고문과 회유의 반복은 다만 당신을 하나님의 왕국을 확장해 나가기 위해 앞으로 나아가는 강철같은 사람으로 만들 뿐이다. 당신이 계속해서 커다란 조명이 켜져 있어 낮과 밤을 구분할 수 없고 진짜 햇빛이라고는 일주일에 단지 몇 분 동안만 볼 수 있는 방에서 120일 동안을 지내게 된다면 그 때야말로 당신은 하나님의 솜씨로 빚어져 어두운 곳에 그분의 왕국을 가져오는 통로가 될 수 있으며 생명과 평화의 복음을 죽어가는 세상에 나눌 수 있게 되는 것이다. 그곳이야말로 당신이 온 마음을 다해 당신의 원수를 사랑하게 되는 것을 배우는 곳이다."[1150]

영원함에 근거한 사고방식과 관점을 가지고 있는 이란의 성도들은 그리스도를 위해 자신의 생명을 내려놓은 사람들을 존중하고 영광스럽게 여깁니다. 그들의 생명은 헛되이 버려진 것이 아니라 예수 그리스도의 영광스러운 복음의 촉진을 위한 길을 개척하는 것입니다. "우리가 당신들에 의해서 죽임을 당하는 만큼, 우리는 수적으로 더욱 많아진다. 왜냐하면 그리스도인들의 피가 곧 '씨앗'이기 때문이다."[1151]

오늘날 이러한 씨들이 이란 땅에 뿌려지고 있기에 우리는 주님의 재림 직전인 이때에 엄청난 숫자의 영혼들의 추수가 이루어질 것을 기대합니다.

'순교'라는 주제는 우리를 정신 차리게 하여 신약교회의 본질이었던 순교의 영성을 회복하는 것이 오늘날의 교회 가운데 필요하다는 것을 우리에게 일깨워 줍니다. 우리는 이 시대에 우리의 삶과 목숨을 걸만한 가치가 있는 그 믿음을 되찾아야만 합니다. 그리스도께서는 그분의 제자로서의 삶을 살도록 우리를 부르실 때에 우리의 모든 것을 요구하십니다. 만약 우리가 우리의 생명을 구원하고자 한다면 우리는 그것을 잃게 될 것입니다.[1152]

성경은 처음으로 순교자가 되었던 창세기의 아벨로부터[1153] 그리스도를 위한 증거로 인해 죽임을 당한 마지막 순교자들에 이르기까지 순교자들의 증언들로 가득합니다.[1154] 성경을 읽는 어느 누구라도, 성경의 시작부터 끝까지 흘러넘치는 순교의 실제에 분명히 압도될 것입니

1150) Saeed Abedini
1151) Tertullian (160-225)
1152) 막 8:35
1153) 창 4장
1154) 계 20장

다.

사도 요한은 우리에게 이렇게 권면합니다. "형제들아 세상이 너희를 미워하여도 이상히 여기지 말라"[1155] 그러므로 우리가 세상으로부터 미움을 받는 자가 되었을 때 어떤 것도 우리를 놀라게 할 수 없습니다. 우리가 비방을 받고, 모독과 거절을 당하고, 심지어는 폭력을 당한다 할지라도 우리는 놀라지 말아야 합니다.[1156] 이 세상과 이 세대의 영에게는 복음과 우리 안에 계신 그리스도가 거리끼는 것이 되기 때문입니다.[1157] 날마다, 우리의 삶은 그들이 언젠가는 하나님께 심판을 받게 될 것이라는 사실을 명백하게 드러냅니다.

히브리서 11장은 많은 사람들이 말하듯이 단지 '믿음의 전당'일 뿐만이 아니라 또한 '순교자들의 전당'이기도 합니다. "또 어떤 이들은 조롱과 채찍질뿐 아니라 결박과 옥에 갇히는 시련도 받았으며 돌로 치는 것과 톱으로 켜는 것과 시험과 칼로 죽임을 당하고 양과 염소의 가죽을 입고 유리하여 궁핍과 환난과 학대를 받았으니 (이런 사람은 세상이 감당하지 못하느니라) 그들이 광야와 산과 동굴과 토굴에 유리하였느니라"[1158] 우리가 우리 앞에 먼저 가서 지금도 우리를 기다리고 있는 구름 같은 증인들을 생각할 때에 이 구절들과 또 따라오는 말씀들은 이 주제에 대해서 우리를 각성시켜 정신차리게 합니다.[1159]

본문 안에서 간과되고 크게 잘못 해석되고 있는 성경 구절 하나는 로마서 8장에 있는 말씀입니다. "누가 우리를 그리스도의 사랑에서 끊으리요 환난이나 곤고나 박해나 기근이나 적신이나 위험이나 칼이랴 기

1155) 요일 3:13
1156) 벧전 4:12-13
1157) 요 3:20
1158) 히 11:36-38
1159) 히 12:1, 계 6:9

록된 바 우리가 종일 주를 위하여 죽임을 당하게 되며 도살당할 양같이 여김을 받았나이다 함과 같으니라"[1160]

복음전도자들은 이 구절을 하나님의 사랑의 위대함에 대해서 이야기할 때 인용하며 하나님의 사랑은 분명히 위대하지만, 유감스럽게도 우리는 이 구절들이 진정으로 뜻하는 바를 잘못 이해해 왔습니다. 바울 사도는 기근과 위험과 칼에 대해서 말하고 있습니다. 과연 칼의 위협이 우리를 그리스도의 사랑으로부터 끊어지게 할 수 있습니까? 아니면 현대의 언어를 사용하여, 우리의 머리를 겨누고 있는 총이 우리를 그리스도의 사랑에서 떨어져 나가게 할 수 있습니까? 대답은 물론 '그렇게 할 수 없다'입니다. 아무것도 우리를 그리스도의 사랑에서 끊을 수 없습니다. 만일 사람들이 우리를 고문하고 그리스도의 존귀한 이름을 인하여 우리의 생명을 빼앗는다 할 지라도 그들은 우리의 영혼을 만질 수조차 없습니다. 우리는 그리스도의 사랑 안에서 안전합니다. 사람이 우리에게 행하는 모든 일들은 우리의 육체, 곧 이 땅에서 우리가 살고 있는 영혼의 장막을 파괴할 수 있을 뿐입니다.[1161] 이것이 바울 사도가 이 구절에서 강조하고자 하는 것입니다. '순교'는 교회의 비밀무기입니다. 그 어느 누구도 십자가 위에서 이루신 그리스도의 사랑의 승리와 자신을 위하여 이루신 우리의 구원을 빼앗아갈 수 없습니다. 우리는 '하나님의 종들에게 있어서 죽음은 끝이 아니다. 그것은 예수 그리스도와 함께 하는 표현할 수 없는 영원한 삶의 시작일 뿐이다'라는 말씀으로 기뻐할 수 있습니다.[1162]

우리는 온 마음으로 그리스도를 따르던 사람이 마지막으로 남긴 말

1160) 롬 8:35-36
1161) 마 10:28
1162) Brother Yun

을 통해 그가 우리에게 무엇을 말하고자 하는지 분명히 알 수가 있습니다.

"순교는 그것을 피할 수 있을 만큼 영리하지 못했던 아주 적은 수의 사람들에게 있어서 어떤 희귀한 경험이 아니다. 그것은 우리가 그리스도를 진심으로 추구하고 믿을 때에 나타나는 당연하고도 필연적인 결과이다. 왜냐하면 우리는 그리스도에 대하여 적대적인 세상에 살고 있기 때문이다."[1163]

"그리스도인들은 이곳저곳으로 쫓겨다니고, 물리적인 공격의 대상이 되고, 학대를 당하며, 여러 가지 유형으로 죽임을 당하게 될 것이다. 우리는 광범위하게 퍼져나가는 박해의 시대에 다가서고 있다. 거기에 바로 우리 시대의 모든 운동들과 갈등들이 뜻하는 진정한 의미가 있다. 우리의 적들이 그리스도의 교회와 그리스도인들의 믿음을 뿌리째 뽑아버리려 혈안이 되어 있는 이유는 그들이 우리 곁에서 우리와 함께 살 수 없기 때문이다. 왜냐하면, 그들이 우리의 입에서 나오는 모든 말과 우리의 모든 행동들 속에서 (그것들이 특별하게 그들을 향해 있지 않을 때에 조차도) 그들 자신의 말과 행동을 정죄함을 그들이 볼 수 있기 때문이다."[1164]

1163) Art Katz (1929-2007)
1164) Dietrich Bonhoeffer (1906-1945)

마치는 말
공동체로서의 부르심

이 책은 예수 그리스도께서 머리가 되시는 작은 가정교회들의 모임 가운데 속해 있는 성도들을 격려하기 위해서 준비된 책입니다.[1165]

모든 복음 안에서의 교제와 모임은 각각 주님께 대하여 직접적인 책임이 있습니다.[1166] 그리고 주님께서는 그 모임들이 서로 복종하고 서로 책임을 질 수 있도록, 모임들을 네트워킹하십니다. 제자들이 성장하여 성숙해지면 주님께서 모임을 섬길 지도자들을 친히 세우실 것입니다.[1167] 모임들이 배가되고 확장되게 되면 어떤 형제들은 그들을 돌보기 위해서 여러 모임들을 책임지게 될 것입니다.[1168] 우리는 성령께서 그리스도의 신부된 성도들을 하나로 불러 모으셔야 하는 부담을 가지고 계신다고 믿습니다.

"보라 내가 새 일을 행하리니 이제 나타낼 것이라 너희가 그것을 알지 못하겠느냐"[1169] 하나님께서는 온 세상 가운데에서 급속하게 당신의 왕국을 확장해 나가고 계십니다. 복음이 선포되고 있고, 제자들이 길러지고 있으며, 예수 그리스도께서 크게 영광을 받으시고 계십니다. 전에는 복음이 들어가는 것이 불가능했던 지역들에서 이제는 수천 수백 만 명의 새로운 회심자들을 볼 수 있습니다. 하나님께서는 지금 놀라운 일을 행하고 계십니다.

1165) 골 1:18
1166) 계 2:7
1167) 엡 4:11-13
1168) 벧전 5:2
1169) 사 43:19

주님께서는 그분의 사역을 감당할 나귀들을 찾고 계십니다. 그분께서는 모든 것을 알고 있는 사람이 아니라, 자신의 지식과 계획을 내버리고 기꺼이 하나님께 사용되기를 바라는 사람들을 원하십니다. 여러분도 예수님을 위한 나귀가 될 수 있습니다! 그렇게 함으로 하나님께서 여러분 안에서 행하시는 위대한 일들을 볼 수 있습니다!

성령께서는 여러분이 살고 있는 지역들을 위한 전략과 계획들을 가지고 계십니다. 더욱 기도하면서 여러분을 향한 그분의 뜻이 무엇인지, 또 어떻게 시작할 것인지를 깨닫기 위해 간구하십시오. 불분명하고 애매한 기도가 아니라 하나님께서 당신의 마음 속에 주신 것들을 위해서 구체적으로 기도하기를 시작하십시오. 어떤 사람들에게는 그 기도가 여러 지역들에서 가정교회가 시작되게 해 주시길 간구하는 기도일 수도 있고, 어떤 사람들에게는 적어도 올 한 해 동안에 한 사람을 주님께 인도하여 예수 그리스도의 제자가 되게 해 주실 것을 구하는 기도일 수도 있습니다.

여러분이 가정교회를 시작하도록 하나님의 부르심을 받았다고 해서 곧 여러분 자신이 그 일을 책임져야 함을 뜻하는 것은 아닙니다. 그러므로 여러 사람으로 구성된 리더십을 가지고 있는 다른 교회와 관계를 맺으려는 것은 대단히 지혜로운 일이 아닐 수 없습니다. 특히 근래와 같은 배도의 시대에는 여러분이 속한 지역에 있는 다른 목회자들에게 순복할 수 없는 상황들이 생기게 될 것입니다. 이러한 경우에 어떤 새로운 일을 시작한다는 것은 조롱과 오해를 수반할 수도 있습니다.

여러분이 교회로서 모임을 시작하려고 할 때에 (그 모임이 단지 두 세 명의 성도들의 모임이라 하더라도) 그것을 위해 허락을 받을 필요는

없습니다.[1170]

여러분은 주님의 만찬을 하기 위해서, 또한 분명하게 예수 그리스도를 영접하고 그분의 제자가 되기를 원하는 사람에게 침례를 주기 위해서 누군가의 허락을 받을 필요가 없습니다.

여기에 어떻게 가정교회를 시작할 것인가에 대한 간결하고도 실제적인 지침이 있습니다. 하나님의 왕국은 온 세상에 걸쳐서 급속하게 확장되고 있으며, 우리는 그저 순종하여 우리가 속해 있는 지역에서 모임을 시작함으로써 하나님께서 이끄시는 이 운동의 일부가 될 수 있습니다. 단지 두 세 사람의 형제나 자매들만 있다 해도 모임을 시작할 수 있습니다.

기도 가운데서 탄생되는 교회

가정교회는 반드시 충만한 기도 가운데에서 시작되어야 합니다. 주님의 인도하심 속에서 성령께서 역사하시는 것을 보기 위해서는 기도가 반드시 필요합니다. 하나님께서는 당신께서 믿고 신뢰할 수 있는 가정교회 사역을 세우실 것입니다. 이것은 우리의 것이 아니라 그분의 사역이며 미션이기 때문입니다.

"만약 당신이 한 가정교회를 시작하도록 부르심을 받았다고 느낀다면 하나님께로부터 전략을 받기 위해 같은 생각을 가지고 있는 몇몇 사람들과 함께 모여 기도를 시작하라. 많은 가정교회들이 '기도의 부족'과 직접적인 관련이 있는 잘못된 출발을 하고 있다. 만약 기성교회의 어떤 부분이 마음에 들지 않기 때문에 그것에 대한 반향으로서 가정교회를 시작한다면, 그 가정교회의 정체성은 '반역과 불화'가 될 것이다.

1170) 마 18:20

313

건강한 가정교회들은 반드시 하나님의 인도하심과 예수 그리스도에 대해서 알지 못하는 사람들에게 다가가고자 하는 열망으로 시작되어야 한다."

성령에 의해 태어나는 교회

"가정교회들은 가정교회 개척자들이나, 하나님께로부터 가정교회에 대한 비전을 받은 섬김의 리더십의 사역을 통하여 성령에 의하여 태어난다. 그 섬김의 리더십은 기성교회에서 '성숙한 평신도'라고 언급하는 사람일 수도 있다. 가정교회를 개척하는 사람이 정규적인 사역교육을 받아야 할 필요는 없다."

가정교회를 시작하는 것에 대한 비전이 성령에 의해서 어떤 가정교회 개척자에게 주어지게 되면, 그는 그와 함께 그 일에 참여할 자가 누구일지에 대해서 주님께 구할 필요가 있습니다. 주님께서는 그와 같은 비전을 가진 사람들을 만나게 하심으로 자신의 인도하심을 확증해 주실 것입니다. 아니면 주님께서는 준비된 불신자에게로 개척자를 인도하셔서 그를 그리스도께로 인도하여 가정교회 안에서 제자가 되게 하도록 하실 수도 있습니다.

이제 막 가정교회를 시작한 사람들은 교회의 구성원들이 서로 편안함을 느끼게 되고 성령안에서 인도함을 받게 될 때까지 시간이 걸릴 것이라는 점을 예상해야 합니다. 거기에는 시련과 실수들이 있을 것입니다. 모든 구성원들이 동참자가 되는 것, 성경적인 섬김의 리더십, 장로들이 잘 쓰임받도록 준비시키는 것, 성령의 인도하심과 은사들, 함께 떡을 떼는 것과 같은 개념들과 편안하면서도 영적인 분위기가 제도화된 교회의 예배에만 익숙한 사람들에게는 대단히 이질적으로 느껴질 것입니다. 그러므로 가정교회를 세울 때에 은혜와 인내로서 행하는 것이 지혜로운 일입니다. 초기의 형태는 일반적인 가정 성경공부 모임보다는 좀더 풍성한, 아마도 한 사람이 찬양을 인도하고 다른 사람은 준비한 말씀을 나누며, 함께 기도함으로 예배를 마친 후에 식사와 교제를 나누는 정도일 것입니다. 어떻든지간에 섬김의 리더십은 모임의 구성원들이 성경적인 가정교회의 형태에 대해서 연구할 때에 진정한 하나님의 뜻을 찾기 위해 분투하도록 그들을 격려해야 합니다.

가정교회 모임은 구성원들이 매 주 서로 돌아가면서 각자의 집에서 모이거나, 아니면 한사람이 자신의 집을 제공하여 매 주 같은 집에서 모임을 가질 수도 있습니다. 모이는 시간이 꼭 주일 아침이어야만 하는 것은 아니며 구성원들이 모이기에 최적의 시간이면 됩니다. 마지막으로, 가정교회는 열 두명을 넘지 않는 적은 수의 구성원들로 시작하는 것이 가장 좋습니다.

가정교회 모임에서 함께 행해야 할 것들

성경을 읽고 묵상함 — 모든 가정교회들은 교회에 속한 모든 형제들이 일년에 한 번은 성경을 통독하도록 격려합니다. 어떤 사람들은 교회의 모임을 성경의 한 장을 중심으로 진행하는 것도 매우 유익한 방법이라고 생각합니다. 성도들이 모였을 때에 모임을 섬기는 지도자들은 간략하게 가르침과 권면을 할 수 있습니다. 또한 모든 성도들이 주중에 성경을 읽고 묵상할 때에 주님께서 친히 각자에게 주신 가르침들을 나눌 수 있도록 격려받습니다.

주님의 만찬을 행함 -- "우리는 주님의 만찬을 행할 때에 경건함과 성경적인 방식으로 행하며 십자가를 중심으로 삼습니다. 이러한 공통된 관습들이 과거의 성도들과 우리를 연결시켜 주며 우리를 지켜보는 자들에게 예수 그리스도의 죽으심을 선포합니다." 각각의 모임들은 예수 그리스도의 위격과 그분의 위대한 대속하심이 자신들의 모임의 중심이 되게 하기 위해서 매 주마다 주님의 만찬을 나누는 것에 대하여 숙고해야 합니다.

복음을 전파함 — 모든 모임 가운데에서 복음을 효과적으로 전하기 위해서 성령의 충만함과 담대함을 구하는 기도가 드려집니다. 가정교회의 모든 성도들은 복음을 나누는 일을 실천하도록 격려받아야 합니다. 그것에 관한 짧은 간증이나 지난 주간 동안에 주님께서 행하신 일에 대하여 나누기 위해서 짧게 시간을 주는 것이 좋습니다.

성도의 증식 — 어느 정도의 시간이 지나면 가정교회는 증식하여 새로운 가정 모임을 시작하거나, 아니면 새로운 일꾼들을 보낼 준비가 되어 있어야 합니다. 교회가 증식되기 위해서는 교회의 모든 성도들이 주중에 복음의 메시지를 보다 의도적으로 나누도록 격려해야 할 것입니다. 또한 가정교회 네트워크가 성장해 감에 따라 다른 섬기는 지도자들을 육성해야 합니다.

필요하다면 참고하고 연구할 수 있도록 이 장의 뒷부분에 부록이 있습니다. 우리는 성도들이 소그룹으로 모여서 연합하게 되는 기초로서 그것들을 사용하도록 권장합니다. 어떤 성도들은 이 책에 기록되어 있는 모든 내용에 전적으로 동의하지 않을 수도 있지만, 우리는 이 책의 대부분의 내용들이 예수 그리스도의 머리되심 아래에서 모이는 그리스도의 몸이 연합되게 하는 하나의 효과적인 도구가 되리라고 믿습니다.

복음 공동체는 예수 그리스도에 관한 것입니다.[1171] 그분께서 모든 것들의 목적이 되십니다.[1172] 그분이야말로 우리가 모이는 이유가 되십니다.[1173] 그분의 이름이 가장 위대하신 이름입니다.[1174] 그분께서 교회의 머리이시며,[1175] 모든 믿는자들의 생명이 되시고,[1176] 하나님의 영광이 되십니다.[1177] 하나님과 예수님만이 우리의 초점이 되십니다. 수많은 사람들이 아직도 모든 이름 위에 뛰어나신 이 영광스러운 이름을 알고[1178] 경험하기 위해 주께 나오지 않고 있습니다.[1179]

우리가 주님을 순종하며 따를 때에 우리가 살고 있는 지역들 안에서 모임들이 시작되고 네트워크를 이룰 수 있도록 하나님께서 성령의 능력 안에서 우리에게 견고한 믿음을 주시길 바랍니다!

"밤중에 소리가 나되 보라 신랑이로다 맞으러 나오라 하매"[1180]

"자기 두루마기를 빠는 자들은 복이 있으니 이는 그들이 생명나무에 나아가며 문들을 통하여 성에 들어갈 권세를 받으려 함이로다"[1181]

"아버지, 당신의 말씀은 결코 실패하지 않으며 당신의 교회를 대적하는 음부의 문은 결코 이기지 못할 것입니다. 이 세대의 마지막이 다가오는 이 때에, 우리는 당신을 바라봅니다. 모든 영광을 어린 양께 돌립니다! 모든 사람들에게 당신의 복음이 전해지기를 간절히 바랍니다! 아

1171) 히 12:2
1172) 골 1:16
1173) 엡 1:22-23
1174) 사 45:23, 빌 2:9-11
1175) 골 1:18
1176) 갈 2:20
1177) 요 1:14
1178) 요 17:3
1179) 빌 2:9
1180) 마 25:6
1181) 계 22:14

버지, 당신의 이름과 영광을 위하여 반드시 그렇게 해 주십시오! 우리는 흰 옷을 입고 끝이 없는 영원함 속에서 당신과 함께 하게 될 것을 갈망합니다! 예정된 때에 당신의 성도들을 구원하여 주십시오! 당신의 아들의 신부가 되게 하기 위하여 당신께서 선택하신 자들을 불러 모으십시오! 어느 누구도 그분의 이름을 취하지 못하도록 당신의 성령을 통해 일하심으로 모든 영광이 당신께만 올려지게 하시옵소서! 아멘!"

복음 공동체의 신앙 선언문

편집자 주 : 주님께서 '복음 공동체'라는 이름을 사용하도록 인도하신 후에 인터넷을 검색한 결과 '중국 가정교회 네크워크'로 불리우는 중국의 가장 큰 가정교회 네트워크들 중의 하나에서 이 신앙 선언문을 찾게 되었습니다. 우리는 이러한 이름의 지하 가정교회에 대해서 이전에는 전혀 알지 못했었기에, 이것을 알게된 것은 놀랍고도 큰 축복이었습니다. 그들의 신앙 선언문을 읽어보자 마자 즉시, 우리는 이 신앙 선언문이 '복음 공동체' 뿐만이 아니라 이 신앙 선언문과 뜻을 같이 하는 다른 모든 가정 교회들, 그리고 모임들도 이 선언문을 사용하게 해야겠다는 부담을 가지게 되었습니다. 우리는 그렇게 하는 것이 전 세계에 있는 성도들과 위대한 복음의 부흥과 확산을 경험하고 있는 중국교회의 귀한 형제들과 자매들이 연합될 수 있는 놀라운 방법이라고 믿습니다. 다음의 내용은 '중국 복음 공동체'의 웹페이지에 나오는 신앙의 선언문입니다.

교회의 참된 신앙을 고백하는 이 신앙선언문을 위해서 중국의 모든 가정교회들을 대표하는 몇몇 가정교회 지도자들이 함께 모여서 1998년 11월에 다음의 '중국 가정교회의 신앙 선언문'을 작성하게 되었습니다.

서문

중국의 가정교회들 안에 정당한 기준에 맞는 공통의 신앙을 확립하기 위해서, 중국 밖에 있는 그리스도의 교회들이 우리와 함께 연합하여 교제할 수 있는 기초를 놓기 위해서, 우리의 정부와 다른 사람들이 우리의 믿음에 대해서 이해할 수 있게 하기 위해서, 우리와 이단들, 사교들의 명확한 차이점을 드러내기 위해서, 중국 가정교회 운동의 주류에 속한 일단의 중요한 지도자들이 1998년 11월에 중국 북부의 한 지역에 모였습니다. 우리는 함께 기도하며 함께 성경을 연구하면서 다음에 나오는 우리의 신앙 선언문의 초안을 작성하였습니다.

1. 성경

우리는 성경 66권의 책이 하나님께서 영감을 불어넣으신 책이라고 믿습니다.[1182] 그 말씀들은 성령님을 통하여 하나님께로부터 영감을 받은 선지자와 사도들에 의해서 씌여졌습니다.[1183] 성경은 완전하며 오류가 없습니다. 성경은 최고의 권위를 가지고 있으며 그 어느 누구도 이 하나님의 말씀을 왜곡시킬 수 없습니다.[1184]

성경은 하나님께서 인류를 구원하신 목적에 대해서 분명하게 선언하고 있습니다.[1185] 성경은 그리스도인들의 삶과 사역의 가장 높은 기준입니다. 우리는 성경을 부인하는 어떤 것도 반대합니다. 우리는 성경이 낡아 빠지고 조작된 책이라고 간주하는 어떤 가르침이나 이론도 반

1182) 딤후 3:16
1183) 히 1:1, 벧전 1:10
1184) 롬 3:4, 계 22:18-19
1185) 요 3:16, 벧후 3:9

대합니다. 우리는 또한 성경의 어떤 한 부분만 발췌하여 믿거나 행하는 것을 반대합니다.[1186]

우리는 성경이 반드시 그 역사적인 배경과 그 가르침의 전체적인 배경에 비추어서 해석되어야 함을 강조하기 원합니다. 성경을 해석하려는 사람은 반드시 성령의 인도하심을 구하면서 성경으로 성경을 해석해야 한다는 원리에 따라서 해석해야 합니다.[1187] 성경해석은 일관성이 있어야 하며 따로 떨어져 있는 구절들을 근거로 해서 해석해서는 안됩니다. 성경적인 해석은 역사를 통하여 전해 내려오는 교회의 유산인 정통적인 신앙을 고려하여 해석되어야 합니다. 우리는 성경이 어느 개인의 뜻에 따라서, 아니면 개인의 주관적인 영성에 의해서 해석되어지는 것을 반대합니다.[1188]

2. 삼위일체 하나님

우리는 오직 한분이신 참 하나님 안에는[1189] 영원히 스스로 존재하시는 하나님께서 아버지와 아들과 성령으로 삼위일체를 이루고 계심을 믿습니다.[1190] 아버지와 아들과 성령께서는 고유의 독특한 위격을 가지고 계시며 구원의 사역 안에서 서로 다른 역할을 담당하시지만, 그 삼위께서는 동일한 속성과 명예와 영광을 공유하십니다. 하나님 아버지께서 구원을 계획하시고 아들 예수께서는 구원을 성취하시며, 성령께서는 그 구원을 적용하십니다.[1191] 아버지와 아들과 성령은 서로 독립

1186) 시 19:7-9, 행 20:27
1187) 요일 2:27, 고전 2:13
1188) 벧후 1:20
1189) 요 17:3, 엡 4:5
1190) 마 28:19, 고후 13:14
1191) 엡 1:5

적이지만 서로 분리되어 있지는 않습니다. 그 세 분은 하나로 연합되어 있습니다. 아들은 하나님 아버지를 드러내고,[1192] 성령은 아들 예수님을 드러내십니다.[1193] 아버지와 아들과 성령은 함께 찬양과 경배를 받으십니다. 우리는 성령을 통하여 아들 예수님의 이름으로 하나님 아버지께 기도합니다.[1194]

우리는 하나님께서 우주와 천지만물을 창조하셨으며 자신의 형상을 따라 사람을 창조하셨음을 믿습니다.[1195] 하나님께서는 만물을 지배하시며 그것들을 유지하십니다.[1196] 하나님께서는 인류역사의 주인이십니다. 전능하신 하나님께서는 의로우시며, 거룩하시며, 신실하시고, 사랑하시는 분이십니다. 그분은 전지하시며,[1197] 무소부재하시며,[1198] 전능하십니다.[1199] 하나님께서는 인류의 역사를 통하여 당신의 주권을 나타내십니다.[1200] 아들 예수님과 성령님은 영원하십니다. 예수님께서는 하나님과 부자관계 가운데 있지만 피조물이 아니시며,[1201] 성령은 아버지와 아들에 의해서 보내심을 받으셨습니다.

하나님은 영이십니다. 그분은 눈으로 볼 수 있는 형상을 가지고 계시지 않습니다. 그리스도인들은 영과 진리 안에서 그분을 경배해야 합니다.[1202] 그리스도인들은 이 삼위일체의 하나님 외에 경배해야할 어떠한

1192) 눅 10:22
1193) 고전 2:10, 고전 12:3
1194) 고전 1:2
1195) 창 1:27
1196) 히 1:3
1197) 시 147:5, 히 4:13, 시139:4
1198) 행 17:24, 렘 23:23-24, 시 139:7-12
1199) 마 19:26, 렘 32:27, 시 147:5
1200) 계 4:11, 잠 16:4
1201) 요 1:1-3, 잠 30:4, 히 1:3
1202) 요 4:24

대상도 가지고 있지 않습니다. 우리는 삼위일체를 설명하기 위해서 물과 얼음과 기체, 그리고 태양과 빛과 열, 또는 아들과 아버지와 남편을 예로 드는 것과 같은 잘못된 설명을 거부합니다.

3. 그리스도

예수께서는 '말씀'이시며, 육신이 되어 이 땅에 오신 하나님의 유일하신 아들이십니다.[1203] 그분은 완전한 인성을 가지고 계신 상태에서 시험을 받으셨지만 결코 죄를 범하지 않으셨습니다.[1204] 그분은 자신을 믿는 모든 사람들을 죄와 사망에서 구원하시기 위해서 자신의 몸을 내어 주사 십자가에서 피흘려 죽으셨습니다.[1205] 그분은 죽음에서 다시 살아나셨고 하늘에 올라가셔서 하나님 오른편에 앉아계시며, 아버지께서 주신 성령을 자신을 믿는 모든 사람들에게 보내주셨습니다.[1206] 세상의 마지막 때가 되면 예수께서 이 세상을 심판하시기 위해서 다시 오실 것입니다.[1207]

그리스도인들은 하나님께로부터 아들의 지위를 부여받았지만 여전히 사람일 뿐이며 결코 하나님이 되는 것은 아닙니다.[1208]

어느 누구도 예수께서 재림하시는 정확한 날자를 알 수는 없지만 우리는 예수께서 다시 오실 것을 확신하고 있으며, 또한 우리는 그분의 재림을 예고하는 징조들 중 어떤 것들을 알 수 있습니다.[1209]

우리는 예수께서 성육신하셔서 지금 재림해 계시다는 가르침을 거부

1203) 요 1:14, 요 3:16
1204) 히 4:15
1205) 마 20:28, 갈 3:13, 벧전 2:24
1206) 행 2:33
1207) 살후 1:7-8
1208) 롬 8:15
1209) 마 24-25

합니다.[1210) 우리는 자신이 그리스도라고 주장하는 어떤 사람도 거부합니다.[1211) 예수께서 이미 재림하셨다고 주장하는 모든 가르침은 이단의 가르침입니다.

4. 대속

우리는 만약 어떤 사람이 자신의 죄를 고백하고 회개한다면,[1212) 만약 그가 예수께서는 하나님의 아들이시며 우리의 죄 때문에 십자가에서 죽으셨다가 우리의 죄를 용서해 주시기 위해서[1213) 죽으신지 삼일째에[1214) 죽음에서 부활하셨다는 것을 믿고 하나님께서 약속하신 성령을 받았다면,[1215) 그는 거듭났고 구원을 받았다고 믿습니다.[1216) 우리는 은혜로 말미암아 믿음을 통하여 구원을 받았습니다.[1217) 우리는 믿음으로 의롭다하심을 받았으며, 믿음으로 성령을 받았고, 믿음으로 하나님의 아들들이 되었습니다.

우리는 성도들이 믿음을 끝까지 견고하게 잡고 있다면 하나님께서 예수 그리스도 안에서[1218) 당신의 자녀들을 완전하게 지키실 수 있음을 믿습니다.[1219)

우리는 성령께서 성도 안에 내주하시는 것이 구원받음의 증거이며 하나님의 성령께서 우리의 영과 함께 우리가 하나님의 자녀인 것을 증

1210) 살후 2:3
1211) 마 24-45
1212) 막 1:14-15, 눅 13:3, 행 2:38
1213) 엡 1:7
1214) 고전 15:4
1215) 엡 1:13
1216) 요 3:3
1217) 엡 2:8
1218) 유 1:24, 요 10:28
1219) 히 3:14

언하심을 믿습니다.[1220]

우리는 어떤 특별한 현상이 일어나게 하는 것이나 개인적인 경험들을 구원의 기준이나 조건인것처럼 주장하는 것을 거부합니다

우리는 구원받은 사람들은 하나님의 은혜 아래에 있기 때문에 죄를 지어도 괜찮다고 가르치는 교리들을 거부합니다.[1221]

우리는 구원을 받았다가 잃어버릴 수 있고, 또 다시 구원을 받을 수 있다고 하는 가르침을 거부합니다. 우리는 또한 율법을 지켜야만 구원을 받을 수 있다고 가르치는 가르침을 거부합니다.[1222]

5. 성령

우리는 성령께서 삼위일체이신 하나님의 세 번째 위격이심을 믿습니다. 그는 하나님의 영이시며,[1223] 그리스도의 영이시며,[1224] 진리의 영이시며,[1225] 거룩한 영이십니다.[1226]

성령의 조명하심은 사람이 자신의 죄를 깨닫게 하시며, 진리를 아는 지식으로 말미암아 그를 그리스도를 믿는 믿음으로 인도하셔서 거듭나서 구원받도록 이끄십니다. 성령께서는 성도들을 진리안으로 이끄시며, 그들이 그 진리를 깨닫도록 가르치시고, 그리스도께 복종함으로 풍성한 열매를 맺는 삶을 살도록 인도해 주십니다. 성령께서는 성도들에게 모든 능력을 주심으로 기적들과 표적들을 통해 하나님께서 행

1220) 롬 8:16
1221) 롬 6:1-2, 딛 2:12
1222) 갈 2:21
1223) 고후 3:17
1224) 롬 8:9
1225) 요 16:13
1226) 롬 1:4

하시는 놀라운 능력을 증거하게 하십니다.[1227] 성령께서는 모든 것들을 살피시며 모든 것들을 아십니다.[1228]

하나님께서는 그리스도 안에서 성령의 다양한 은사들을 교회에게 주심으로 그리스도의 영광을 나타내십니다.[1229] 그리스도인들이 믿음으로 간절히 구하기만 한다면 성령이 그들에게 임하시고 성령으로 충만하게 됨을 경험할 수 있습니다.[1230]

우리는 표적과 기사들이 이제는 멈추었다거나, 사도시대 이후로는 성령의 은사들이 끝났다고 하는 가르침과 교리들을 부인합니다.

우리는 방언들을 말하는 것을 금지하지 않으며,[1231] 그렇다고 해서 사람들이 방언을 말하도록 강요하거나, 방언을 말하는 것이 구원받음의 증거라고 주장하지 않습니다.

우리는 성령께서 삼위일체 하나님의 위격 중의 한 분이 아니라 단지 어떤 종류의 영감에 불과하다고 보는 관점을 반박합니다.

6. 교회

우리는 교회가 예수 그리스도 안에서 하나님께로부터 부르심을 받은 사람들로 이루어졌다고 믿습니다.[1232]

그리스도는 교회의 머리되십니다. 교회는 그리스도의 몸이며,[1233] 하나님의 집이며, 진리의 기둥과 터입니다.[1234]

1227) 롬 15:19
1228) 고전 2:10
1229) 고전 12:14
1230) 욜 2:28, 엡 5:18
1231) 고전 14:39
1232) 고전 1:2
1233) 골 1:18
1234) 딤전 3:15

하나님의 교회는 지역적이면서 또한 우주적입니다. 하나님의 교회는 이 세상 가운데 현존하는 건강한 믿음을 가진 모든 교회들과, 또한 역사 속에서 이어져 내려온 교회들의 연합으로 이루어져 있습니다.

교회는 성경적 원리들에 의해서 운영되어져야만 합니다. 교회의 영적인 사역은 세속적인 힘이나 권력에 의해서 통제되거나 통치되어서는 안됩니다.

교회에 속한 형제들과 자매들은 각자에게 주어진 역할들을 수행하는 '한 몸'에 속한 구성원들입니다.[1235] 교회는 사랑안에서 세워지며 머리되신 그리스도에게까지 성장해 갑니다. 우주적 교회는 믿음과 성령 안에서 연합을 이루어야 하며 그리스도 안으로 연합되어져야 합니다.[1236]

교회의 목적은 복음을 전파하고, 성도들을 가르치고 양육하며, 선교사들을 세우고 보내며, 이단들의 가르침을 반대하고 비판하며, 진리를 굳게 잡고 하나님의 말씀을 방어하며 변호하는 것입니다. 그리스도인들이 주님의 이름안에서 함께 모일 때에, 모이는 사람들의 숫자나 모이는 장소는 제한되지 않습니다. 각각의 성도들은 제사장들이며,[1237]

모든 성도는 땅끝까지 복음을 전해야 할 권리와 의무를 가지고 있습니다.[1238]

우리는 교회와 정치세력이 연합하는 것과, 정치가 교회와 섞이는 것을 반대합니다. 우리는 교회를 성장시키기 위해서 외국의 정치적인 세력에 의존하는 것을 반대합니다.

우리는 교회가 나라의 통합과 민족집단의 연대를 저해하는 어떠한

1235) 롬 12:4
1236) 엡 4:13
1237) 벧전 2:9
1238) 막 16:15

활동에도 참여하는 것을 반대합니다.

7. 종말

우리는 그리스도께서 다시 오실 것을 믿지만, 그분께서 재림하시는 날짜는 아버지 하나님 외에는 아무도 알수 없다고 믿습니다.[1239]

그리스도께서 다시 오시는 그 날에, 그분께서는 영광과 능력 가운데 구름을 타시고 천사들과 함께 오실 것입니다.[1240] 그날에, 천사들은 나팔소리와 함께 그리스도 안에서 죽었던 사람들이 먼저 부활할 것입니다. 그 후에, 이 땅에 아직 살고 있는 모든 거듭난 그리스도인들이 변화될 것입니다.[1241] 그들의 몸은 영광스럽게 변화되어 공중에서 우리 주님을 만나기 위하여 구름 속으로 끌어올려질 것입니다.[1242]

그 후에 성도들은 사탄이 무저갱에 갇혀 있게 될 1,000년 동안 그리스도와 함께 이 땅을 다스리게 될 것입니다.[1243] 1,000년이 끝나면 사탄은 마지막으로 유황불못에 던져지기 전까지의 정해진 시간 동안 만국을 미혹하기 위해서 잠시 풀려날 것입니다.[1244] 그 후에, 그리스도께서 각 나라와 족속 가운데에서 나오는 모든 사람을 심판하시기 위해서 크고 흰 보좌에 앉으실 것이며, 모든 사람은 죽음 가운데에서 부활하여 보좌 앞에서 심판받게 될 것입니다. 그 때에 생명책에 자신의 이름이 기록되어 있지 않은 사람은 불 못에 던져질 것입니다. 이전에 있던 하늘과 땅은 불에 타서 없어질 것이며, 죽음과 음부도 역시 불 속에 던져

1239) 마 24:36
1240) 막 13:26, 계 1:7
1241) 고전 15:51-53
1242) 살전 4:16-17
1243) 계 20:4
1244) 계 20:10

질 것입니다.[1245]

생명책에 그 이름이 기록된 사람들은 새 하늘과 새 땅에 들어가서 하나님과 함께 영원히 살게 될 것입니다.[1246] 모든 성도는 주님께서 다시오실 그때까지 열심을 품고 주를 섬겨 생명의 복음을 전하고,[1247] 자신들의 말과 행동, 믿음, 사랑, 그리고 거룩함 안에서 풍성한 열매를 맺어야 한다고 믿습니다. 우리는 또한 이 땅에서 이러한 삶을 살았던 성도들은 그에 합당한 상을 받게 될 것임을 믿습니다.[1248]

우리는 각 교단들이 자신들 나름대로의 확신을 가지고 있으므로, 성도들의 휴거가 대환란의 전에 일어나게 될지, 아니면 대환란의 후에 일어나게 될지에 대하여는 명확한 결론을 내릴 수 없다고 생각합니다. 각그리스도인들은 마땅히 깨어 있어서[1249]

주님의 재림을 예비하여야만 합니다.[1250]

결론적인 권면

우리는 우리가 이 믿음의 선언문을 쓸 수 있도록 인도해주신 전능하신 하늘 아버지께 찬양과 감사를 올려 드립니다. 우리는 더욱 많은 교회의 형제들과 자매들이 이 믿음의 선언문을 받아 들여 같은 정체성을 가질 수 있도록 성령께서 감동을 주시기를 간절히 바라고 있습니다. 그래서 이 믿음의 선언문을 교회 가운데에 들려 주어서, 모든 이단들과

1245) 계 20:11-15
1246) 계 21:1-3
1247) 딤후 4:2
1248) 약 1:12, 계 22:12, 마 25:21
1249) 살전 5:6
1250) 마 25:1-13

사교들에 대항하여 성도들의 믿음을 견고하게 할 수 있기를, 그래서 우리 모두가 함께 교회의 대부흥을 맞이할 수 있게 되기를 간절히 바랍니다.

주님께서 이 세상 가운데 있는 당신의 교회에 복을 주시기를!

주님께서 모든 나라들에 속해 있는 사람들에게 복을 주시기를!

우리의 참되신 삼위일체의 하나님께 모든 영광과 찬송이 올려지기를! 아멘!

부록2
사도행전 다시 읽기

편집자 주 : 사도행전은 땅끝까지 복음을 가지고 나가서 증거하라고 하신 하나님의 비전과 부르심을 수행하고자 하는 우리에게 주신 모본입니다.[1251] 성령의 가장 주된 역할은 그리스도께 영광을 돌리며 사람들에 대한 그분의 사랑의 메시지를 나누도록 성도들에게 능력을 주시는 일입니다. 사도행전을 다시 읽으면서 우리는 우리 자신들에게 이렇게 질문해 보아야 합니다. '내 삶 속에서 내가 놓치고 있는 것은 무엇인가?' '오늘날의 교회가 잃어버린 것은 무엇인가?' 그 대답은, '우리는 반드시 하나님의 성령으로 충만함을 받아야 한다'는 것입니다. 하나님께서는 우리가 성령의 침례와 충만함을 받음이 없이는 우리 안에서 역사하시지 않습니다.[1252] 마지막 때에, 우리 주님의 영광이 교회를 통하여 물이 바다를 덮음같이 온 땅을 덮게 될 것입니다.[1253] 복음이 모든 그룹의 사람들에게 전해질 것입니다.[1254] 하나님께서 영광을 받으시고 아들 예수께서 크게 높임을 받으실 것입니다. 성령과 복음전파, 그리고 박해와 같은 중요한 주제들 위에 표시하고 줄을 치면서 사도행전을 다시 읽어 보기를 권합니다.

우리는 사도행전에서 예수께서 사역하실 때와 동일한 위대한 기적들이 일어났던 것을 볼 수 있습니다. '사도들은 수많은 기적들과 표적

1251) 행 1:8
1252) 슥 4:6, 요 15:5
1253) 합 2:14
1254) 마 24:14

들을 사람들 가운데에서 행하였습니다.'[1255] 하나님은 불가능한 것들을 가능케 하시는 하나님이시며, 우리는 교회의 역사와 그분을 전적으로 신뢰하는 사람들을 통하여 그것들을 볼 수 있습니다. 하나님의 일은 하나님께서 행하시는 기적들과 능력을 통해서 하나님의 방법으로 이루어집니다. "하나님의 사람들, 특별히 교회의 지도자들에게 있어서 '하나님께서 시작하시지 않은 일을 시작하는 것'은 고질적인 문제점이 되어왔습니다. 그들은 그저 단순히 성령의 인도하심을 받거나 하나님께서 그분의 교회를 그분의 방법대로 세우시도록 하는 것 대신에, 조직하고, 프로그램들을 진행하며, 방법론을 개발합니다. 그러나 하나님의 교회는 그분의 새로운 창조이기에, 교회의 사역은 그분 자신의 창조적인 사역이 되어야만 합니다."[1256]

초대교회의 사도들에게 있었던 동일한 능력을 받기 위해서 주님께 이렇게 기도하십시오. '하나님, 나는 당신의 성령으로 충만함을 받고 새롭게 되어지기를 원합니다. 당신의 임재와 사랑에 잠기게 해 주십시오! 주 하나님, 나는 당신의 모든 것을, 당신을 더욱 원합니다.' 그리고 사도행전을 다시 읽으면서 하나님을 찬양하십시오! 우리는 주님을 찬양하는 사람들이 되어야 하며,[1257] 항상 하나님께 예배하는 사람들이 되어야 합니다.[1258]

기독교는 성령의 충만함을 거부하고서는 결코 생존할 수 없습니다.

1255) 행 5:12
1256) Allan Halton
1257) 벧전 2:9, 약 5:13, 시 22:3
1258) 히 13:15, 살전 5:18

예수 그리스도가 머리되시는 교회 공동체의 신앙 원리

주께서 피로 사신 교회여!

초판 1쇄 발행 2023년 5월 16일

지은이 : 무명의 핍박받는 그리스도인들
옮긴이 : 나에스더
펴낸이 : 조영진
편집인 : 나순규
펴낸곳 : 도서출판 예수로
디자인 편집 : 세줄기획
출판등록: 제 2019-000036호(2019. 9. 11)
주   소 : 대전광역시 서구 갈마중로 16번길 18
전   화 : 042-523-1557, 010-4432-0091

ISBN 979-11-970696-0-4

값 18,000 원

*잘못 제작된 책은 바꾸어드립니다.

원제: Principles For the Gathering of Believers under the
       Headship of Jesus Christ